人工智能在财务管理中的应用与创新

关秋萍　著

中国商业出版社

图书在版编目（CIP）数据

人工智能在财务管理中的应用与创新 / 关秋萍著. 北京 : 中国商业出版社, 2025. 4. -- ISBN 978-7-5208-3395-0

Ⅰ. F275-39

中国国家版本馆 CIP 数据核字第 2025DA4794 号

责任编辑：朱丽丽

中国商业出版社出版发行

(www.zgsycb.com 100053 北京广安门内报国寺1号)

总编室：010-63180647 编辑室：010-63033100

发行部：010-83120835/8286

新华书店经销

北京虎彩文化传播有限公司印刷

*

710毫米×1000毫米 16开 17.5印张 240千字

2025年4月第1版 2025年4月第1次印刷

定价：78.00元

* * * *

在当今数字化、信息化的时代浪潮中，人工智能以前所未有的速度和深度渗透各个领域，财务管理也不例外。随着企业规模的不断扩大、业务的日益复杂及数据量的快速增长，传统的财务管理模式正面临着巨大的挑战和变革压力。人工智能的出现为财务管理带来了新的机遇和可能。它凭借强大的数据处理能力、精准的预测分析和高效的自动化流程，能够帮助财务人员从烦琐的数据录入和基础核算工作中解脱出来，将更多的时间和精力投入战略规划、决策支持等高价值的工作中，从而大大缩短业务处理周期，提高企业的运营效率和竞争力。

本书首先以人工智能与财务管理概述为切入点。其次，详细分析了人工智能在财务预算与预测中的应用、人工智能在财务决策支持中的应用。再次，论述了人工智能在成本控制与管理中的应用、人工智能在财务审计与风险管理中的应用、人工智能在财务报告与分析中的创新应用。最后，探讨了人工智能在财务管理中的创新实践。希望通过本书的介绍，能够为读者在人工智能在财务管理中的应用与创新方面提供帮助。

在本书写作过程中，笔者参阅了相关文献资料，在此谨向其作者深表谢忱。

由于笔者水平有限，疏漏和缺点在所难免，希望得到广大读者的批评指正，并衷心希望同行不吝赐教。

关秋萍

2025 年 2 月

目
录
CONTENTS

第一章 人工智能与财务管理概述

第一节 人工智能的基础知识

一、人工智能的主要原理

人工智能（AI）是计算机科学的一个重要分支，旨在模拟和实现人类智能的行为与思维。其定义不局限于简单的算法和程序，还涉及如何让机器具备思考、学习和适应能力。人工智能的核心在于通过计算机系统来模拟人类的认知过程，使其在没有明确编程指令的情况下，能够处理复杂问题和环境。与传统计算机程序不同，人工智能系统具有一定的自主性，能够根据输入数据和环境变化进行调整和优化。这种能力使人工智能在处理非结构化数据、识别模式和制定决策方面表现出色。

（一）神经网络原理

神经网络原理是人工智能领域的核心概念之一，它模仿人类大脑的工作机制，通过大量的节点和连接处理信息。这种结构的灵感来源于生物神经元网络，旨在通过层次化的结构实现复杂的计算和模式识别。神经网络通过大量的数据训练，逐步调整连接权重，以达到预测或分类的目的。其应用范围广泛，从图像识别到自然语言处理，神经网络在人工智能的发展中扮演着至关重要的角色。

神经网络的基本结构包括输入层、隐藏层和输出层，各层次在网络中扮演着不同的角色。输入层负责接收外部数据并传递给隐藏层。隐藏层是神经网络的核心组成部分，负责数据的深度处理和特征提取，其数量和节点数直接影响网络的学习能力和复杂度。输出层将隐藏层处理的结果转换为最终的输出形式。每一层的节点通过权重连接，权重的调整是神经网络学习的关键。

前馈神经网络和反馈神经网络是两种基本的神经网络结构。前馈神经网络是一种单向传播的网络结构，信息从输入层流向输出层，不存在反馈环路，适用于静态数据的处理，如图像分类等。反馈神经网络则包含反馈环路，允许信息在网络内循环，适用于时间序列数据的处理，如语音识别和文本生成等。两者在不同的应用场景中发挥着各自的优势。

反向传播算法是神经网络训练的核心算法，通过计算损失函数的梯度来更新网络的权重。其基本原理是利用链式法则，从输出层到输入层逐层计算误差，并根据误差更新权重。这一过程不断迭代，直至网络的预测误差达到最低。反向传播算法的有效性和效率直接影响神经网络的训练速度和准确性，是深度学习得以实现的重要推动力。

卷积神经网络（CNN）和递归神经网络（RNN）是神经网络的两种特殊形式，两者各自在特定任务中展现出独特的优势。卷积神经网络通过卷积层和池化层对图像数据进行处理，擅长捕捉空间特征，广泛应用于图像识别和视频分析。递归神经网络则通过循环结构处理序列数据，能够记忆和利用上下文信息，适用于语音识别和自然语言处理等任务。两者的特点和应用场景的不同，使它们在各自的领域中发挥了重要作用。

（二）深度学习原理

深度学习作为机器学习的一个重要分支，其基本概念和定义强调了通过多层神经网络进行数据特征的自动提取与学习的能力。深度学习的核心在于构建能够模拟人脑神经元连接的多层结构，通过层层抽象的方式，从复杂的数据中提取有意义的特征。这种方法不仅提高了机器学习算法的性能，还在处理非结构化数据中展现了强大的能力。多层神经网络的设计使深度学习能够在没有明确指导的情况下，自动从数据中学习特征，这一特性在大数据环境中尤为重要。

深度学习模型的训练过程是实现其强大功能的关键步骤。首先，数据预处理是必不可少的，确保输入数据的质量和一致性。其次，模型初始化涉及权重的随机分配，这一步对于避免模型陷入局部最优解至关重要。最后，损失函数的选择决定了模型的优化方向，而优化算法则负责调整模型参数以最小化损失函数。常用的优化算法如随机梯度下降法（SGD）及其变种在深度学习中得到广泛应用，确保模型能够有效地学习数据中的模式。

深度学习在图像识别、语音识别和自然语言处理等领域的应用，展示其在处理复杂任务中的优势。例如，在图像识别中，深度学习算法能够超越传统方法的精度，通过自动提取图像的高层次特征实现更准确地分类。在语音识别方面，深度学习提高了模型对噪声和口音变化的鲁棒性。在自然语言处理领域，深度学习模型能够捕捉语言的语法和语义结构，从而改善机器翻译和文本生成的效果。这些应用展示了深度学习在各个领域的巨大潜力。

二、人工智能的基本特点

（一）自主性

人工智能的自主性为人工智能系统能够在没有人类干预的情况下独立进行决策的能力。这种能力使人工智能在执行任务时具备高度的灵活性和自适应性，能够在复杂多变的环境中有效运作。自主性不仅体现在简单的任务执行中，更在于人工智能可以通过学习和分析海量数据，形成自己的决策模式，从而在多种场景下实现独立操作。

自主性赋予了人工智能系统在动态环境中自我调整和优化的能力。这意味着人工智能能够根据环境的变化，实时调整自身的策略和行为，以满足新的条件和需求。例如，在自动驾驶技术中，车辆需要在复杂的交通环境中进行自主导航和避障，实时响应各种突发情况。这样的能力要求人工智能系统能够迅速地分析环境变化，并作出相应的决策，以确保安全和效率。

实现自主性需要依赖复杂的算法和模型，这些算法和模型使人工智能能够基于历史数据和实时信息进行预测和决策。通过机器学习和深度学习等技术，人工智能系统能够从大量的数据中总结规律，建立预测模型。这些模型不仅帮助人工智能系统理解当前的环境，还能预测未来可能的变化，从而在决策过程中考虑更多的因素，提高决策的准确性和效率。

自主性在不同应用场景中的体现各有不同。例如，自动驾驶车辆的自主性体现在其能够自主进行导航、避障和路径规划，展示其在复杂任务中的独立性。在医疗领域，人工智能可以通过分析患者数据，自主提出诊断建议和治疗方案，辅助医生进行决策。这些应用场景展示了人工智能自主性在实际应用中的广泛性和重要性。

（二）学习能力

学习能力是人工智能系统的一项关键特征，它通过吸收经验和分析数据来持续提升自身性能。这种能力使人工智能可以在新的环境中迅速作出调整，适应不同的任务需求。通过学习，人工智能系统能够识别并提取数据中的模式，这种模式识别能力是其进行预测和决策的基础，进而显著提高系统的智能水平。学习能力不仅决定了人工智能的适应性，还影响其在复杂多变环境中的灵活性和反应速度。

人工智能的学习能力依赖多种先进的算法和模型，这些算法和模型为系统提供了强大的工具来处理复杂数据。例如，决策树和支持向量机等经典算法，帮助人工智能在不同任务中表现卓越。这些算法通过构建模型，能够有效地处理大量数据，识别出潜在的模式和关系，从而优化决策过程。通过算法的不断迭代和优化，人工智能系统能够在多种应用场景中保持高效的学习和适应能力。

为了实现卓越的学习能力，人工智能系统通常需要经历反复的训练和反馈过程。在这一过程中，系统通过不断调整自身的学习策略，降低错误率，逐步提高整体效率和准确性。在训练过程中，人工智能系统会根据反馈信息来优化其算法和模型，使其在后续任务中表现得更加出色。这种持续的学习和优化过程，是人工智能能够在动态环境中保持竞争力的关键因素。

学习能力在各个应用领域中展现出独有的特征。例如，在医疗领域，人工智能通过学习历史病例数据，能够辅助医生进行更为准确的诊断和治疗决策。通过分析大量的医疗数据，人工智能系统能够识别出复杂的疾病模式，提供个性化的治疗建议。这不仅提高了医疗决策的准确性，还显著提高了医疗服务的效率和质量，展示了人工智能学习能力的巨大潜力和应用价值。

（三）适应性

适应性是人工智能系统的一个核心特征，是指其在面对新环境或新任务时，能够迅速调整策略和行为以适应新的要求和条件。这种能力使得人工智能在动态变化的环境中能够保持高效性能。以金融市场为例，算法交易系统依赖适应性，根据市场的波动实时调整投资策略，从而在复杂且快速变化的金融环境中取得优势。适应性的实现依赖持续的学习过程，人工智能系统通过不断接收新的数据和反馈，优化其决策模型，以提高预测和决策的准确性。

人工智能的适应性在不同应用场景中表现出不同的形式。在智能家居领域，适应性使系统可以根据用户的生活习惯自动调整设备设置，从而提升用户体验。例如，智能温控系统能够在用户到家之前调整室内温度，或者根据用户的作息时间自动调节灯光亮度。这种个性化的调节不仅提高了用户的舒适度，还能有效节约能源。此外，适应性在智能家居中的应用还体现在安全系统中，能够根据家庭成员的行为模式调整警报设置，以减少误报。

适应性还在人工智能与人类的协作中发挥着重要作用。通过根据人类用户的反馈和行为进行调整，人工智能系统能够实现更为人性化的交互方式。这种动态调整的能力使人工智能在协作过程中能够更好地理解和响应用户需求。例如，在人机交互界面中，人工智能可以根据用户的语音语调、面部表情或操作习惯，调整其响应方式，以提供更为自然和流畅的交互体验。通过这种方式，人工智能不仅提高了用户的满意度，还增强了其在实际应用中的实用性和可接受性。

三、人工智能的核心技术组成

（一）机器学习技术

机器学习技术是人工智能的重要组成部分，广泛应用于数据分析、模式识别和预测等领域。机器学习的基本概念涉及从数据中自动学习模型的能力，使计算机能够在没有明确编程的情况下进行决策。其核心在于算法的选择和数据的处理。机器学习可以分为三类：监督学习、无监督学习和强化学习。监督学习是指通过已知的输入、输出来训练模型，使其能够对新数据进行预测；无监督学习则不依赖已标记的数据，而是通过数据本身的结构进行分类或聚类；强化学习则是通过与环境的交互来学习策略，以最大化累积的奖励。这些分类方法在不同的应用场景中展现出各自的优势和局限性。

在机器学习过程中，特征工程是至关重要的步骤，它包括数据预处理、特征选择和特征提取。数据预处理是为了清理和规范化数据，确保模型训练的有效性。特征选择则是从大量的特征中挑选出对模型性能影响最大的部分，以提高模型的准确性和可解释性。特征提取是通过转换原始数据来生成新的特征，以便更好地反映数据的本质特征。这些步骤的有效实施能够显著提升机器学习模型的性能，为准确的预测和决策提供基础。

模型训练与评估是机器学习中不可或缺的环节。训练模型的关键步骤包括选择合适的算法、调整模型参数以及评估模型性能。交叉验证是一种常用的评估方法，通过将数据集划分为多个子集，以便更准确地评估模型的泛化能力。模型选择是根据不同的性能指标，如准确率、召回率和 F1 分数，来确定最优的模型。性能指标的应用有助于量化模型的表现，为模型优化提供参考依据。

机器学习算法的多样性为不同应用场景提供了灵活的解决方案。决策树算法以其简单易懂的树状结构被广泛应用于分类和回归问题。支持向量机通过构建超平面来实现数据分类，特别适用于高维数据。神经网络则通过模拟人脑的神经元连接，能够处理复杂的非线性问题，尤其在图像识别和自然语言处理等领域表现出色。这些算法各具特点，适用于不同的数据类型和问题需求，推动了机器学习技术的广泛应用和快速发展。

（二）自然语言处理技术

自然语言处理技术是人工智能的重要组成部分，作为计算机科学与语言学的交叉领域，其基本定义强调了其目标是使计算机能够理解和生成自然语言。通过这一技术，计算机可以处理大量的人类语言数据，从而实现与人类更自然互动。这一领域的研究不仅涉及语言的语法和语义分析，还涵盖了语言的生成和理解。随着技术的发展，自然语言处理逐渐在多个行业中发挥着重要作用。

1. 文本分析技术

文本分析技术是自然语言处理的一个关键方面，主要包括情感分析、主题建模和关键词提取等技术。这些技术通过分析文本数据，能够帮助从中提取有价值的信息。例如，情感分析可以识别文本中的情感倾向，广泛应用于市场分析和用户反馈处理中；主题建模用于识别文本中的主要主题，帮助组织和分类大量信息；关键词提取则用于从文本中识别出重要的词汇，支持信息检索和数据挖掘。这些技术的应用极大地提高了信息处理的效率和准确性。

2. 自然语言生成技术

自然语言生成技术的应用是自然语言处理中的一个重要领域。通过复杂的算法，这项技术能够生成连贯且符合语法的文本内容。其应用范围广泛，包括聊天机器人和内容创作等领域。在聊天机器人中，自然语言生成技术使机器人能够与用户进行自然流畅的对话，而在内容创作中，算法可以自动生成新闻报道、产品描述等文本，节省人力资源并提高生产效率。这一技术的进步为各行业的自动化和智能化提供了新的可能性。

3. 语音识别技术

语音识别技术是自然语言处理的重要组成部分，其原理是将语音信号转换为文本。这一技术在语音助手和自动字幕生成等领域得到了广泛应用。在语音助手中，语音识别技术使设备能够识别用户的语音命令并作出相应的响应；在自动字幕生成中，该技术能够实时将语音转换为文本字幕，提升了信息获取的便利性。随着深度学习技术的引入，语音识别的准确性和效率得到了显著提高。

4. 机器翻译

机器翻译是自然语言处理的重要应用，其基本方法包括基于规则、统计和神经网络的翻译技术。机器翻译在跨语言沟通中扮演着重要角色，通过自动化翻译技术，用户可以在无须人工干预的情况下实现多语言文本的转换。基于神经网络的翻译技术尤其受到关注，其通过大量数据训练模型，能够生成更加自然和流畅的翻译结果。这一技术的进步不仅促进了国际交流，也为全球化进程提供了技术支持。

（三）计算机视觉技术

计算机视觉技术是人工智能领域的一个重要分支，其基本定义与目标在于使计算机能够理解和处理图像和视频数据。这一技术的核心在于模仿人类视觉系统，通过算法和模型的训练，让计算机具备“看”与“理解”图像的能力。计算机视觉的目标不仅是简单地识别图像中的物体，还要能够分析和解释图像中的复杂信息。这种能力的实现依赖多种技术的结合，包括深度学习、机器学习以及神经网络模型的应用，使计算机能够在大量数据中提取有用的信息。

1. 图像处理技术

图像处理技术是计算机视觉的核心组成部分，包括图像预处理、特征提取和图像增强等方法。这些技术的目的是提高后续分析的准确性和效率。在图像预处理阶段，通常会应用去噪、图像缩放和颜色调整等技术，以提高图像质量。特征提取则是从图像中提取有意义的信息，常用的方法包括边缘检测、轮廓提取和纹理分析。图像增强技术则通过调整图像的对比度、亮度和色彩平衡等手段，使图像中的信息更加突出，为后续的分析和处理奠定更好的基础。

2. 目标检测与识别技术

目标检测与识别技术是计算机视觉应用中的重要部分，涉及通过算法识别图像中的特定对象，并进行分类与定位。这一过程通常需要结合卷积神经网络等深度学习模型，以提高识别的准确性和速度。目标检测技术不仅包括识别物体的存在，还包括对其进行精确的定位和分类。这在自动驾驶、智能监控和人脸识别等领域中具有广泛的应用前景。通过不断优化算法和模型，目标检测技术正在变得越来越高效和准确。

3. 图像分割技术

图像分割技术是计算机视觉中用于将图像分割成多个区域的关键技术，以便进行更深入的分析和理解。图像分割的原理是将图像划分为若干具有相似属性的区域，使每个区域代表图像中的一个特定部分。这一技术在医学影像分析、卫星图像处理和物体识别中具有重要的应用价值。常用的图像分割方法包括阈值分割、区域生长、分水岭算法和聚类分割等。通过这些方法，可以有效地提取图像中的关键信息，为进一步的图像分析提供支持。

第二节　财务管理的基本概念

一、财务管理的定义与目标

（一）财务管理的定义

财务管理是一门涉及企业财务资源的规划、组织、领导和控制的综合性学科。其核心在于对企业内外部资金流动的有效管理，以确保企业在竞争激烈的市场环境中稳健发展。财务管理不仅是对资金的简单管理，更是通过科学的财务策略实现企业长期可持续发展的重要手段。通过系统化的财务管理，企业能够在资源有限的情况下，最大化地实现资金的效用，为企业的长远发展打下坚实的基础。

财务管理的过程包括对企业财务资源的全面规划和精准组织。在规划阶段，企业需要根据自身的战略目标和市场环境，制订出合理的财务计划，以确保资金的合理配置和使用。在组织阶段，企业需要通过有效的财务架构和管理机制，确保财务资源的高效运作和风险的有效控制。通过这样的规划和组织，企业能够在激烈的市场竞争中，保持资金链的稳定和财务状况的健康。

财务管理涉及资金的获取、使用和监控，以确保资金的有效配置。在资金获取方面，企业需要通过多元化的融资渠道，确保资金的及时和充足。在资金使用方面，企业需要通过科学的投资决策和成本控制，确保资金的高效使用。在资金监控方面，企业需要通过完善的财务信息系统和风险管理机制，确保资金的安全性和流动性。通过对资金获取、使用和监控的有效管理，企业能够在复杂多变的市场环境中，保持财务的稳定和健康发展。

（二）财务管理的目标

1. 提高企业的资金运作效率

财务管理的目标在于提高企业的资金运作效率，进而支持持续的业务发展和创新。这一目标的实现需要通过系统的资金配置与流动性管理，确保企业在市场竞争中能够保持足够的财务灵活性。有效的资金运作不仅有助于企业在日常经营中保持稳定的现金流，还能为企业的战略投资和扩张计划提供有力支持。因此，财务管理的核心在于通过科学的资金运作，增强企业的市场竞争力和创新能力。

2. 实现财务透明度

实现财务透明度是增强投资者和利益相关者信任的重要手段。财务透明度要求企业在财务报告中提供准确、完整的信息，使投资者和利益相关者能够全面了解企业的财务状况和经营成果。通过提高财务透明度，企业可以增强外部投资者对企业的信心，吸引更多的投资，同时也能在利益相关者中建立起良好的企业形象。财务透明度的提升不仅有助于企业的融资需求，还能促进企业的可持续发展。

3. 优化资本结构

优化资本结构是降低融资成本、提高企业整体财务健康水平的关键措施。资本结构的优化涉及对债务和权益资本的合理配置，以实现财务杠杆的最佳平衡。通过优化资本结构，企业可以降低融资成本，提高财务效率，从而增强企业的盈利能力和市场竞争力。合理的资本结构还可以提升企业在资本市场上的声誉，拓宽企业的融资渠道和增强融资能力，为企业的长期发展奠定坚实的财务基础。

二、财务管理的主要职能

（一）资金筹集职能

资金筹集职能涉及企业获取所需资金以支持其运营和发展的过程。资金筹集不仅是简单的资金获取，还包括对资金来源、使用效率及成本的全面管理。有效的资金筹集策略能够为企业提供充足的资金支持，并在一定程度上影响其市场竞争力和长期发展。企业在选择资金筹集方式时，需要综合考虑成本、风险、期限等多种因素，以确保资金链的稳定性和财务结构的合理性。

资金筹集的主要渠道和方式多种多样，包括银行贷款、股权融资和债券发行等。银行贷款是企业最常用的融资方式，通常适用于短期资金需求。股权融资通过发行股票吸引投资者注资，适合于需要大量资金且愿意分享公司所有权的企业。债券发行则是企业通过资本市场筹集长期资金的手段，适用于具有稳定现金流的企业。不同的融资渠道各有优劣，企业应根据自身情况选择最优的组合方式，以实现资金的高效利用和风险控制。

人工智能在资金筹集过程中的应用日益广泛。通过大数据分析，人工智能能够帮助企业精准评估融资需求和风险，提供科学的决策依据。人工智能技术可以分析市场趋势、投资者行为以及宏观经济环境等多维数据，从而为企业制定更具前瞻性的融资策略。此外，人工智能还可用于信用评估和风险预测，帮助企业在融资过程中识别潜在风险并制定应对措施，提高资金筹集的安全性和有效性。

资金筹集的成本控制是财务管理的重点之一。利用人工智能优化融资方案是降低资金成本的重要手段。人工智能技术可以通过模拟和分析不同融资方案的成本效益，帮助企业选择最具成本效益的融资组合。人工智能还可以实时监控市场利率变化，及时调整融资策略，以规避不必要的成本支出。这种智能化的成本控制方法，不仅提高了资金使用效率，还增强了企业的市场竞争力。

资金筹集过程中的合规性管理是企业必须重视的环节。借助人工智能技术，企业可以确保在资金筹集过程中满足法律法规要求。人工智能技术能够自动分析和监控融资活动中的合规风险，提供及时的合规建议和预警，帮助企业规避法律风险。人工智能还可以协助企业建立完善的合规管理体系，提高合规管理的效率和准确性，确保企业在复杂的法律环境中稳步前行。

（二）资金运用职能

资金运用职能在财务管理中占据核心地位，涉及企业在不同阶段的资金配置与使用策略。通过合理的资金运用，企业能够优化资源配置，实现最大化的经济效益。在现代财务管理中，资金运用不再仅仅依赖传统的财务分析方法，而是越来越多地借助人工智能技术。人工智能通过对数据的实时分析，提供精确的决策支持，帮助企业优化投资组合和资金配置，实现收益的最大化。

人工智能的应用使资金运用的决策支持更加高效。通过人工智能分析实时数据，企业可以对市场变化作出迅速反应，优化投资组合和资金配置。这种动态调整能力使企业能够在瞬息万变的市场环境中保持竞争优势。人工智能不仅能够分析历史数据，还能通过机器学习预测未来趋势，为企业提供前瞻性的投资建议，从而提高资金使用的准确性和效率。

在财务管理中，成本控制是资金运用的关键环节。智能化工具在成本控制中的应用，极大地提高了预算执行的有效性。这些工具通过监测和分析企业的各项支出，帮助企业识别不必要的开支，并提出优化建议。通过人工智能的辅助作用，企业能够实现精细化的成本管理，确保资源的合理使用，进而提升整体财务绩效。

现金流管理是资金运用职能中的重要组成部分。基于人工智能的现金流管理系统，可以实时跟踪资金流动，确保企业的流动性和偿债能力。通过对现金流数据的智能分析，企业能够及时调整资金计划，避免资金短缺或过剩的情况发生。这种实时监控能力使企业在面对不确定性时能够保持财务稳健，从而支持长期战略目标的实现。

（三）财务控制职能

随着科技的进步，尤其是人工智能技术的迅速发展，财务控制职能的实现方式也发生了深刻的变革。基于人工智能的预算监控系统已成为企业财务管理的核心工具之一。这些系统通过实时分析预算执行情况，能够及时发现预算执行中的异常情况，并及时进行调整。这种智能化的预算管理不仅提高了预算控制的精确性，还有效地减少了人为误差的发生。此外，人工智能驱动的预算监控系统还能根据历史数据和当前市场动态，生成更具前瞻性的预算方案，为企业的战略决策提供有力支持。

在财务报告的生成和分析方面，机器学习技术的应用也带来了革命性的变化。传统的财务报告生成过程通常需要耗费大量的人力和时间，而通过机器学习技术的自动化处理，财务报告的生成效率得到了显著提高。自动化的财务报告系统能够从海量数据中提取关键信息，生成准确且详尽的财务报告。这不仅提高了报告的准确性，还大大缩短了报告的生成周期，为企业管理层提供了及时的财务信息支持。此外，自动化财务报告系统还能够识别出数据中的异常和趋势，为企业财务决策提供更为全面的视角。

智能化审计工具的应用是财务控制职能中的创新。传统的财务审计往往依赖审计人员的经验和判断，而智能化审计工具通过大数据分析和模式识别技术，能够自动识别和分析财务数据中的潜在错误和违规行为。这些工具不仅提高了审计的准确性和效率，还能够在审计过程中提供实时反馈，帮助企业及时纠正财务管理中的问题。智能化审计工具的应用，标志着财务审计从经验导向向数据驱动的转变，为企业的财务健康提供了更为坚实的保障。

数据挖掘技术在财务风险管理中的应用，进一步丰富了财务控制职能的内涵。通过对财务数据的深度挖掘和分析，企业能够提前识别财务操作中的风险点，进行有效的风险预警。这种预警机制不仅帮助企业规避潜在的财务风险，还能够为企业的风险管理策略提供数据支持。通过数据挖掘技术，企业可以构建更加完善的风险管理体系，提高整体财务管理的安全性和稳定性。

三、财务管理的基本原则

（一）风险与收益平衡原则

在现代财务管理中，风险与收益平衡原则是企业进行财务决策的重要指导方针。该原则强调企业在作出投资决策时，必须全面评估潜在风险与预期收益，以实现最佳的财务成果。企业在追求高收益的过程中，若忽视风险管理，可能导致严重的财务危机。因此，风险与收益平衡原则不仅是财务管理的核心理念，也是企业实现可持续发展的关键。通过这一原则，企业能够在复杂多变的市场环境中，保持稳健的财务状态。

随着人工智能技术的广泛应用，企业在财务管理中可以利用先进的数据分析工具来量化风险与收益。这些工具能够处理海量数据，从而为决策者提供科学的依据和洞察力。通过对历史数据和市场趋势的分析，企业可以更准确地预测未来风险和收益的变化。这种数据驱动的方法，不仅提高了决策的准确性，还增强了企业应对不确定性的能力。

风险与收益平衡原则要求企业在追求高收益的同时，必须设置合理的风险容忍度。过度冒险可能带来短期的高回报，但也可能导致长远的财务不稳定。因此，企业需要在收益和风险之间找到一个合理的平衡点，以避免财务危机的发生。在实践中，这意味着企业需要制定严格的风险管理政策，并确保这些政策在日常运营中得到有效执行。

通过实施风险与收益平衡原则，企业可以更有效地配置资源和优化投资组合。合理的资源配置能够提高企业的资本使用效率，而优化的投资组合则有助于分散风险，提升整体财务绩效。企业应根据市场变化和自身发展战略，动态调整投资组合，以保持竞争优势。这种灵活的财务管理策略，能够帮助企业在激烈的市场竞争中立于不败之地。

（二）资金时间价值原则

资金时间价值原则强调货币在不同时点的价值差异。企业在进行财务决策时，必须充分考虑资金使用的时效性，以实现最佳的经济效益。通过资金时间价值原则的应用，要求企业在投资和融资的过程中，合理评估资金在不同时间节点的成本和收益。这一原则不仅是财务决策的基础，更是企业实现可持续发展的重要保障。

通过人工智能技术的应用，企业在资金时间价值的管理上能够取得显著的进步。人工智能可以帮助企业更准确地预测未来的现金流，从而优化资金的时间配置，提升投资回报。具体来说，人工智能通过对历史数据的分析和建模，能够识别出影响现金流的关键因素，并预测未来的现金流趋势。这种预测能力使企业能够在资金配置上更加精准，从而有效地提高资金的使用效率。

资金时间价值原则还要求企业在进行投资决策时，准确评估不同时间节点的资金成本和收益。这意味着企业需要在投资项目的选择中，综合考虑项目的时间跨度、资金投入和预期收益等因素。人工智能的引入，使企业能够更为精确地进行这些评估，通过大数据分析和机器学习算法，企业可以模拟不同投资方案的潜在收益和风险，为决策提供科学依据。

应用人工智能进行动态资金管理，企业能够实时调整资金配置策略，以应对市场变化，最大化资金的时间价值。市场环境的变化往往是不可预测的，传统的资金管理方法难以快速响应。而人工智能系统可以通过实时监控市场动态，及时调整资金的分配和使用策略，确保企业在不确定的市场环境中仍能保持财务稳定和增长。

（三）成本效益原则

成本效益原则强调企业在进行财务决策时，必须在投入与产出之间实现最佳的平衡。这一原则的根本目的是确保资源的高效利用，从而为企业创造最大化的经济价值。在实践中，企业需要在每一项财务决策中，仔细权衡各种成本与可能的收益，确保每一笔投入都能够带来合理的回报。通过这种方式，成本效益原则为企业提供了一种理性的财务管理框架，帮助企业在竞争激烈的市场中保持优势。

随着人工智能技术的迅猛发展，企业在实施成本效益原则时，获得了新的工具和方法。通过先进的数据分析技术，企业能够深入挖掘和分析大量的财务数据，识别出各项成本与收益之间的关系。这种能力使企业可以制定出更加精确和高效的财务策略。人工智能技术不仅能够提高数据处理的速度和准确性，还能通过预测分析帮助企业预见未来的财务趋势，从而在决策中占据主动地位。

在项目评估过程中，成本效益原则要求企业全面考虑所有相关成本。不仅包括直接成本，还涵盖间接成本和潜在机会成本。通过这种全面的成本评估，企业可以更准确地评估投资的可行性和潜在回报。人工智能工具在这一过程中扮演了重要角色，它们能够快速整合和分析多种数据来源，帮助企业识别隐藏的成本因素，并提供更为全面的投资建议。这种全方位的分析能力使企业能够在复杂的财务环境中作出更加明智的决策。

实时监控和分析是成本效益原则在实际应用中的重要环节。通过人工智能技术，企业能够实时监测财务活动，快速识别出成本超支的情况。这种及时的反馈机制使企业能够迅速调整策略，避免不必要的开支，从而保持财务健康。在动态的市场环境中，这种灵活性和反应速度尤为重要。人工智能的实时分析能力不仅提高了企业的成本管理水平，还增强了企业应对市场变化的能力。

四、财务管理的关键绩效指标

（一）盈利能力指标

盈利能力指标在财务管理中具有重要地位，是衡量企业在特定时期内盈利水平的关键工具。这些指标主要通过分析企业的收入与成本之间的关系，揭示其运营效率和市场竞争力。随着人工智能技术的进步，企业可以实时分析销售数据和成本结构，进而优化定价策略。这种技术的应用不仅提升了企业的盈利能力，还提高了财务决策的科学性和准确性。

在盈利能力指标的具体应用中，净利润率、毛利率和营业利润率是常用的衡量标准。这些指标帮助企业管理层评估不同业务部门的盈利贡献，识别出高效益和低效益的业务板块。通过分析这些指标，企业可以进行资源的合理配置，确保最大化的利润产出。此外，人工智能技术的引入，使企业能够利用历史数据和市场趋势进行盈利预测，从而制定更为精准的财务战略。

在现代财务分析中，盈利能力指标的可视化展示成为一种趋势。通过可视化工具，管理层能够更直观地了解企业的盈利状况和潜在的改善空间。这种直观的展示方式，不仅提高了信息传达的效率，还帮助管理层快速作出反应，调整经营策略以适应市场变化。总之，盈利能力指标在财务管理中扮演着不可或缺的角色，通过结合人工智能技术，其应用价值和影响力得到了显著提升。

（二）偿债能力指标

偿债能力指标是财务管理中评估企业在到期时偿还债务能力的重要工

具。它通常包括流动比率和速动比率等关键财务比率，这些比率通过衡量企业的流动资产与流动负债之间的关系，来判断企业短期偿债能力的强弱。流动比率是流动资产与流动负债的比值，通常用于评估企业在短期内使用流动资产偿还流动负债的能力。速动比率则剔除了库存等流动性较差的资产，提供了更加保守的偿债能力评估。通过这些指标，企业能够更好地理解其财务状况，确保在债务到期时具备足够的偿付能力。

随着人工智能技术的发展，企业可以实时监控和分析其现金流状况，从而更准确地预测未来的偿债能力。人工智能通过大数据分析和机器学习算法，能够处理大量财务数据，识别出影响偿债能力的关键因素，并提供实时的风险评估。这种技术的应用使企业能够更早地发现潜在的财务问题，采取措施进行调整，确保在财务决策中保持足够的流动性以应对突发情况。通过这种方式，企业可以提高财务管理的效率和准确性，降低因偿债能力不足而导致的财务风险。

偿债能力指标不仅帮助企业识别潜在的财务风险，还能通过人工智能技术优化其债务结构。利用人工智能进行债务结构分析，企业能够更好地理解其负债比例，并根据市场变化和内部财务状况进行调整。通过优化负债结构，企业可以提高整体偿债能力，降低财务成本。这种分析不仅有助于企业在短期内保持财务健康，还为长期的财务战略提供了数据支持。人工智能技术的引入使这一过程更加高效和精准，帮助企业在复杂的财务环境中保持竞争优势。

（三）运营效率指标

在现代企业管理中，运营效率指标是评估企业资源利用有效性的重要工具。这些指标不仅反映了企业的运营管理水平，还为企业在竞争激烈的市场中提供了关键的决策依据。通过对运营效率指标的分析，企业能够了解自身在资源配置和利用方面的优势和不足，从而有针对性地调整和优化。

运营效率指标的核心在于评估企业在资源利用方面的有效性。具体而言，这些指标能够揭示企业在生产和运营过程中存在的潜在瓶颈，并为企业提供优化资源配置的方向。随着人工智能技术的不断发展，企业可以利用这些技术进行实时监控生产和运营流程。通过实时监控，企业不仅能够快速识别问题，还能及时采取措施进行调整，从而显著提高整体运营效率。

在具体的运营效率指标中，库存周转率、资产周转率和人均产出等指标尤为重要。库存周转率可以帮助企业了解其库存管理的有效性，资产周转率则反映了企业在资产利用方面的效率，人均产出则提供了员工生产率的衡量标准。通过这些指标，企业可以全面评估其在资源配置和利用上的合理性和有效性。

利用人工智能进行运营数据分析，使企业能够基于实时数据作出更为精准的决策。实时数据分析能力不仅提高了生产效率，还增强了企业对市场需求的响应能力。在快速变化的市场环境中，能够迅速调整生产和运营策略的企业往往能够占据竞争优势，通过对运营效率指标的持续监控和分析，企业可以及时发现市场变化趋势，并作出相应的战略调整。

第三节　人工智能对财务管理的影响

一、人工智能对财务管理效率的提高作用

（一）自动化流程的应用

自动化流程的应用在现代财务管理中发挥着至关重要的作用。人工智能技术的引入，使财务管理中的许多传统手动操作得以自动化。通过自动化数据录入和处理，大幅减少了人工操作所需的时间和可能出现的错误率。这种转变不仅提高了效率，也增强了数据的准确性和一致性。智能算

法的应用进一步推动了这一进程，它们能够实时分析大量财务数据，为管理者提供即时的决策支持。这种即时性和准确性使企业能够在瞬息万变的市场环境中保持竞争力。

智能算法的应用不仅限于数据分析，还扩展到财务报告的生成。自动化流程使财务报告的生成过程更加迅速和高效，企业因此能够及时获取财务状况的全貌。这种及时性对于企业的财务决策至关重要，尤其是在需要快速响应市场变化的情况下。自动化流程的实施也为企业节省了大量的人力资源，使财务人员能够将更多的时间和精力投入战略性和分析性工作中，而不是日常的重复性任务。

机器人流程自动化（RPA）是实现财务管理自动化的关键技术之一。RPA 能够自动执行重复性高、规则明确的任务，如账单处理、数据录入和核对等。这不仅解放了财务人员的双手，还保证了流程的一致性和准确性。通过 RPA 的应用，财务团队可以将更多的精力投入高价值的工作中，如财务分析、战略规划和风险管理等。这种转变带来的不仅是效率的提高，还有财务管理质量的显著提高。

（二）决策速度的加快

在现代财务管理中，决策速度的加快是提升企业竞争力的关键因素之一。人工智能通过实时数据分析，能够快速识别财务异常情况，帮助管理层及时作出调整决策。这种实时分析能力使企业能够在瞬息万变的市场环境中保持思维敏捷，迅速响应外部环境变化。人工智能技术能够从海量数据中提取有价值的信息，自动识别潜在的财务风险和异常情况，从而协助管理层在问题发生之前采取预防措施，确保财务的稳健运行。

智能预测模型的应用是人工智能在财务管理中提高决策速度的一个重要方面。通过对历史数据和市场趋势的分析，人工智能可以提供更为准确的财务预算和预测。这种预测能力不仅提高了财务管理的精准度，还缩短了决策时间，使管理层能够快速制订战略规划。智能预测模型通过机器学习算法不断优化自身，随着数据量的增加，其预测的准确性和可靠性也在不断提高，进一步支持快速而有效的决策。

人工智能驱动的决策支持系统在整合多维度数据方面展现出强大的能力。财务管理涉及多种数据来源，包括财务报表、市场数据、宏观经济指标等。人工智能能够将这些数据进行整合和分析，提供全面的视角，使决策者能够在更短的时间内评估不同方案的优劣。这种多维度的数据整合能力不仅提高了决策的速度，还增强了决策的科学性和合理性，帮助企业在复杂的市场环境中作出明智的选择。

二、人工智能在财务数据处理中的效率提高

（一）数据清洗与整合

在现代财务管理中，数据清洗与整合是确保数据质量和分析准确性的重要步骤。人工智能的引入显著提高了这一过程的效率。通过先进的算法，人工智能能够自动识别和纠正数据中的错误和异常情况。这种自动化的能力不仅提高了数据的准确性和一致性，还降低了人为干预的可能性和人为错误的风险。传统的数据清洗依赖人工操作，耗时且容易出错，而人工智能的应用使这一过程更加高效和可靠。

人工智能通过机器学习算法，从大量的历史数据中学习，优化数据清洗规则。这种学习能力使系统能够适应不断变化的数据环境，自动调整清洗规则，进一步减少了人工干预的需求。机器学习的自适应特性使其能够处理多种类型的数据，提高了数据清洗的灵活性和效率。随着数据量的增加，人工智能的这一优势变得尤为重要，它能够在短时间内处理大量数据，确保数据清洗的高效性。

人工智能技术不仅在数据清洗方面表现出色，还能够实现多源数据的自动整合。在财务管理中，数据通常来源于不同的系统和格式，传统的整

合方式需要耗费大量的人力和时间。人工智能通过其强大的计算能力和智能算法，能够快速整合来自不同来源的数据，确保数据的无缝衔接。这种自动化的整合方式提高了整体数据的处理效率，使财务数据能够更快地用于决策和分析。

（二）数据分析的智能化

在现代财务管理中，数据分析的智能化已经成为企业提升竞争力的重要手段。人工智能通过深度学习算法分析财务数据，能够识别潜在的趋势和模式，帮助企业作出更为精准的市场预测。这种能力不仅提高了决策的准确性，还增强了企业应对市场变化的能力。深度学习算法通过大量历史数据的训练，能够自动识别复杂的数据关系，并从中提取有价值的信息，为企业的战略规划提供科学依据。

智能分析工具的应用使财务指标的实时监测成为可能，并通过可视化技术将复杂的数据转化为易于理解的图形和表格，提升了管理层对财务状况的理解和洞察力。可视化技术的引入，使数据分析结果不仅更加直观，而且能够在短时间内被管理层接受和理解，从而加快决策过程。这种技术的应用，解决了传统财务报表中信息传递的效率问题。

人工智能驱动的预测模型在财务分析中具有不可替代的作用，这些模型能够综合考虑多种外部因素，如经济环境变化、行业动态等，提供更为全面的财务分析结果。这种多因素的分析能力，使企业能够更好地预测未来的财务状况，并做好相应的准备和调整。通过对外部环境的敏锐捕捉，企业能够在竞争中占据有利地位，减少因市场变化带来的不确定性风险。

三、人工智能在财务透明度提升中的贡献

（一）实时数据监控

实时数据监控在现代财务管理中扮演着至关重要的角色。人工智能技

术的应用使财务数据的监测变得更加精确和高效。通过实时监控，企业能够及时发现财务数据中的异常交易，这对于降低财务风险具有重要意义。传统的财务监控方式往往依赖人工审核，这种审核方式不仅耗时，而且容易出现人为错误。而人工智能系统能够自动化地分析大量数据，识别潜在的风险点，从而为企业提供更为可靠的安全保障。

智能仪表盘的引入，使管理层可以更加直观地掌握企业的财务状况。通过这些仪表盘，管理层能够实时查看关键财务指标，如现金流、收入、支出等。这种实时性的数据展示使企业可以快速作出反应，优化资源配置，确保企业在快速变化的市场环境中保持竞争力。管理层不再需要等待月度或季度报告，可以即时调整策略，以应对市场的动态变化。

人工智能技术的一个重要贡献是其能够自动生成实时财务报告。这些报告不仅涵盖了常规的财务数据，还可以根据企业的需求进行定制，提供更为详尽的分析。实时报告的生成意味着管理层能够随时掌握企业的财务健康状况，这种透明度的提升增强了决策的信心。企业在作出战略决策时，可以依靠更为准确和及时的信息，从而提高决策的质量和效率。

实时数据监控系统的优势在于其能够集成多种数据源，提供一个全面的财务视图。通过整合来自不同部门和系统的数据，企业能够获得一个全局的财务视角。这种全面的财务视图不仅有助于企业内部的协调与沟通，也使企业能够更好地应对外部市场的变化。通过实时监控，企业能够迅速识别市场趋势，并及时调整其财务策略，以保持市场竞争力。

（二）信息披露的准确性

人工智能在现代财务管理中扮演着至关重要的角色，其在提升信息披露准确性方面的贡献尤为显著。信息披露的准确性是企业财务透明度的核心要素，直接关系到投资者和监管机构对企业的信任。通过自动化的数据处理，人工智能能够显著减少人为错误的发生，从而确保财务数据的准确性。传统的财务数据处理依赖人工操作，容易出现疏漏和偏差，而人工智能通过自动化流程，能够大幅降低这些风险，保障财务信息的真实性和可靠性。

人工智能的实时更新和校验功能，使财务数据能够及时反映企业的最新状况。人工智能系统可以在数据录入和处理的每一个环节进行实时监控和更新，确保信息披露的时效性。这种能力不仅提高了财务报告的及时性，还增强了信息的动态性，使企业能够在瞬息万变的市场环境中保持竞争优势。实时的财务数据更新也为管理层提供了更准确的决策依据，帮助企业在战略规划和资源配置上作出更明智的选择。

借助自然语言处理技术，人工智能能够自动生成符合规定的财务报告。这种技术的应用不仅提高了信息披露的合规性和标准化，还减少了人工编制报告的时间和成本。人工智能系统可以快速解析大量财务数据，并根据预设的报告格式生成标准化的财务文件。这种自动化的报告生成能力，不仅提高了信息披露的效率，还确保了报告内容的准确性和一致性，帮助企业满足各种监管要求。

人工智能通过智能分析工具，能够提供对财务数据的深入解读，增强信息披露的透明度和可理解性。人工智能技术可以从海量数据中挖掘出有价值的洞见，帮助企业识别潜在的财务风险和机遇。这种深入分析能力，使企业不仅能够披露数据本身，还可以提供对数据的解释和预测，增加信息披露的深度和广度。通过这样的方式，企业能够与投资者和其他利益相关者建立更加透明和信任的关系。

四、人工智能对财务管理人员技能需求的影响

（一）技术技能的提升

在现代财务管理中，技术技能的提升已成为财务管理人员必须面对的重要课题。随着人工智能技术的迅猛发展，财务管理人员须具备更高的技

术技能水平，以便在快速变化的环境中保持竞争力。首先，掌握数据分析工具和软件是必不可少的。财务管理人员需要熟练使用如 Python、R 语言等编程工具以及 Excel、Tableau 等数据可视化软件，以便有效利用人工智能生成的数据洞察和报告。这些工具不仅能够帮助财务人员更好地理解和分析数据，还能提高他们在财务决策中的准确性和效率。

提升对机器学习和深度学习算法的理解也是财务管理人员技能提升的重要方面。机器学习和深度学习作为人工智能的核心技术，正在改变传统的财务预测和决策方式。通过对这些算法的深入理解，财务管理人员可以更有效地应用人工智能技术进行财务预测，识别潜在的市场趋势和风险。这不仅要求财务人员具备一定的数学和统计学知识，还需要他们能够将这些算法应用于实际的财务管理情境中，以提高企业的整体财务绩效。

在人工智能时代，增强对自动化流程的操作能力是财务管理人员不可或缺的技能。自动化技术在财务管理中的应用，极大地提高了工作效率和准确性。财务人员需要具备操作和管理自动化系统的能力，确保能够高效地管理和维护基于人工智能的财务系统。具体包括理解自动化流程的工作原理、能够识别和解决潜在的系统问题，以及不断优化系统以适应企业的财务管理需求。

（二）数据分析能力的要求

1. 数据可视化能力

在人工智能技术的推动下，财务管理领域对数据分析能力的要求不断提高。财务管理人员需要具备数据可视化能力，这是因为在现代企业中，财务数据往往以庞大且复杂的形式存在。通过数据可视化，财务管理人员能够将这些复杂的数据转化为易于理解的表格和图形。这样的转化不仅有助于管理层快速识别财务趋势，还能为他们提供直观的决策支持工具，帮助企业在市场竞争中占据优势。数据可视化技术的应用，使财务报告不再仅仅是数字的堆积，而是成为一种能够讲述企业财务状况的视觉化语言。

2. 理解数据挖掘技术

数据挖掘技术能够从大量的财务数据中提取有价值的信息，为企业的战略决策和业务优化提供支持。在这个过程中，财务管理人员需要通过数据挖掘工具，识别隐藏在数据中的模式和关联，从而发现新的商业机会或潜在的经营风险。这种能力不仅需要对数据挖掘算法的理解，更需要结合财务管理的专业知识，以确保挖掘出的信息能够切实应用于企业的实际决策中。

3. 掌握统计分析方法

统计分析方法能够帮助财务管理人员对财务数据进行深入分析，识别出潜在的风险和机会。通过运用统计分析，财务管理人员可以对历史财务数据进行趋势分析，预测未来财务状况，并制定相应的风险管理策略。统计分析还可以用于评估企业财务政策的有效性，帮助企业在动态的市场环境中保持财务稳健。

4. 具备编程技能

使用编程语言，如 Python 语言或 R 语言，财务管理人员可以进行高效的数据处理和分析。编程技能不仅提高了数据分析的效率和准确性，还为财务管理人员提供了灵活的工具，以应对复杂的数据分析任务。通过自定义编程，财务管理人员能够开发专门的分析模型和工具，满足企业的特定需求，进而在数据驱动的商业环境中保持竞争力。编程技能的提高，使财务管理人员在人工智能时代的角色从数据的使用者转变为数据的创造者和分析者。

第二章　人工智能在财务预算与预测中的应用

第一节　智能化预算编制流程

一、基于自然语言处理的预算需求分析

（一）需求识别技术

需求识别技术在财务预算编制中扮演着至关重要的角色。随着企业规模的扩大和业务的复杂化，准确识别和分析预算需求成为财务管理中的一大挑战。传统的需求识别方法往往依赖人工分析，效率低下且容易出现偏差。为了提高预算需求识别的准确性和效率，越来越多的企业开始引入人工智能技术，特别是自然语言处理（NLP）技术。通过分析大量的文本数据，NLP 技术能够有效地从非结构化数据中提取有价值的信息，帮助企业更精准地识别预算需求。这种技术的应用不仅提高了需求识别的速度，还减少了人为错误的发生，为企业的财务管理提供了更加可靠的支持。

NLP 技术在预算需求识别中的应用极大地改变了传统的财务预算编制流程。NLP 技术通过语义分析和文本挖掘，能够从大量的文档和通信记录中自动提取关键信息，从而帮助企业识别潜在的预算需求。这种技术的优势在于其能够处理多种语言和多种格式的数据，使企业可以从全球范围内

收集和分析预算需求信息。此外，NLP 技术还可以通过机器学习算法不断优化自身的识别能力。随着时间的推移，识别的准确性和效率将不断提高。这种能力的提升，使企业能够更加灵活地应对市场变化，更加精准地进行预算编制。

基于用户输入的语义分析进行预算需求的准确识别是自然语言处理技术的核心应用之一。在预算编制过程中，用户往往会通过多种方式表达其需求，如通过电子邮件、报告或会议记录等。NLP 技术能够通过对这些输入的语义进行分析，了解用户的真实需求，并将其转化为具体的预算条目。这种技术的应用，不仅提高了需求识别的准确性，还使预算编制过程更加透明和可追溯。通过对用户输入的语义进行精准分析，企业能够更好地满足各部门的预算需求，提高整体的财务管理效率。

同时，利用机器学习算法优化预算需求识别的效率与准确性是智能化预算编制流程中的关键环节。机器学习算法通过对历史数据的学习和分析，能够不断优化预算需求识别的模型，使其在处理新数据时能够更加准确和高效。这种算法的自我优化能力，使预算编制过程能够随着数据量的增加而不断提高识别的精度。此外，机器学习算法还可以通过识别数据中的模式和趋势，帮助企业预测未来的预算需求，为企业的战略决策提供有力支持。通过 NLP 技术的应用，企业可以大幅提高预算编制的效率和准确性。

（二）语义理解与解析

语义理解与解析在现代财务预算编制中扮演着至关重要的角色。通过对 NLP 技术的应用，预算编制过程中的语义理解能力得到了显著提升。这种能力不仅能够识别和解析复杂的财务术语，还能理解上下文中的隐含意义，从而更准确地捕捉预算需求。通过语义理解，预算编制人员能够在大量非结构化数据中提取有价值的信息，提高了预算编制的效率和准确性。语义理解技术的进步，使财务管理人员能够更好地理解和分析财务数据，从而为决策支持提供更为精准的依据。

语义理解在预算编制中的重要性及其对决策支持的影响尤为显著。传统预算编制方法往往依赖人工分析和经验判断，这不仅耗时且容易出现偏差。通过语义理解技术，预算编制过程可以实现自动化和智能化，减少人为错误的同时提高效率。语义理解技术能够快速分析大量数据，为决策者提供实时的预算分析和预测支持。这种技术的应用，使决策者能够更快速地响应市场变化，优化资源配置，提高企业的竞争力。

基于深度学习的语义解析技术在预算需求分析中的应用，为预算编制带来了革命性的变化。深度学习技术通过模拟人脑的神经网络结构，能够高效地处理和分析海量数据。在预算需求分析中，深度学习技术能够自动识别和解析复杂的财务语言结构，提高预算编制的精确度和效率。通过深度学习，预算编制过程不仅可以更快地响应需求变化，还能通过数据挖掘发现潜在的预算优化空间，为企业提供更具前瞻性的财务管理方案。

多语言处理能力在全球化预算编制中的优势不容忽视。随着全球化进程的加快，跨国企业在预算编制中面临语言和文化的多样性挑战。多语言处理能力使企业能够在全球范围内有效地进行预算编制和沟通。这种能力不仅提高了预算编制的效率，还促进了企业在不同国家和地区之间的协作与信息共享。通过多语言处理技术，企业能够更好地适应不同市场的需求，优化全球资源配置，实现财务管理的全球化布局。

二、预算编制的算法优化与自动化

（一）优化算法选择

在现代财务管理中，优化算法的选择是智能化预算编制的重要环节。随着人工智能技术的不断进步，财务管理者需要在众多算法中选择最适合的方案，以提高预算编制的效率与精确度。选择合适的优化算法不仅能有效减少预算编制的时间成本，还能提升预算的准确性和灵活性。财务管理人员通常需要考虑算法的计算复杂度、数据处理能力以及对不同场景的适应性等因素。通过对这些因素的综合分析，财务管理人员能够选出最优的算法，以满足企业的预算编制需求。

在预算编制过程中，常用的优化算法包括线性规划、动态规划、遗传算法和机器学习算法等。线性规划适用于资源分配和成本优化等问题，其优点在于能够快速求解线性约束条件下的最优解。动态规划则适用于多阶段决策问题，尤其是在预算调整和资源再分配中展现出显著优势。遗传算法以其强大的全局搜索能力和适应性，适用于复杂的预算编制场景。机器学习算法，特别是深度学习，能够处理大量非线性数据，对于预测未来财务趋势和制定长期预算具有重要意义。每种算法都有其独特的适用场景，选择合适的算法可以大大提高预算编制的效率和准确性。

评估基于人工智能的预算编制算法的性能，需要从多个维度进行考量。首先，算法的准确性，即算法在预算预测中的误差率。其次，算法的稳定性，指在不同数据集和场景下算法的表现是否一致。再次，算法的计算效率也是关键指标之一，尤其是在处理大规模数据时，计算效率直接影响预算编制的及时性。最后，算法的可解释性也逐渐受到关注，特别是在财务决策中，财务管理人员需要了解算法产生结果的逻辑和依据。通过这些标准的综合评估，可以帮助财务管理人员选择最优的预算编制算法。

算法选择直接影响预算编制的精确度和效率。不同算法在处理数据的方式、计算复杂度以及对不确定性的适应能力上存在差异。选择合适的算法可以显著提高预算编制的精确度，降低误差率，从而为企业提供更为可靠的财务数据支持。同时，算法的效率影响预算编制的时间成本，尤其是在需要快速响应市场变化的情况下，效率高的算法能够帮助企业及时调整预算，保持财务计划的灵活性。因此，在预算编制过程中，算法的选择既要考虑精确度，也要兼顾效率，以实现财务管理的最优化。

（二）自动化工具集成

在现代财务管理中，自动化工具集成已成为提高预算编制效率和准确性的关键因素。自动化工具通过整合不同的数据源和财务模型，能够有效地减少人工干预，降低人为错误的发生率。这些工具通常包括数据处理软件、预测分析工具和可视化平台等，它们的集成不仅简化了预算编制的过程，还提供了更加精确的财务预测。通过自动化工具集成，企业能够更快速地响应市场变化，优化资源配置，提高整体财务管理的效能。

自动化工具在预算编制中的集成方案与架构设计是实现智能化预算的重要环节。一个高效的集成方案通常包括数据采集模块、分析与预测模块和报告生成模块。数据采集模块负责从多种来源获取实时数据，而分析与预测模块则利用先进的算法进行数据处理和分析，最终生成预算报告。在架构设计方面，采用模块化和可扩展的设计理念，确保系统能够灵活应对不同规模和复杂度的预算需求。集成方案还需要考虑与现有财务系统的兼容性，以确保平稳过渡和无缝衔接。

实时数据采集与分析是预算编制自动化的核心要素。通过实时数据的获取，企业能够在预算编制过程中捕捉最新的市场动态和内部运营数据，从而提高预算的准确性和实用性。实时分析工具能够快速地处理大量数据，识别潜在的财务风险和机遇，为企业决策提供及时的支持。这种实时性不仅提高了预算编制的效率，还增强了企业对外部环境变化的敏感度，使其能够更好地适应快速变化的市场环境。

基于云计算的预算编制自动化工具为企业提供了诸多优势。首先，云计算的高效性和灵活性使企业能够按需扩展预算编制能力，无须投入大量硬件资源。其次，云平台的强大计算能力和存储资源支持复杂的预算模型和大数据分析，提高预算编制的精确度。最后，基于云计算的工具通常具备良好的协作功能，支持跨部门和跨地域的预算编制协作，提高团队工作效率。在应用方面，云计算工具已广泛应用于各类企业，帮助其实现预算编制的数字化转型。

三、基于数据挖掘的预算编制优化

（一）数据模式识别

数据模式识别是人工智能技术在财务管理中应用的一个重要领域。它通过分析和解读大量的财务数据，识别其中潜在的模式和规律，从而为预算编制提供科学的依据。在现代企业的财务管理中，数据模式识别不仅帮助财务人员更好地理解数据背后的信息，还能提高预算编制的准确性和效率。通过运用先进的算法和技术，企业可以从海量的财务数据中挖掘出有价值的信息，支持决策的制定和优化。

在预算编制过程中，数据模式识别的定义是利用算法和模型从历史数据中提取有用的模式和趋势，以支持未来预算的制定。其重要性在于，它能够帮助企业提前识别可能的财务风险和机遇，从而制订更为合理和可行的预算方案。通过数据模式识别技术，企业不仅可以提高预算的准确性，还能增强对市场变化的敏感度，从而在竞争中占据优势地位。尤其在面对复杂多变的市场环境时，数据模式识别技术显得尤为关键。

构建基于历史数据的预算趋势识别与预测模型，是实现智能化预算编制的核心步骤之一。这一过程通常涉及对历史财务数据的深入分析，识别其中的趋势和变化规律，并将这些信息转化为预测模型。这些模型可以帮助企业预测未来的财务状况，制订更加精准的预算方案。通过使用机器学习和数据挖掘技术，企业能够从过去的财务数据中学习，识别出影响预算的关键因素，从而提高预算编制的准确性和有效性。

数据模式识别技术在异常值检测中具有重要的应用价值。在预算编制过程中，识别和处理异常值是确保预算准确性的重要环节。通过数据模式识别技术，企业可以自动检测出财务数据中的异常值，并分析其可能的原因。这不仅有助于提高预算数据的质量，还能帮助企业及时发现潜在的财务问题，采取有效的应对措施。异常值检测技术的应用，使预算编制过程更加智能化和自动化，减少了人为干预的错误风险。

（二）预测模型应用

在现代财务管理中，预测模型应用已成为不可或缺的一部分。通过对大量历史数据的分析和处理，预测模型能够帮助企业在预算编制过程中提高准确性和效率。预测模型利用复杂的算法和数据挖掘技术，从海量数据中提取有价值的信息，以预测未来的财务状况和市场趋势。预测模型应用不仅限于财务预算，还广泛用于风险管理、市场分析等领域。其核心在于利用数据驱动决策，减少人为因素的干扰，从而提高决策的科学性和可靠性。随着数据分析技术的不断进步，预测模型的应用范围不断扩大，精度也在不断提升，为企业的财务管理提供了强有力的支持。

1. 时间序列分析

通过分析一系列时间数据点，时间序列分析可以识别数据中的模式和趋势，进而用于预测未来的财务状况。在预算编制过程中，时间序列分析可以帮助企业识别季节性波动、周期性变化以及长期趋势，从而制订更为精确的预算方案。这种分析方法强调数据的时间顺序和动态变化，能够捕捉到传统静态分析无法识别的细微变化。通过结合统计学方法和计算机算法，时间序列分析为预算预测提供了科学的依据，帮助企业在快速变化的市场环境中保持竞争优势。

2. 机器学习算法

机器学习算法在提升预算预测的准确性方面发挥着重要作用。通过对历史数据的学习和训练，机器学习算法能够自动识别数据中的复杂模式和非线性关系，从而提高预测的精确度。常用的机器学习算法包括决策树、支持向量机、神经网络等，它们各具特色，适用于不同类型的数据和预测任务。在预算预测中，机器学习算法不仅可以处理大量数据，还能实时更新预测模型，以应对市场环境的快速变化。随着算法的不断优化和计算能力的提升，机器学习算法在预算预测中的应用将会更加广泛和深入，为企业提供更为精准的财务管理工具。

3. 集成学习技术

集成学习技术通过结合多个预测模型的结果，进一步提高预算预测的准确性和稳定性。与单一模型相比，集成学习技术能够有效降低预测误差，提高模型的鲁棒性和泛化能力。常见的集成学习方法包括随机森林、梯度提升树和投票法等，它们通过不同的组合策略，将多个模型的优势集成在一起，形成一个更为强大的预测系统。在预算预测中，集成学习技术不仅能够处理复杂的财务数据，还能适应不同的市场环境和变化趋势。对集成学习技术的效果评估，可以帮助企业选择最优的预测方案，提高财务管理的整体水平。

4. 多元回归分析

多元回归分析是一种用于研究预算编制与预测关系的重要统计方法。通过分析多个自变量与因变量之间的关系，多元回归分析能够揭示预算编制中各因素对财务结果的影响。在预算预测中，多元回归分析可以帮助企业识别关键影响因素，优化资源配置，提高预算的科学性和合理性。这种方法不仅能够处理线性关系，还可以通过引入交互项和非线性项，捕捉复杂的变量关系。通过多元回归分析，企业可以深入理解财务数据的内在结构，为预算编制提供理论支持和实证依据，从而在激烈的市场竞争中立于不败之地。

四、利用深度学习的预算编制智能化

（一）深度学习框架

深度学习作为人工智能的一个重要分支，其框架通常包括输入层、隐藏层和输出层。每一层由多个神经元组成，通过权重和偏置连接。深度学习框架的核心在于其多层结构，这使模型能够从大量数据中自动提取特征并进行复杂的模式识别。在预算编制过程中，深度学习框架能够处理大量的财务数据，识别出隐藏的趋势和模式，从而实现更为精准的预算预测。深度学习框架的设计和选择直接影响预算编制的效率和准确性，是智能化预算编制的技术基础。

在预算编制过程中，深度学习框架的基本结构通常包括数据输入模块、特征提取模块、预测模块和输出模块。数据输入模块负责接收多源异构的财务数据。特征提取模块通过多层神经网络对数据进行处理，提取有价值的特征。预测模块利用提取的特征进行预算预测。输出模块则将预测结果转化为可操作的预算方案。各组件之间的协同工作能够显著提升预算编制的自动化程度和预测精度，使财务管理更加高效和智能化。

深度学习算法在预算数据处理中的应用场景广泛，包括历史数据分析、趋势预测、异常检测等。其优势在于能够自动处理和分析庞大的数据集，识别出复杂的非线性关系。通过卷积神经网络、递归神经网络等算法，深度学习可以在预算编制中实现对多维数据的深度挖掘和分析。这种算法的应用不仅提高了预算预测的准确性，还减少了人为干预的需求，极大地提高了财务管理的效率和决策质量。

深度学习模型的训练与优化是预算编制智能化的关键环节。训练过程涉及大量的参数调整和模型验证，以确保模型能够准确地反映财务数据的内在规律。优化过程则包括超参数调节、正则化等技术，以提高模型的泛化能力和稳定性。这些过程对预算编制的影响体现在模型的预测准确性和计算效率上。通过不断的训练和优化，深度学习模型能够逐步适应变化的财务环境，为预算编制提供更为可靠的支持。

（二）模型训练与应用

在财务管理领域，深度学习技术的应用正在逐步改变传统的预算编制流程。模型训练与应用是实现预算编制智能化的核心环节。深度学习模型的训练过程涉及多个关键步骤。首先，需要进行数据预处理，具体包括清洗、标准化和归一化等操作，以确保数据的质量和一致性。其次，特征选择是至关重要的一步，通过选择与预算相关的关键特征，能够提高模型的预测能力和效率。最后，模型架构设计是深度学习模型训练的核心，选择合适的网络结构和参数设置将直接影响模型的性能。

不同类型的深度学习模型在预算编制中有着各自的应用场景。卷积神经网络通常用于处理具有空间特征的数据，适用于分析财务数据中的图形化信息，如趋势图和图表。同时，递归神经网络尤其是其变种长短期记忆网络（LSTM），则擅长处理时间序列数据，在预算编制过程中可以用于预测未来的财务指标和趋势。这些模型的选择依据主要取决于数据的特性和预算编制的具体需求。

为了确保预算编制中深度学习模型的准确性和可靠性，模型评估指标的设定与优化是必不可少的。常用的评估指标包括均方误差（MSE）、平均绝对误差（MAE）和 R 方值等，这些指标可以帮助评估模型的预测精度和稳定性。在模型优化过程中，调整超参数、增加数据量以及采用交叉验证等方法可以有效提高模型的性能和泛化能力。

深度学习模型在实时预算监控中的应用进一步提升了预算编制的灵活性和响应能力。通过实时数据更新，深度学习模型能够动态调整预算预测，及时反映市场变化和企业内部的最新信息。这种实时性不仅提高了预算编制的准确性，还增强了企业在快速变化的经济环境中的适应能力。深度学习技术的应用，使预算编制不再是一个静态的过程，而是一个动态的、不断优化的系统。

第二节　基于机器学习的财务预测模型

一、机器学习算法在财务预测中的应用

（一）回归算法的应用

回归算法在财务预测中的应用是机器学习领域的重要研究方向。回归算法通过分析历史财务数据，建立模型来预测未来的财务指标。这种方法的核心在于通过大量的数据训练，捕捉变量之间的复杂关系，从而实现对财务趋势的准确预测。回归算法的应用不仅提高了财务预测的效率，还降低了人为预测的主观偏差，使预测结果更加客观和可靠。回归算法的广泛应用，在一定程度上推动了财务管理的智能化发展。

回归算法在财务预测中的基本原理与模型构建方法主要包括数据预处理、特征选择、模型训练与验证等步骤。首先，需要对原始财务数据进行清洗和预处理，以保证数据的质量。其次，通过特征选择确定对预测结果影响最大的变量，从而简化模型的复杂度。最后，利用训练数据集对回归模型进行训练，并通过验证集评估模型的预测性能。这一过程的关键在于选择合适的回归算法，如线性回归、岭回归等，以适应不同的财务预测需求。

线性回归与非线性回归在财务数据分析中的具体应用场景各不相同。线性回归适用于数据特征与预测目标呈线性关系的场景，如销售额与广告投入之间的关系。非线性回归则适用于更复杂的财务数据关系，如市场波动与经济指标之间的非线性关系。通过合理选择回归模型，可以更准确地捕捉财务数据之间的潜在关系，提高预测的准确性和可信度。

回归算法对财务指标预测准确性的影响因素及其优化策略是一个复杂

的研究领域。影响预测准确性的因素包括数据的质量、特征选择的合理性、模型的复杂度等。为了优化预测结果，可以通过多种策略进行调整，如增加数据样本量、采用交叉验证等方法提高模型的泛化能力。结合其他机器学习算法，如决策树、神经网络等，进行集成学习，也是一种有效地提升预测准确性的途径。这些优化策略的实施，不仅能够提高财务预测的精确度，还能为企业的决策提供更为可靠的数据支持。

（二）分类算法的应用

分类算法在财务预测中扮演着至关重要的角色，其核心在于通过对历史数据的分析，识别出影响财务状况的关键因素，并对未来的财务趋势进行准确预测。分类算法能够处理大量的财务数据，识别出潜在的风险和机会。财务预测模型的构建需要综合考虑数据的多维性和复杂性，通过分类算法对数据进行有效的分组和标记，实现对不同财务状态的精准预测。分类算法不仅提高了财务预测的效率，还为企业的决策提供了科学依据。

决策树和随机森林是分类算法在财务数据分类中应用广泛的两个模型。决策树通过构建一个树状结构，逐层分析数据的特征，最终形成对数据分类的决策。其优势在于直观易懂，能够清晰地展示数据分类的逻辑过程。然而，决策树容易过拟合，而随机森林通过构建多个决策树并进行投票机制，显著提高了模型的稳定性和预测准确性。在财务数据分类中，随机森林能够有效地处理数据中的噪声和异常值，为财务预测提供更为可靠的结果。

支持向量机（SVM）在财务风险评估中表现出显著的有效性。SVM 通过寻找最佳的分割超平面，将不同类别的数据进行分类，其在处理高维数据时具有独特的优势。在财务风险评估中，SVM 能够识别潜在的风险信号，帮助企业提前做出应对措施。通过案例分析，SVM 在处理复杂的财务数据集时，展现出卓越的分类性能，为企业的风险管理提供了强有力的支持。

深度学习中的分类算法对财务预测准确性的提升作用不可忽视。深度学习通过多层神经网络的构建，能够自动提取数据的深层特征，实现对复杂财务数据的精确分类。相比传统的分类算法，深度学习能够更好地捕捉数据中的非线性关系，提高预测的准确性。在实际应用中，深度学习的分类算法不仅能够提升财务预测的精度，还能为企业的财务战略规划提供深刻的洞察和指导。

（三）时间序列预测

时间序列预测在财务管理中扮演着至关重要的角色，特别是在预算编制和财务预测方面。时间序列预测的基本概念是通过分析历史数据中的时间序列模式，来预测未来的趋势和变化。这种方法在财务领域的应用尤为广泛，因为财务数据通常具有显著的时间依赖性和季节性特征。时间序列预测能够帮助企业更准确地进行预算编制、现金流管理以及投资决策，从而提高财务管理的效率和准确性。

在时间序列预测中，自回归模型（AR）、移动平均模型（MA）及其组合模型（ARIMA）是最常用的模型。这些模型通过不同的方法来捕捉时间序列中的模式和趋势。自回归模型利用过去的观测值来预测未来的值，而移动平均模型通过平均化过去的误差来进行预测。组合模型则结合了自回归模型和移动平均模型的优势，能够更好地处理复杂的时间序列数据。这些模型在财务预测中的应用，能够有效提高预测的精确度和可靠性。

为了确保时间序列预测模型的有效性，时间序列数据的特征提取与预处理是至关重要的步骤。具体包括对数据进行去趋势、去季节性处理，以及对异常值的检测和处理。通过这些预处理方法，可以确保模型输入的准确性和有效性，从而提高预测结果的可信度。此外，特征提取技术可以帮助识别数据中的关键模式和特征，为模型的训练提供更有价值的信息。这些步骤的有效实施，将直接影响财务预测的准确性和决策的科学性。

二、财务数据的预处理与特征选择

（一）数据清洗与整理

在财务预测模型的建立过程中，数据的准确性和一致性至关重要。数据清洗的重要性在于确保输入模型的数据无误差，从而提高预测结果的可靠性。常见的数据清洗技术包括缺失值处理、重复数据删除和异常值检测等。缺失值处理可以通过插值法、均值替代等方法实现，而重复数据删除则需要通过识别和去除冗余信息来完成。异常值检测则是通过统计方法或机器学习算法识别和处理数据中的异常点，确保数据的真实性和完整性。

数据格式的标准化是数据清洗与整理中不可或缺的一部分。由于财务数据可能来源于不同的系统和平台，其格式往往不统一。通过数据格式标准化，可以确保不同来源的数据能够无缝整合与分析。这一过程通常涉及对数据类型的转换、单位的一致化以及时间格式的统一等。标准化后的数据不仅便于后续分析和建模，也有助于提高数据的处理效率和准确性。

在数据清洗的过程中，选择合适的数据清洗工具至关重要。不同的数据清洗工具在功能和性能上有所差异，选择合适的数据清洗工具能够大幅提高数据处理的效率与效果。常用的数据清洗工具包括开源软件如 OpenRefine、Python 中的 Pandas 库以及商业软件如 Informatica 等。这些工具提供了丰富的数据清洗功能，可以有效地处理大规模数据集中的各种问题。

数据清洗流程的自动化是提高数据处理及时性的重要手段。通过自动化工具和脚本，数据清洗过程中的许多步骤可以实现自动化，从而减少人工干预。这不仅提高了数据处理的效率，还降低了人为错误的风险。自动化的数据清洗流程通常包括数据的批量导入、自动异常检测和处理以及结果的自动报告生成等。这一过程的实现需要对数据清洗工具和编程语言有深入的理解和应用能力。

（二）特征选择技术

特征选择技术在机器学习的财务预测模型中扮演着至关重要的角色。通过精心挑选对预测结果影响最大的特征，特征选择技术不仅可以提高模型的性能和效率，还能有效减少数据的冗余性。特征选择技术的基本概念与目的在于通过筛选最具代表性的特征，从而优化模型的预测能力。在财务管理中，特征选择技术有助于识别对财务结果有显著影响的变量，从而为决策者提供更具洞察力的分析依据。

在特征选择技术中，过滤法、包裹法和嵌入法是三种常见的方法。过滤法通过统计检验来选择特征，适用于快速处理大规模数据集，但可能忽略特征之间的相互作用。包裹法则通过模型性能来评估特征组合的优势和不足，尽管精度较高，但计算成本较大。嵌入法则在模型训练过程中同时进行特征选择，能够较好地平衡效率与效果。这些方法在不同的场景中各有适用性与优点和不足，具体选择取决于数据集的特性和业务需求。

基于模型的特征选择技术，如决策树或随机森林，利用模型自身的结构来评估特征的重要性。这种方法通过计算特征在决策路径中的贡献度来识别关键影响因素。决策树的分枝过程天然地对特征进行排序，而随机森林通过多棵树的投票机制进一步稳固了特征的重要性评估。这种方法不仅能够揭示数据的内在结构，还能为财务预测提供更为可靠的特征选择依据。

在高维数据集中，特征选择技术的重要性尤为突出。随着特征数量的增加，模型的计算复杂度和过拟合风险也会显著提升。通过有效的特征选择，可以减少不必要的特征，从而降低计算负担，提高模型的泛化能力。在财务数据分析中，这种方法尤为重要，因为它能够帮助分析师在海量数据中找到最具价值的信息，提高预测的准确性和效率。

三、数据选择与预处理对预测模型的影响

（一）数据质量对模型的影响

数据质量在财务预测模型中扮演着至关重要的角色。数据质量直接影响预测模型的准确性，低质量数据可能导致模型产生偏差，从而影响财务决策的有效性。具体来说，低质量数据可能会引入噪声和错误，这些因素会误导模型的学习过程，导致预测结果不准确，影响企业的财务决策。企业在构建财务预测模型时，必须严格把控数据输入的质量，以确保模型输出的可靠性和准确性。

高质量的数据能够提高模型的训练效率，减少训练时间，使模型能够更快地适应新的数据特征。训练效率的提高不仅意味着模型能在更短的时间内完成训练，更重要的是，它能在面对数据变化时快速调整自身参数，保持预测的准确性。这种快速适应能力在动态变化的市场环境中尤为重要，能够帮助企业及时应对市场波动，优化财务策略。

数据的完整性和一致性是构建稳定预测模型的基础，缺失或不一致的数据会增加模型的不确定性和风险。完整的数据集能够为模型提供全面的学习信息，避免因数据缺失导致的预测偏差。而一致性则确保了数据在不同时间和来源上的协调性，使模型能够在统一的数据框架下进行学习和预测。企业在数据收集和处理过程中，需要特别关注数据的完整性和一致性，以降低预测过程中的不确定性。

数据质量的评估标准应包括准确性、完整性和及时性，这些因素共同决定了模型的可靠性和可用性。准确性确保数据真实反映业务情况，完整性保证数据的全面性，而及时性则要求数据在有效的时间框架内被获取和使用。只有同时满足这三个标准，财务预测模型才能够在实际应用中发挥其应有的作用，为企业提供可靠的决策支持。企业应建立完善的数据质量

管理体系，定期评估和优化数据质量，以确保财务预测模型的持续性和有效性。

（二）预处理技术的效果

在机器学习驱动的财务预测模型中，数据预处理技术起着至关重要的作用。预处理技术的效果体现在多个方面。

首先，它能够有效提升数据的准确性。通过一系列的清洗和整理步骤，预处理技术可以剔除错误和不一致的数据，确保模型训练是基于一个高质量的数据集。这一过程不仅提高了数据的可靠性，还为模型奠定了更为坚实的基础，从而提升了预测结果的可信度。

其次，预处理技术通过特征选择和构建，帮助识别与预测目标最相关的特征。这一过程有助于减少冗余信息，优化数据集的构成，使模型能够更专注于关键变量，进而提高模型的性能和预测准确性。特征选择的有效性直接关系到模型的表现，因此，预处理技术在特征选择上的应用显得尤为重要。

再次，预处理技术可以显著降低模型的训练时间。通过对数据进行标准化或归一化处理，预处理技术提高了算法的收敛速度，进而提高了整体效率。这一特点在处理大规模数据集时尤为明显，因为它能够有效减少计算资源的消耗，提高模型的训练效率，使财务预测更为及时和高效。

最后，通过数据清洗和特征工程，预处理技术还能够增强模型的抗干扰能力。在面对噪声和异常值时，经过预处理的数据使模型依然能够保持较高的预测稳定性。这种抗干扰能力对于财务数据尤为重要，因为财务数据常常受到市场波动和外部环境变化的影响，稳定的预测能力能够为决策者提供更为可靠的依据。

四、模型的可解释性与可靠性分析

（一）可解释性技术

可解释性技术在现代财务预测模型中扮演着至关重要的角色。随着人工智能技术在财务领域的广泛应用，模型的复杂性和不透明性也随之增加，这使用户对模型预测结果的信任和理解成了一项挑战。可解释性技术的重要性在于提升用户对模型预测结果的信任和理解，确保财务决策的透明性。这种透明性不仅有助于决策者理解模型的运行机制，还能增强对结果的信任，从而在实际应用中更好地支持决策过程。

在众多可解释性技术中，模型无关的局部解释（LIME）和 SHAP（SHapley Additive exPlanations）是最常用的方法。LIME 通过构建局部线性模型来近似复杂模型的行为，从而帮助用户理解模型在个别预测中的决策过程。SHAP 则通过计算特征的 SHapley 值，量化每个输入特征对预测结果的贡献。这些技术通过提供特征贡献度分析，使用户能够深入理解模型的决策过程，进而识别哪些特征在多大程度上影响了预测结果。

可解释性技术的应用不仅限于增强用户对模型的理解，还在于识别模型中的潜在偏差。通过分析模型对不同特征的敏感性和贡献度，财务管理者可以发现模型在某些特定场景下可能存在的偏差。这种识别对于提供更为可靠的财务决策依据至关重要，因为它能帮助管理者在决策过程中降低风险，避免因模型偏差导致的错误判断。

通过可解释性技术，财务管理者可以更好地与技术团队进行沟通，确保模型的设计与业务需求之间的有效对接。在实际应用中，财务管理者和技术团队往往来自不同的专业背景，缺乏共同的语言可能导致沟通障碍。可解释性技术架起了一座桥梁，使管理者能够更清晰地表达业务需求，而技术团队则能够根据这些需求调整模型设计，从而促进跨部门协作，提高整体工作效率。

（二）可靠性评估方法

在财务预测模型中，可靠性评估方法是确保模型在实际应用中表现稳定的关键。可靠性评估的基本原则之一是模型在不同数据集上的稳定性和一致性。模型必须能够在不同的市场环境和数据变化下保持良好的性能。这意味着，模型的设计需要考虑到数据的多样性和复杂性，确保其在多种情况下都能提供准确的预测。这种方式，可以有效地减少模型在不同应用场景下可能出现的性能波动，增强其在实际应用中的可信度。

1. 采用交叉验证技术

采用交叉验证技术是评估模型可靠性的重要手段。通过将数据集多次划分为训练集和验证集，交叉验证能够有效地减少因数据划分带来的偏差，提高评估结果的科学性。这种方法不仅能够提供对模型性能的全面评估，还能够揭示模型在不同数据划分下的表现差异，从而帮助识别模型的潜在弱点和改进方向。交叉验证的结果可以为模型的优化提供重要的指导，使模型在实际应用中更加稳健。

2. 使用外部验证数据集测试

使用外部验证数据集进行模型测试是进一步确保模型可靠性的重要步骤。外部验证数据集通常是模型在训练过程中未见过的数据，这种方法能够有效评估模型在新数据上的表现。这一过程有助于验证模型的泛化能力，即模型在面对未见数据时是否仍然能够保持良好的预测性能。通过这种方式，可以更好地判断模型在实际应用中的可靠性，确保其在不同的市场环境中均能发挥预期的作用。

3. 实施模型的长期监控与维护

实施模型的长期监控与维护是保证其在动态市场环境中持续适用性与准确性的关键。市场环境的变化可能导致数据分布的变化，从而影响模型的预测性能。因此，定期对模型进行评估和更新是必要的。通过持续监控模型的表现，及时识别和修正模型的偏差，可以确保模型始终适应市场的变化，保持其预测的准确性和可靠性。这一过程不仅是模型开发的延续，也是其在实际应用中取得成功的保障。

第三节 预算控制与预测精度的提升策略

一、实时预算监控系统的设计与实施

（一）系统架构设计

系统架构设计在实时预算监控系统的开发中扮演着至关重要的角色。一个高效的系统架构需要具备灵活性和可扩展性，以满足不断变化的财务管理需求。

1. 模块化设计

通过模块化设计，系统可以在不影响整体性能的情况下进行更新和扩展。系统架构还需支持大数据处理能力，以应对海量财务数据的实时分析和处理需求。人工智能技术的引入，使系统能够通过机器学习算法不断优化预算预测模型，提升预测的准确性和可靠性。系统的高可用性设计，确保在高并发情况下依然能够稳定运行，为用户提供持续的预算监控服务。

2. 实时数据采集模块的设计

实时数据采集模块的设计，确保系统能够快速地响应财务数据的变化，提高预算监控的时效性。该模块是系统的核心组成部分，负责从多种数据源中获取实时数据，包括企业内部的财务系统、市场数据接口等。通过采用先进的数据采集技术，如数据流处理和边缘计算，系统能够在数据产生的瞬间进行捕获和处理，极大地缩短数据延迟时间。实时数据采集模

块还须具备高效的数据清洗和转换能力，以确保输入数据的准确性和一致性，为后续的预算分析提供可靠的数据基础。

3. 用户角色管理

预算监控系统的用户角色管理，允许不同层级的用户根据权限访问相关数据和功能，增强系统的安全性。合理的用户角色管理机制能够有效防止未经授权的访问和数据泄露。系统应支持灵活的权限配置，管理员可以根据组织架构和业务需求，分配不同的访问权限和操作权限。通过多因素身份验证和日志审计功能，系统能够提高安全防护能力，确保财务数据的机密性和完整性。同时，用户角色管理还可以提升系统的可用性，为不同职能部门提供定制化的功能界面和数据视图，支持其进行高效的预算管理。

4. 可视化仪表盘的设计

可视化仪表盘的设计，利用图表和数据可视化技术直观展示预算执行情况，提升用户的决策支持能力。通过精美的图形化界面，用户能够快速获取预算执行的全过程，识别关键的财务指标和趋势。系统应支持多种图表类型，如折线图、柱状图、饼图等，以满足不同分析需求。可视化仪表盘还应具备交互功能，用户可以通过点击、悬停等操作，获取更详细的数据分析和解释。此外，系统还应提供灵活的自定义功能，用户可以根据自身需求，调整仪表盘的布局和内容，提升个性化分析体验。

5. 预警机制的建立

预警机制的建立，通过设定预算执行的阈值，及时通知相关人员采取措施以应对潜在风险。预警机制是预算监控系统中的重要功能，它能够在预算执行偏离预期时，快速识别并发出警报。系统应支持多种预警方式，如电子邮件、短信、应用内通知等，确保信息能够及时传递给相关人员。预警机制还需具备智能化特性，利用机器学习算法分析历史数据，预测潜在风险的发生概率和影响程度，帮助管理者提前制定应对策略，降低预算超支和财务风险。

6. 系统集成与兼容性设计

系统集成与兼容性设计，确保预算监控系统能够与现有的财务软件和数据源无缝衔接，提高整体工作效率。在现代企业经营环境中，预算监控系统需与多种财务工具和平台协同工作，以实现数据的共享和流通。系统应具备良好的开放性和兼容性，支持多种数据格式和接口协议，通过 API（应用程序接口）、数据总线等方式进行集成。系统集成的成功与否直接关系预算监控的效果和效率。因此，在设计时需充分考虑企业现有 IT 架构和未来发展方向，确保系统能够在不同技术环境中稳定运行。

（二）数据流管理

在现代财务管理中，数据流管理是实现实时预算监控系统的关键环节。数据流的有效管理确保了财务数据能够及时、准确地传递至预算监控系统，从而支持财务决策的及时性。实时数据流的采集与处理是其中的核心任务，旨在保证财务数据在生成后能够迅速地进入监控系统。这一过程需要高度自动化的技术支持，以缩短数据传输的延迟，提高财务决策的响应速度。通过对数据流的精细化管理，企业可以更好地应对市场变化，作出快速而精准的财务决策。

数据流的标准化管理在多源数据的整合中扮演着重要角色。通过统一的数据格式和接口，企业能够实现不同来源数据的无缝集成。这种标准化不仅提高了数据处理的效率，还减少了因数据格式不一致而导致的错误和延迟。标准化管理的实施需要结合企业的具体需求，制定适合的标准和规范，以确保数据在传输和处理过程中保持一致性和可靠性。通过这种方式，企业可以有效地整合来自不同部门和系统的数据，形成完整的财务数据视图。

数据流的安全性设计是保护财务信息安全的重要措施。在数据传输过程中，敏感财务信息面临多种安全威胁，因此，实施数据加密和访问控制措施显得尤为重要。数据加密可以防止数据在传输过程中被截获和篡改，而访问控制则确保只有授权人员才能访问敏感信息。通过建立完善的数据安全机制，企业能够有效降低数据泄露的风险，保护财务数据的机密性和完整性。

数据流监控机制是保障数据完整性的重要工具。通过实时跟踪数据流动状态，企业可以及时识别和处理数据传输中的异常情况。这种监控机制不仅能够检测到数据丢失、重复或错误的情况，还能提供数据流动的详细日志，为问题的快速定位和解决提供依据。通过对数据流的持续监控，企业能够确保财务数据的准确性和完整性，为财务分析和决策奠定可靠的基础。

（三）实时监控技术

实时监控技术在现代财务管理中扮演着至关重要的角色。其基本原理涉及通过传感器和数据采集装置，实时获取财务活动中的各类数据，并利用先进的计算技术进行即时分析和反馈。在预算控制中，实时监控技术的应用场景广泛，包括但不限于企业预算执行过程中的异常检测、成本控制以及资源分配优化等。通过实时监控，企业能够在预算执行过程中及时发现偏差，从而提高预算管理的精确度和有效性。这不仅提高了财务管理的效率，也为企业的战略决策提供了可靠的数据支撑。

实时数据分析技术是实时监控系统的核心组成部分，其实现方法主要包括数据流处理和事件驱动架构。数据流处理技术能够对连续的数据流进行实时分析，确保在短时间内从大量数据中提取有价值的信息。而事件驱动架构则通过对特定事件的快速响应，支持企业在预算管理中的快速决策。这些技术的结合，使企业能够在瞬息万变的市场环境中，快速调整预算策略，保持竞争优势。实时数据分析技术不仅提高了决策的速度，也增强了决策的准确性和可靠性。

在实时监控系统中，预警机制的设计至关重要。有效的预警机制能够在预算执行偏离预期时，及时通知相关决策者，以便采取纠正措施。这一机制通常依赖一套复杂的算法和规则，能够自动识别预算执行过程中的异常情况，并生成警报。通过预警机制，企业能够在问题扩大之前进行干预，避免不必要的损失。这不仅提高了预算控制的精度，也增强了企业对财务风险的管理能力。

二、预测精度的评估方法与标准

（一）评估指标选择

在财务预测中，选择合适的评估指标是确保预测精度的关键。评估指标的选择直接影响财务决策的有效性，因此需要特别关注。预测精度评估指标的定义与重要性在于它们能够为决策者提供模型性能的量化依据，指导企业在复杂的财务环境中作出明智的决策。通过合理的指标选择，财务预测能够更好地反映实际业务需求，进而提高财务管理的效率和准确性。

常用的预测精度评估指标包括均方误差和平均绝对误差，这两个指标在量化模型性能方面发挥着重要作用。均方误差通过计算预测值与实际值之间的平方差来评估模型的精度，适用于对误差较为敏感的财务预测任务。平均绝对误差则通过计算预测值与实际值之间的绝对差异，提供了一种更为直观的误差度量方式。这两个指标帮助财务管理人员更全面地理解模型的表现，从而在实际应用中进行更精确的调整和优化。

在选择评估指标时，必须考虑具体财务预测任务的性质，以确保其与业务目标的相关性。例如，对于短期财务预测，可能更关注预测的灵活性和响应速度，而长期预测则可能更强调稳定性和准确性。因此，指标的选择不仅需要考虑模型的数学特性，还需要结合企业的战略目标和市场环境，确保评估结果能够有效指导实际业务决策。

在模型评估过程中，采用交叉验证技术能够显著提高评估结果的可靠性。交叉验证技术通过多次划分数据集并进行模型训练和测试，减少了因数据划分带来的偏差，使评估结果更具代表性。交叉验证技术在财务预测中的应用，有助于提高模型的稳健性和适应性，确保在不同市场条件下仍能保持较高的预测精度。

（二）标准化评估流程

在财务预测中，标准化评估流程是确保预测模型可比性与可靠性的关键。标准化评估流程的定义涉及一系列系统化步骤，这些步骤旨在统一评估模型的性能和适应性。通过标准化评估，评估结果可以在不同时间和环境下进行比较，从而提高预测的准确性和一致性。这一过程不仅提高了财务模型的科学性，还为企业在快速变化的市场环境中奠定了坚实的决策基础。标准化评估流程的重要性在于其能够有效地识别和修正模型中的偏差，确保预测结果的可靠性。

为了实现标准化评估流程，制定明确的评估标准是必不可少的。评估标准应涵盖数据质量、模型性能和业务适应性等多个方面。数据质量是预测模型的基础，确保数据的准确性和完整性是评估的首要任务。模型性能则关注于模型的预测能力和稳定性，而业务适应性则考量模型在实际业务环境中的应用效果。通过这些标准的制定，评估过程能够以系统性和全面性为特征，确保各个环节的严谨性和科学性，从而为财务管理提供可靠的支持。

建立定期评估机制是保持评估流程与财务管理环境同步的有效策略。财务管理环境常常因市场动态和内部变革而变化，因此，定期回顾和更新评估流程显得尤为重要。通过定期评估，企业可以及时发现模型与环境的不匹配之处，并进行相应的调整。这样不仅可以提高模型的适应性能力，还能增强企业在市场变化中的应对能力。定期评估机制的建立，确保了评估流程的持续改进和优化，为提升财务预测的精确度提供了长期保障。

实施多层次评估是确保评估结果能够有效指导模型优化的关键策略。多层次评估包括初步评估、深入分析和结果反馈三个阶段。初步评估主要用于快速识别模型的基本问题，深入分析则对模型进行详细的性能和适应性检查，而结果反馈则将评估结果传递给相关部门，以便进行模型的调整和优化。通过实施分层次的评估方法，企业能够在不同阶段获得不同层次的评估信息，从而更精准地优化预测模型，提高其精确度和可靠性。

三、提升预测精确度的技术手段

（一）算法优化

在财务预测中，算法优化是提升预测精确度的关键技术手段之一。算法优化的基本原则包括选择适合的目标函数和约束条件，以确保优化过程的有效性和可行性。目标函数的选择直接影响算法的最终输出结果，而约束条件则保证了优化过程在合理的范围内进行。这些原则的应用能够确保财务预测模型在不同的情境下均能保持较高的准确性和稳定性。

针对特定财务预测任务，设计定制化的优化算法是提升模型性能的有效策略。调整算法参数，可以显著提高预测模型的性能和精确度。参数调整需要结合财务数据的特性和预测任务的具体需求，以实现最佳的预测效果。这种定制化的算法设计能够更好地适应财务数据的复杂性和多变性，从而提高预测的可靠性。

并行计算技术在算法优化中扮演着重要角色，通过多线程或分布式计算，可以大大提高大规模财务数据处理的效率。并行计算技术能够将复杂的计算任务分解为多个子任务，并行执行，从而缩短计算时间。这种技术的应用在处理海量财务数据时，使预测模型能够更快速地得出结果，提高了财务决策的时效性。

集成多种优化算法的优势，形成混合优化策略，是应对复杂财务预测模型中的多样化需求的重要手段。不同优化算法各有其优缺点，组合使用，可以取长补短，增强模型的整体性能。混合优化策略能够更好地处理复杂的财务预测问题，满足多样化的预测需求，提升模型的适用性和灵活性。

（二）数据增强技术

数据增强技术在现代财务预算与预测中扮演着至关重要的角色。它通过丰富和多样化模型训练数据，显著提升了模型的预测精度。数据增强技术的核心在于通过对现有数据进行多种变换处理，从而生成新的训练样本。这种方法不仅有效地扩大了训练数据集的规模，还提升了数据集的多样性，使模型能够更好地学习和理解数据的潜在模式。特别是在财务数据分析中，数据增强技术为模型提供了更为全面和丰富的训练素材，进而提升了预测结果的准确性和可靠性。

常用的数据增强方法包括随机裁剪、旋转、翻转等，这些技术通过对原始数据进行不同程度的变换，生成了大量新的样本。这些新样本在训练集中起到了补充作用，使模型能够多角度、多层次地学习数据特征。这种方法不仅增加了训练数据的数量，还在一定程度上模拟了数据在现实环境中的多变性和复杂性。因此，通过数据增强技术，模型能够更好地适应和处理财务数据中可能出现的各种变动和异常情况，从而提高其在实际应用中的预测精度。

数据增强技术在减少模型过拟合风险方面发挥了重要作用。过拟合是指模型在训练数据上表现良好，但在新数据上表现不佳，这是由于模型过度依赖训练数据中的特定模式。通过数据增强技术，训练数据的多样性得以提升，模型在学习过程中能够接触到更多的样本变体，从而提高其泛化能力。这种方法尤其适用于财务预测模型，因为金融市场的数据往往具有高度的波动性和不确定性，增强数据的多样性能够帮助模型更好地适应这种环境。

近年来，基于生成对抗网络（GAN）的数据增强技术是一个重要突破。GAN 通过生成模型和判别模型之间的对抗训练，能够生成高质量的合成数据。这些合成数据可以作为训练集的补充，使模型在缺乏足够真实数据的情况下，仍然能够进行有效的训练。在财务预算与预测中，GAN 技术能够帮助生成逼真的财务数据模拟，从而提高模型的训练效率和预测精确度。这种技术的应用，为财务数据分析提供了新的思路和方法。

（三）模型集成方法

模型集成方法在现代财务预测中扮演着至关重要的角色，其基本概念在于通过结合多个模型的预测结果来提高整体预测性能。这种方法的核心思想是不同模型在不同数据集或特征空间中可能表现出不同的优势，通过集成的方式能够有效地综合这些优势，以达到更为准确的预测效果。模型集成方法不仅是一种简单的技术组合，还通过深刻理解各个模型的特性及其在特定场景下的表现，来设计最优的组合策略，从而提升财务预测的精确度与可靠性。

常见的模型集成方法包括投票法、平均法和加权平均法。这些方法各有其独特的应用场景和优势。投票法通过多数模型的预测结果来决定最终输出，适用于分类问题；平均法则通过取多个模型预测结果的平均值来平滑误差，适用于连续性预测问题；加权平均法则在此基础上进一步考虑各个模型的预测性能，为表现更优的模型赋予更高的权重。这些方法通过利用不同模型的优势，能够有效减少单一模型可能带来的偏差，提高预测的稳定性和准确性。

集成学习中的 Bagging 和 Boosting 方法进一步丰富了模型集成的手段。Bagging 通过重采样技术生成多个训练集，并训练多个独立模型，然后将这些模型的预测结果进行平均或投票，从而提高模型的稳定性和抗噪声能力。Boosting 则通过迭代地调整样本权重，聚焦于被前一轮模型误判的样本，逐步提高模型的准确性。两者在处理高维数据和复杂特征时表现出色，能够有效地提升模型的泛化能力与抗干扰性，尤其在财务预测中表现出强大的应用潜力。

模型集成方法在处理高维数据和复杂特征时表现出色，能够有效提升模型的泛化能力与抗干扰性。由于财务数据通常具有高维特性和复杂的内在结构，单一模型可能难以充分捕捉数据中的所有信息，而模型集成方法通过综合多个模型的优势，能够更好地适应数据的复杂性。这种方法在实践中被证明能够有效地提高预测的准确性，尤其在面对不确定性和数据噪声时，模型集成方法能够提供更为稳健的预测结果。

四、预算偏差的识别与纠正机制

（一）偏差检测方法

预算偏差检测是财务管理中的关键环节，其基本概念与重要性在于通过及时发现与纠正预算执行中的偏差，确保财务活动的有效性和准确性。预算偏差的识别不仅能够帮助企业在财务管理中保持灵活性，还能在动态环境中调整战略方向，提高资源配置效率。通过对预算偏差的深入分析，企业可以更好地理解资源使用的合理性和效率，从而优化财务决策过程。偏差检测方法的发展起源于对传统财务管理中预算执行偏差的关注，并随着技术的进步而不断演进。

基于历史数据的偏差检测方法是识别预算偏差的一种有效手段。通过对比实际支出与历史预算数据，企业能够识别异常波动与趋势。这种方法依赖对大量历史数据的分析，能够帮助企业发现长期的预算执行模式和潜在的偏差原因。历史数据的分析不仅可以揭示出预算执行中的异常情况，还可以为未来的预算制定提供参考，从而提高预算的准确性和可靠性。这种方法的局限在于对数据的依赖性较强，且无法实时反映当前的预算执行情况。

实时监控系统在偏差检测中的应用为预算偏差识别提供了新的可能性。利用自动化工具实时跟踪预算执行情况，企业能够快速地识别偏差并及时采取纠正措施。实时监控系统通过集成多种数据源，提供了一个全面的预算执行视图，使财务管理人员能够实时掌握预算执行的动态变化。这种方法的优势在于及时性和高效性，能够显著提高预算偏差识别的准确性和响应速度。然而，实时监控系统的实施和维护成本较高，企业需要在成本和收益之间进行权衡。

数据分析技术在偏差检测中的作用不可忽视。运用统计分析与数据挖掘技术，企业可以识别潜在的预算偏差及其原因。通过构建复杂的数据模型和算法，数据分析技术能够从大量的财务数据中提取有价值的信息，揭示预算偏差的深层次原因。这种技术的应用不仅可以提高预算偏差识别的准确性，还可以为企业的战略决策提供支持。然而，数据分析技术的应用需要专业的技术支持和数据管理能力，这对企业的技术储备提出了更高的要求。

（二）纠正策略设计

1. 建立预算偏差预警系统

预算偏差的纠正策略设计在现代财务管理中扮演着至关重要的角色。通过建立预算偏差预警系统，企业能够及时识别并通知相关人员，这种机制不仅有助于快速响应预算执行中的偏差，还能为纠正措施的制定提供有力支持。预警系统的核心在于实时监控预算执行数据，并在偏离预设标准时发出警报。这一机制的有效性依赖准确的数据输入和灵敏的监控算法，确保偏差能够在最短时间内被发现并及时处理，从而减少对企业财务健康的潜在影响。

2. 实施定期预算审查机制

通过定期对预算执行情况与预期目标进行对比分析，企业能够及时发现执行过程中出现的问题。定期审查不仅有助于识别偏差，还能为企业提供一个反思与改进的机会，确保预算执行的方向与企业战略目标一致。通过这种机制，企业能够在早期阶段发现并纠正偏差，避免小问题演变成大问题，从而提高财务管理的精准度和有效性。

3. 利用数据分析工具

在预算执行过程中，利用数据分析工具对异常情况进行深入分析是识别偏差产生原因并制订解决方案的关键步骤。现代数据分析工具能够处理大量复杂的数据，通过挖掘和分析，揭示出隐藏的模式和趋势。这些工具不仅可以帮助识别偏差产生的根本原因，还能为制订针对性的解决方案提供数据支持。通过这种方式，企业能够更加精准地纠正预算偏差，提高预算执行的有效性和准确性。

4. 加强跨部门沟通与协作

加强跨部门沟通与协作是提升预算偏差识别与纠正效率的重要途径。在预算执行过程中，各相关部门的信息共享至关重要。通过建立有效的沟通渠道和协作机制，企业能够确保各部门在预算执行过程中保持一致的理解和行动。这种协作不仅有助于提高偏差识别的速度，还能在纠正过程中提供多样化的视角和解决方案，从而提高整体财务管理水平。

第三章　人工智能在财务决策支持中的应用

第一节　决策支持系统的基本原理

一、决策支持系统的定义与构成要素

决策支持系统（Decision Support System，DSS）是用于辅助决策者进行复杂决策的计算机化信息系统。它的主要功能是通过集成数据管理、模型管理和用户界面三大核心要素，帮助用户在不确定和复杂的环境中作出更明智的决策。决策支持系统的构建离不开对大量数据的有效处理和分析，系统通过对这些数据的深入分析，提供洞察和建议，从而提高决策的效率和准确性。尤其在财务管理领域，DSS 的应用可以显著提高财务决策的科学性和可靠性，支持多种决策场景，包括预算编制、风险管理、投资分析等。

DSS 是一个集成的信息系统，旨在帮助决策者在不确定和复杂的环境中进行有效的决策。其构成要素包括数据管理模块、模型管理模块、用户界面模块和报告生成模块。这些模块相互协作，提供了一个全面的支持框架，帮助决策者在动态的市场环境中作出明智的选择。数据管理模块是 DSS 的基础，负责收集、存储和处理与财务决策相关的数据。它不仅包括企业内部的财务数据，还涵盖外部市场信息，如经济指标、竞争对手动态

和行业趋势。这些数据经过清洗、整合和分析，为决策者提供了一个可靠的数据基础，支持后续的模型分析和决策制定。

模型管理模块是DSS的核心，提供各种财务模型和算法，支持决策者进行预测、分析和优化。通过这些模型，决策者可以评估不同决策方案的潜在影响，从而选择最优的策略。这些模型不仅涵盖传统的财务分析方法，如成本效益分析和投资回报率计算，还包括基于人工智能的高级分析工具，如机器学习算法和神经网络模型。这些工具能够处理大量的非结构化数据，识别潜在的模式和趋势，为决策提供深刻的洞察。

用户界面模块是DSS与决策者之间的桥梁，设计友好的交互界面使决策者能够方便地访问数据、运行模型和获取分析结果。一个良好的用户界面不仅提升了用户体验，还提高了决策效率。界面设计应考虑用户的需求和习惯，提供直观的导航和易于理解的操作指引。通过可视化工具，用户可以快速地理解复杂的数据分析结果，进行更为准确的判断和决策。

报告生成模块是DSS的输出端，负责自动化生成财务报告和可视化图表。这些报告和图表帮助决策者更直观地理解数据分析结果，从而作出更明智的决策。报告生成模块应支持多种格式的输出，以满足不同的决策需求和场景。通过动态报告和交互式图表，决策者可以实时跟踪财务状况和市场变化，作出快速响应和调整。这一模块的有效性直接影响决策的准确性和及时性。

在财务管理中，决策支持系统的应用具有重要意义。通过整合和分析大量财务数据，DSS能够帮助企业识别潜在的财务风险和机会，优化资源配置，提高财务决策的准确性和效率。此外，DSS还可以支持企业在动态多变的市场环境中进行敏捷决策，快速响应市场变化，保持竞争优势。随着人工智能技术的发展，现代DSS逐渐引入机器学习、自然语言处理等先进技术，进一步提升其智能化水平和决策支持能力。

二、数据驱动的决策支持机制

（一）数据收集与预处理方法

数据收集与预处理是决策支持系统中至关重要的一步。其过程不仅决定了后续分析的准确性，还直接影响最终决策的有效性。在财务管理中，数据的收集涉及多种渠道和工具，如数据库、API 和爬虫技术等。这些工具能够高效地获取大量的财务数据和市场信息，为决策奠定坚实的基础。然而，收集到的数据通常是杂乱无章的，必须经过严格的预处理。预处理步骤包括数据清洗、转换和归一化，确保数据的准确性和一致性。数据清洗是去除噪声和错误数据的过程，转换则是将不同格式的数据统一为可操作的形式，而归一化是为了消除因单位不同而导致的偏差。只有经过这些步骤，数据才能用于进一步的分析和建模。

数据质量评估标准是确保数据准确性和一致性的关键。在财务决策中，数据的质量直接影响分析结果的可靠性。因此，必须建立严格的数据质量评估标准。这些标准通常包括数据的完整性、准确性、及时性和一致性等。完整性确保所有必要的数据都被收集和存储；准确性则要求数据反映真实的情况；及时性保证数据在使用时仍然是最新的；一致性则确保不同来源的数据能够相互匹配。这些标准的实施需要结合自动化工具和人工审查，以最大限度地减少错误和偏差。

在数据存储与管理策略方面，选择合适的数据库和存储格式是确保数据高效利用的基础。对于财务决策支持系统而言，数据库不仅需要存储大量的历史数据，还需要支持实时数据的快速查询和分析。关系型数据库以其结构化查询语言（SQL）和事务处理能力，常用于存储结构化数据。而 NoSQL 数据库则因其灵活的存储模式和高扩展性，适合处理非结构化数据和大数据应用。此外，云存储技术的应用，使数据的存储和访问更加便捷和高效。选择合适的存储策略，需要综合考虑数据的类型、访问频率和安全性等因素。

（二）数据分析技术的应用

数据分析技术在财务管理中扮演着至关重要的角色。通过应用先进的数据分析方法，财务决策者能够从海量数据中提取有价值的信息，从而提高决策的科学性和准确性。机器学习算法在财务数据分析中的应用尤为突出，这些算法能够通过识别数据中的模式和建立预测模型，帮助决策者更好地预测市场趋势和企业财务状况。这种能力不仅提升了决策的准确性，还提高了财务管理的效率，使企业能够更好地应对市场变化。

在财务决策支持中，数据挖掘技术同样发挥着关键作用。数据挖掘技术能够帮助识别财务数据中的潜在趋势和异常现象，这对于风险管理和机会识别至关重要。通过挖掘历史财务数据，决策者可以发现隐藏的模式和关系，从而能够制定更为有效的风险控制策略，抓住市场机会。这些技术的应用，使财务管理从传统的静态分析转向动态的、前瞻性的决策支持。

自然语言处理技术的应用极大地扩展了财务数据分析的范围。通过将非结构化数据转化为可分析的信息，自然语言处理技术使财务报告和市场分析变得更加高效。这种技术能够处理大量的文本数据，从中提取关键信息，帮助决策者快速获取市场动态和企业内部的财务状况。这项技术的进步，使财务决策支持系统能够更全面地利用各种数据源，提高决策质量。

实时数据分析技术的实现，赋予决策者在快速变化的市场环境中作出及时反应的能力。通过实时监控市场数据和企业财务状况，决策者可以迅速调整策略，抓住市场机会或规避潜在风险。这种技术的应用极大地提高了企业在市场中的竞争力，使财务管理更加灵活和敏捷。

三、人工智能在决策支持中的角色

（一）智能算法的辅助作用

智能算法在现代财务管理中扮演着至关重要的角色，尤其在提升财务预测的准确性和可靠性方面。通过分析大量的财务数据，智能算法能够识别出隐藏的模式和趋势，帮助企业制定更有效的财务战略。这种基于数据驱动的预测方法，不仅减少了人为预测的偏差，还提高了财务决策的科学性和可行性。智能算法的应用使企业能够在快速变化的市场条件下，保持财务决策的前瞻性和适应性。

智能算法在风险评估中同样展现出强大的辅助作用。它能够通过对历史数据和实时信息的分析，识别潜在的财务风险，并提供相应的应对建议。这种能力极大地增强了企业的风险管理能力，使企业能够在风险发生之前采取预防措施，降低潜在损失。智能算法的风险评估功能不仅提高了企业的财务稳定性，还为企业的长期发展提供了坚实的保障。

在成本控制方面，智能算法通过分析历史数据和市场趋势，优化资源配置与成本结构，显著提升企业的财务效益。通过智能算法的辅助作用，企业可以更准确地预测市场需求，合理安排生产计划，减少资源浪费。这种精细化的成本管理方式，不仅降低了企业的运营成本，还提高了企业的竞争力，使企业能够在激烈的市场竞争中占据优势地位。

智能算法在财务欺诈检测中发挥着重要作用。利用模式识别技术，智能算法能够及时发现异常交易，保障企业资产安全。通过对交易数据的实时监控和分析，智能算法可以识别潜在的欺诈行为，防止财务损失。智能算法的应用不仅提高了企业的财务安全性，还增强了企业的诚信度，为企业的可持续发展提供了有力支持。

（二）机器学习模型的应用场景

机器学习模型在现代财务管理中扮演着至关重要的角色，其应用场景涵盖了从财务预测到客户行为分析的多个领域。在财务预测中，机器学习通过时间序列分析技术，能够有效地预测未来的收入和支出趋势。这种预测能力为企业的预算编制和投资决策奠定了坚实的基础，使企业能够在不确定的市场环境中更为稳健地规划未来的财务活动。通过分析历史数据，机器学习模型可以识别潜在的市场变化趋势，从而帮助企业在制定预算和投资策略时更具前瞻性和准确性。

在信贷评分领域，机器学习同样展现出强大的分析能力。通过对借款者历史数据和行为模式的深入分析，机器学习模型能够准确评估其信用风险。这种评估不仅提高了信贷审批的效率，还优化了整个信贷流程，减少了人工干预的必要性。通过应用机器学习，金融机构可以更快速地识别高风险借款者，从而在降低风险的同时，提高信贷审批的准确性和效率。

财务审计是一个受益于机器学习技术的领域。传统的审计过程依赖人工审核，耗时且容易出错。机器学习通过自动化识别和分析异常交易行为，显著提高了审计效率和准确性。其强大的数据处理能力使审计人员可以专注于更具战略意义的任务，降低了人为错误的风险。机器学习技术的应用不仅提高了审计的全面性，还增强了对财务报表的可信度。

在投资组合优化中，机器学习通过分析市场数据和投资者的风险偏好，能够自动调整投资组合，以达到最大化收益并控制风险。与传统的投资策略相比，机器学习提供了一种更为动态和个性化的投资方式。其对市场变化的快速响应能力，使投资者能够在瞬息万变的市场中保持竞争优势，确保投资组合的稳健增长。

四、决策支持系统的数据管理机制

（一）数据存储方案的选择

在财务决策支持系统中，数据存储方案的选择至关重要。选择适合的数据库类型是实现高效数据管理的基础。关系型数据库如 MySQL 和 PostgreSQL，以其强大的事务处理能力和复杂查询支持，成为财务数据管理的传统选择。然而，随着数据类型的多样化和数据量的快速增长，非关系型数据库（NoSQL）的灵活性和可扩展性逐渐受到重视。NoSQL 数据库如 MongoDB 和 Cassandra，通过支持半结构化和非结构化数据，提供了更为灵活的存储方案，满足了现代财务管理对实时分析和大数据处理的需求。因此，在选择数据库类型时，需要综合考虑数据的结构化程度、访问模式以及未来的扩展需求，以确保财务数据的存储与查询需求得到充分满足。

财务管理中数据量的持续增长对数据存储的可扩展性提出了更高的要求。为了保证系统在数据量增加时的长期可用性，选择具有良好扩展能力的存储方案是关键。水平扩展和垂直扩展是实现存储扩展的两种主要方式。水平扩展通过增加更多的数据库节点来分担负载，而垂直扩展则通过提升单个节点的硬件性能来提高处理能力。结合财务系统的具体需求，灵活选择扩展方案，可以有效地应对数据增长带来的挑战，确保系统的稳定运行和高效性能。

实施数据分区策略是提高财务决策支持系统查询效率和管理灵活性的重要手段。数据分区通过将大数据集划分为更小的、可管理的逻辑部分，使查询操作可以在更小的范围内进行，从而显著提升查询速度。此外，分区策略还可以根据数据的使用频率和重要性，进行冷热数据的分离管理，提高系统资源的利用效率。在实际应用中，常用的分区策略包括范围分区、哈希分区和列表分区等。通过合理应用这些策略，财务系统可以在保证数据完整性的同时，提高整体性能和管理效率。

采用云存储解决方案是现代财务决策支持系统实现高可用性和灾备能力的有效途径。云存储提供了灵活的资源分配和按需扩展能力，使系统能够在数据量变化时迅速调整存储资源，降低基础设施成本。同时，云存储的多副本机制和地理冗余设计，增强了数据的容灾能力，确保在发生意外事件时，数据能够快速恢复。此外，云存储还提供了多种安全措施，如数据加密和访问控制，进一步保障财务数据的安全性与完整性。

（二）数据备份与恢复策略

在现代财务决策支持系统中，数据备份与恢复策略扮演着至关重要的角色。为了确保数据的安全性和可用性，制订定期的数据备份计划是必不可少的。在特定时间间隔内自动进行数据备份，可以有效地减少因系统故障或人为错误导致的数据丢失风险。这一策略不仅需要技术的支持，还需要管理层的重视与配合，以确保备份计划的顺利实施。

在备份策略的选择上，采用增量备份与全量备份相结合的方式，可以显著优化存储空间的使用并提高备份效率。全量备份虽然能够提供完整的数据副本，但其耗时和占用存储空间较大。因此，结合增量备份的方法，可以在不影响数据完整性的前提下，减少备份时间和存储需求。备份策略的实施需要对备份窗口进行合理规划，以不影响日常业务运作。同时，实施异地备份是保障数据安全的重要措施。通过将数据存储在不同地理位置，可以有效防止自然灾害或其他突发事件导致的数据丢失。这一策略要求企业在选择备份地点时，考虑到地理位置的多样性和网络连接的可靠性，以确保在紧急情况下能够顺利访问备份数据。

为了验证备份数据的完整性和可用性，建立数据恢复测试机制是必不可少的。定期进行恢复演练，可以帮助企业发现潜在的问题并及时加以解决，从而确保在紧急情况下能够快速恢复数据。恢复测试的频率和范围应根据企业的业务需求和数据重要性进行合理设置，以达到最佳效果。采用加密技术对备份数据进行保护，是防止敏感财务信息在存储和传输过程中泄露的有效手段。加密技术的选择需要综合考虑数据的敏感性和加密算法的安全性，以确保数据在备份和恢复过程中的保密性。通过对备份数据进行加密，企业可以有效降低信息泄露的风险，保护其财务数据的安全。

（三）数据安全与隐私保护

数据安全与隐私保护在现代财务决策支持系统中扮演着至关重要的角色。随着人工智能技术的广泛应用，财务数据的安全性和隐私性成为企业关注的焦点。

1. 实施数据加密技术

数据加密技术的实施是保障数据安全的核心手段之一。通过对敏感财务信息进行加密处理，可以有效防止未经授权的访问和数据泄露。在数据存储和传输过程中，采用先进的加密算法，确保信息的机密性和完整性，成为企业保护财务数据的基本策略。

2. 建立访问控制机制

通过角色权限管理，企业可以严格限制对财务数据的访问权限，确保只有经过授权的用户才能查看和操作敏感信息。这种机制不仅可以防止内部人员的越权访问，还能有效抵御外部攻击者的入侵。角色权限管理系统的设计需要兼顾灵活性与安全性，以适应企业不同层级的需求，同时保障数据的安全。

3. 运用数据匿名化处理技术

数据匿名化处理技术在保护用户隐私方面发挥着重要作用。通过去除数据中的个人识别信息，企业能够在进行数据分析时保护用户隐私，同时保持数据的有效性和可用性。这种处理方式不仅符合隐私保护的要求，也为企业提供了进行大数据分析的可能性。在人工智能驱动的决策支持系统中，数据匿名化处理是实现隐私保护与数据利用平衡的有效方法。

4. 安全审计与监控

安全审计与监控是保障财务数据安全性的最后一道防线。企业需要定期对数据访问和处理活动进行审计，及时发现和响应潜在的安全威胁。通过建立完善的监控机制，企业可以实时跟踪数据流动情况，识别异常行为并采取相应措施。这种主动的安全管理策略，不仅能够提高企业对安全事件的响应能力，还能有效保护财务数据的安全性和完整性。

第二节　智能化财务决策模型的设计

一、基于人工智能的财务决策模型框架

（一）模型的整体结构设计

人工智能驱动的财务决策模型的整体结构设计是其成功应用的基础。模型必须具备模块化和层次化的结构，以便在不同的功能模块之间实现无缝集成。模块化设计不仅提高了系统的灵活性和可维护性，还允许各个模块独立更新和优化。层次化结构则帮助厘清数据流和决策流的逻辑顺序，从而确保模型的高效运作。此外，模型的设计还需考虑到不同决策场景的需求，以便提供定制化的解决方案。通过这种系统化的设计，模型能够在复杂多变的财务环境中提供可靠的决策支持。

在模型的输入数据源设计中，财务报表、市场数据和外部经济指标的整合至关重要。首先，财务报表提供了企业内部财务状况的详细信息，是决策模型的核心数据源。其次，市场数据，如股票价格、交易量等，反映了外部市场动态，对于预测市场趋势具有重要意义。最后，外部经济指标，如 GDP、通货膨胀率等，提供了宏观经济背景信息，帮助模型更全面地理解经济环境。通过对这些多元数据源的有效整合，模型能够获得更为全面和准确的数据支持，从而提升决策的准确性和可靠性。

选择和优化合适的算法是智能化财务决策模型设计的关键。机器学习和深度学习算法各有优势，前者在处理结构化数据和传统财务分析中表现优异，而后者则在处理非结构化数据和复杂模式识别方面更具优势。为了增强决策效果，模型设计者需要根据具体的应用场景和数据特性选择最适合的算法，并通过超参数优化、特征工程等技术手段不断提升算法性能。集成学习方法的应用也可以通过组合多种算法的优势，进一步提高模型的预测精度和鲁棒性。

输出结果格式的设计直接影响到决策者对模型建议和预测结果的理解和应用。为了确保输出结果的清晰性和可操作性，模型需要提供直观的可视化工具，如图表、仪表盘等，以便决策者快速获取关键信息。同时，输出结果应包括详细的分析报告，解释模型的预测逻辑和依据，帮助决策者理解决策建议的背景和可能影响。输出结果的格式还应具备灵活性，允许根据不同用户的需求进行定制，以适应不同层级决策者的使用习惯和信息需求。

反馈机制是确保模型持续有效运作的重要环节。通过建立完善的反馈机制，模型能够在运行过程中持续监测其表现，并根据实际决策效果进行评估。反馈机制应包括自动化的数据收集和分析工具，以便及时发现模型运行中的偏差和不足。此外，反馈机制还需具备动态调整和优化模型参数的能力，从而在数据环境和业务需求变化时，快速响应并保持模型的高效性和准确性。通过这种持续的反馈和优化，模型能够不断提升其决策支持能力。

（二）模块之间的交互方式

在智能化财务决策模型中，各模块之间的交互方式是确保系统高效运作的核心。模块之间的交互需要精确设计，以实现数据的无缝流动和信息的高效传递。

首先，模块之间的数据流动机制至关重要。通过优化的数据流动机制，输入数据能够快速地传递到各个分析和决策模块，确保每个模块在最短的时间内获得所需信息，从而提高整体决策的响应速度。这样的机制不仅提高了系统的效率，也为实时决策提供了技术保障。

其次，模块之间的接口标准化设计是实现高效交互的基础。标准化接口能够支持不同算法和模型之间的无缝调用与交互，避免了因接口不兼容而导致的信息孤岛问题。通过标准化设计，各模块能够在一个统一的平台上进行操作，实现资源的最大化利用。同时，标准化接口也便于后期的系统扩展与升级，为未来的技术迭代提供了便利条件。

再次，模块之间的协同工作流程设计确保了各个模块在执行时能够同步进行。通过精心设计的协同工作流程，系统能够在不同模块之间实现任务的并行处理，极大地提高了整体决策效率。这种协同工作不仅提高了系统的处理能力，也为复杂决策问题的解决提供了可能性。

最后，数据共享策略的制定是模块交互中的重要环节。通过合理的数据共享策略，各模块能够访问必要的数据资源，促进信息的整合与利用。数据共享策略不仅确保信息的完整性和一致性，也为系统的全面分析和综合决策提供了数据基础。通过有效的数据共享，各模块能够在统一的信息环境下进行操作，提升了决策的科学性和可靠性。

二、收益预测模型的构建与应用

（一）数据收集与分析

在收益预测模型的构建过程中，数据收集与分析是核心环节。数据收集的渠道与工具是多样化的，通常包括内部财务系统、市场数据提供商和公共数据源的整合。内部财务系统提供企业自身的财务信息，市场数据提供商则提供行业和市场的动态数据，而公共数据源可以补充宏观经济指标。这些渠道的整合能够为收益预测模型提供全面的数据基础。然而，数据的多样性和复杂性也带来了数据清洗与预处理的挑战。为了确保原始数据的准确性与一致性，数据清洗与预处理的步骤必不可少。具体包括去除重复数据、处理缺失值以及标准化数据格式等操作，确保后续分析的可靠性。

在数据分析阶段，特征选择与构建是关键步骤。识别对收益预测最具影响力的变量，可以有效提高模型的预测精度。在特征选择过程中，通常会结合财务理论和统计方法，筛选出对收益变化有显著影响的因素。此外，特征构建则是通过对原始数据进行转换和组合，生成新的变量，以捕捉潜在的复杂关系。数据分析技术的应用，如回归分析和时间序列分析，能够帮助识别收益变化的模式。这些技术通过对历史数据的深入挖掘，揭示出数据之间的潜在联系和趋势，为收益预测提供科学依据。

数据可视化技术的使用在收益预测模型中也扮演着重要角色。通过将复杂的数据分析结果转化为直观的图形和表格，数据可视化增强了决策者对分析结果的理解与洞察力。决策者可以通过图形化的呈现，快速捕捉数据的关键特征和趋势，从而作出更为明智的财务决策。这种方式不仅提高了信息传递的效率，还为决策过程增添了新的维度和视角。在人工智能技术的支持下，数据可视化正在成为财务决策中不可或缺的工具，助力企业在复杂多变的市场环境中保持竞争优势。

（二）预测算法选择

在收益预测模型的构建过程中，选择合适的预测算法是关键的一步。不同的算法适用于不同的数据特性和预测需求。

1. 支持向量机

支持向量机是一种强大的机器学习算法，能够处理非线性关系的收益预测问题。SVM 通过构建一个或多个超平面进行分类和回归，适用于复杂的收益预测场景。其优势在于能够在高维空间中找到最优的分类边界，并具有良好的泛化能力。对于那些特征复杂且线性模型难以准确描述的财务数据，SVM 提供了一种有效的解决方案。然而，SVM 的计算复杂度较高，模型参数的选择也需要经验和技巧。

2. 随机森林算法

随机森林算法是一种集成学习方法，通过组合多个决策树进行预测，显著提高了模型的准确性和鲁棒性。随机森林算法在处理高维度数据和特征选择时表现出色，其通过随机选择样本和特征来训练多个决策树，并通过投票机制决定最终输出。这种方法不仅能够有效降低过拟合的风险，还能处理缺失数据和异常值，是收益预测中一种重要的工具。

3. 神经网络模型

神经网络模型，尤其是深度学习技术，在大规模数据的预测任务中展现了强大的能力。通过多层神经元的非线性组合，神经网络能够捕捉复杂的收益模式。深度学习模型，如卷积神经网络和长短期记忆网络，在处理高维度、非线性和时序数据时表现得尤为出色。尽管神经网络的训练过程需要大量的计算资源和数据，但其在预测准确性和模型灵活性方面的优势，使其成为收益预测领域不可或缺的工具。

（三）预测结果验证

在收益预测模型的构建过程中，预测结果验证是确保模型有效性的重要步骤。预测结果的准确性评估通常采用均方误差或平均绝对误差等指标，这些指标能够量化模型预测的误差，进而判断模型的有效性。对比预测值与实际值，分析误差的大小和分布特点，可以为模型的优化提供数据支持。使用这些指标进行评估不仅能帮助识别模型的优势和不足，还能为后续的模型改进提供明确的方向。

为了确保模型的泛化能力和稳定性，交叉验证技术被广泛应用于模型评估中。交叉验证通过在不同的数据集上测试模型，评估其在未见数据上的表现。这样的方法能够有效地避免模型过拟合的问题，使模型在实际应用中更具鲁棒性。通过对多组数据的交叉验证，研究人员可以获得模型在不同场景下的表现，确保其在多变的市场环境中仍能保持较高的预测准确性。建立基准模型是验证预测结果的另一种重要手段。基准模型通常采用简单的预测方法，如线性回归或时间序列分析，作为对比对象。通过比较收益预测模型与基准模型的预测结果，可以分析模型改进的效果和实际应用价值。这种对比分析不仅能验证模型的优越性，还能为模型的进一步优化提供参考。基准模型的引入使预测结果的验证更具科学性和说服力。

在模型应用过程中，实施后续跟踪分析是提高预测精度的关键步骤。通过监测预测结果与实际结果的偏差，及时调整模型参数，可以有效减少预测误差。后续跟踪分析不仅能发现模型在实际应用中的不足，还能提供实时的反馈机制，确保模型在动态变化的市场中保持高效运作。这样的动态调整机制是现代智能化财务决策模型的重要特征之一。

三、多目标决策模型的设计

（一）目标设定与权重分配

在智能化财务决策模型中，目标设定与权重分配是至关重要的环节。财务决策的主要目标通常包括收益最大化、成本控制和风险管理等。收益最大化是企业追求的核心目标，但在此过程中，成本控制和风险管理同样重要，不可忽视。通过明确这些目标，企业可以在复杂的财务环境中保持战略一致性。为了科学地反映各目标在决策中的相对优先级，基于不同目标的重要性进行合理的权重分配是必要的。权重分配不仅需要考虑企业的战略目标，还需要考虑市场环境和行业特性，以确保决策的有效性和可持续性。

采用多目标决策方法，如层次分析法（AHP），可以确保目标设定与权重分配的科学性和合理性。AHP 方法通过构建分层结构模型，将复杂的决策问题分解为多个层次和因素，使决策者能够对各因素进行定性和定量分析。通过比较和判断，AHP 方法可以帮助决策者确定各目标的相对重要性，并进行合理的权重分配。这种方法的优势在于其系统性和透明性，能够有效地减少主观判断的偏差，提高决策的客观性和一致性。

同时，定期评估和调整目标及权重是应对市场变化和企业战略调整的必要手段。市场环境和企业内外部条件的变化，可能导致原有目标和权重设定不再适用。因此，企业需要建立动态的评估机制，定期对目标和权重进行检视和调整，以确保决策模型的有效性和前瞻性。通过这种动态调整，企业可以更好地适应外部环境的变化，提高财务决策的灵活性和适应性。

（二）决策变量选择

在智能化财务决策模型的设计中，决策变量的选择至关重要。决策变量是指在财务决策过程中需要考虑并加以量化的因素，它们直接影响决策结果的准确性和有效性。决策变量的定义与分类是设计决策模型的基础。根据不同的财务决策需求，决策变量可以分为定量变量和定性变量。定量变量通常包括财务报表中的数据，如收入、成本、利润等，而定性变量则可能涉及市场趋势、政策变化等外部因素。明确不同类型的决策变量在财务决策中的重要性与作用，有助于提高模型的精确度和适用性。

在选择决策变量时，必须基于财务目标进行筛选。财务目标通常包括收益最大化、成本最小化和风险控制等。因此，所选择的决策变量应能够有效反映这些关键指标。通过对财务目标的深入分析，可以确定哪些变量对收益、成本和风险有直接或间接的影响。例如，市场需求、竞争对手行为、原材料价格等因素都可能成为重要的决策变量。确保这些变量的选择能够准确反映企业的财务状况和市场环境，是构建有效决策模型的关键。

决策变量之间的相互关系分析是优化决策模型的关键步骤。不同的决策变量往往存在相互依赖性和影响力，这种关系既可能是线性的，也可能是非线性的。在构建多目标决策模型时，识别这些变量之间的相互关系，有助于优化模型的结构和功能。例如，成本与收益之间通常存在反比关系，而风险与收益之间可能存在正相关性。对变量关系的分析，可以更好地理解变量之间的交互作用，从而优化决策过程。

决策变量的数据来源与获取方法直接影响模型的可靠性和可操作性。确保所选变量的数据准确、及时，并具备可获取性，是构建高效决策模型的基础。数据来源既可以是企业内部的财务系统，也可以是企业外部的市场调研和行业报告。数据的准确性和及时性对决策的有效性至关重要，因此，建立一个可靠的数据获取和更新机制是必不可少的。通过现代信息技术和大数据分析工具，企业可以更高效地获取和处理决策所需的数据。

四、决策模型的可扩展性与灵活性设计

（一）模型模块化设计

模型模块化设计在智能化财务决策模型的构建中扮演着至关重要的角色。模型模块化设计的一个显著优势是其允许各个功能模块独立开发与测试，这不仅提高了开发效率，还增强了系统的灵活性。这种设计思路使开发团队能够专注于各个模块的功能优化，而不必担心对整体系统的影响。独立开发和测试的方式还加快了系统的迭代速度，使企业能够迅速地响应市场变化和业务需求。

模型模块化设计的一个关键优势在于促进了系统的可维护性。通过将系统划分为多个独立的模块，任何单个模块的更新和优化都不会影响整体系统的运行。这种设计方式不仅降低了维护的复杂性，还减少了更新过程中可能带来的风险。对于企业来说，这意味着可以在不影响正常业务运营的情况下，轻松地对系统进行升级和优化，从而保持系统的先进性和竞

争力。

模型模块化设计为系统的适应性提供了支持。通过这种设计，企业能够根据实际需求，方便地添加或删除功能模块。这种灵活性使系统能够快速适应不同的业务场景和需求变化，从而增强了决策模型的实用性。模型模块化设计的灵活性不仅体现在功能的增减上，还体现在对新技术和新方法的快速集成上，使企业能够在技术革新中占据有利位置。

此外，模型模块化设计支持多种算法的并行应用，这一特性极大地提升了决策模型的性能和响应速度。在模块化的框架下，企业可以同时运行多种算法，以获得更为全面和准确的决策支持。这种并行应用的能力不仅提高了系统的处理效率，还增强了决策的准确性和实时性，使企业能够在复杂多变的市场环境中作出更为明智的决策。

（二）系统集成与兼容性

在现代财务管理中，系统集成与兼容性是实现智能化财务决策模型的重要组成部分。系统集成的标准化接口设计是确保不同模块之间数据交互和功能调用顺畅的关键。通过建立统一的接口标准，系统可以在不同模块之间实现无缝数据传输，减少不同系统之间的不兼容问题。这种标准化设计不仅提高了系统的运行效率，还为系统的扩展和升级奠定了基础，使财务决策模型能够快速适应市场和企业需求的变化。

兼容性测试的实施是确保新旧系统之间能够无缝衔接的重要步骤。通过全面的兼容性测试，可以识别和解决系统升级过程中可能出现的兼容性问题，减少系统升级带来的风险。这种测试不仅限于软件层面，还包括硬件设备的兼容性检查，确保整个系统环境的稳定性和可靠性。通过这种方式，企业可以在进行系统升级时，最大限度地减少对正常业务运作的影响，确保财务决策的连续性和准确性。

支持多种数据格式和协议是提升系统对不同数据源接入能力的关键因素。这种灵活性设计使系统能够处理来自不同来源的数据，包括结构化数据和非结构化数据，增强了系统的适应性和扩展性。通过采用多种协议支持，系统可以与各种外部数据源进行交互，获取更多的市场信息和业务数据，为财务决策提供更加全面的支持。这种多样化的数据接入能力，使财务决策模型能够在复杂的商业环境中保持灵活性和竞争力。

在系统集成过程中，采用中间件技术是简化各个系统模块之间通信和数据交换的有效手段。中间件技术提供了一种通用的通信平台，使不同系统模块可以通过标准化的接口进行交互，而无须关心底层的通信细节。中间件技术不仅提高了系统的集成效率，还降低了开发和维护的复杂性，使财务决策模型能够在更短的时间内完成集成和部署，从而快速响应业务需求的变化。

（三）参数调整机制

在智能化财务决策模型中，参数调整机制是确保模型灵活性和适应性的关键。参数调整的自动化机制是通过机器学习算法实现的，这些算法能够根据输入数据的变化动态调整模型参数，从而提高预测的准确性。这种自适应调整不仅减少了人为干预的需求，还能通过持续学习优化模型性能，使其在不断变化的市场环境中保持高效运作。

为了确保参数调整的有效性，建立一个全面的参数调整监控系统是必不可少的。这个系统的核心功能是实时跟踪模型的性能指标，能够快速地识别出需要调整的参数。这种实时监控机制使决策者能够在最短的时间内作出反应，调整模型以适应新的市场动态。这不仅提高了模型的响应速度，也在很大程度上提高了财务决策的准确性和可靠性。

在实施参数调整时，制定标准化流程是确保每次调整都有据可循的重要手段。通过明确的记录和依据，决策者可以追踪每次参数修改的背景和结果。这种标准化的流程不仅有助于后续的分析和优化，还能为团队提供一个清晰的操作框架，减少因人为因素导致的误差和不一致性。这种系统化的管理方式为企业在复杂的财务环境中提供了稳固的支持。

多维度参数调整策略是模型灵活性设计的重要组成部分。根据不同的市场环境和业务需求，灵活调整模型参数可以保持决策的有效性。通过分析市场趋势和业务目标，决策者能够制定出适合当前环境的参数设置。这种灵活性使企业能够在面对不确定性时，迅速调整策略，以保持竞争优势和市场适应性。

第三节　决策支持系统的实施与优化

一、决策支持系统的实施步骤

（一）实施计划的制订

在实施决策支持系统时，制订详尽的实施计划至关重要。

首先，需要明确项目的目标与范围，以确保实施计划能够针对特定的财务决策支持需求进行设计与执行。这一过程要求对企业的财务决策需求进行深入分析，以便识别决策支持系统所需解决的问题和目标。此外，组建跨部门团队是实施计划成功的关键。该团队应涵盖 IT、财务分析和管理等领域的专业人员，以确保各方面的需求与意见得到充分考虑。通过这种跨部门的合作，可以有效整合各领域的专业知识，从而提高项目的整体质量和效率。

其次，制定详细的时间表和里程碑是实施计划的重要环节。明确各个阶段的任务、责任人和完成时间，可以有效地监控与管理项目进度。这不仅有助于确保项目按时完成，还能在出现偏差时及时进行调整。时间表的制定应充分考虑各阶段的复杂性和所需资源，从而为项目的顺利实施提供保障。此外，评估所需技术与工具也是实施计划的重要组成部分。选择合适的软件和硬件平台，确保系统能够满足数据处理和分析的要求，是成功实施决策支持系统的基础。技术评估应包括对系统性能、可扩展性和兼容性的全面分析，以确保所选平台能够支持企业的长期发展需求。

最后，建立风险管理机制是实施计划不可或缺的一部分。识别可能影响实施过程的风险因素，并制定相应的应对策略，可以有效保障项目的顺利推进。风险管理不仅涉及对技术风险的评估，还包括对人力资源、资金和时间等方面的风险进行全面考虑。通过制定详细的应对策略，可以在风险发生时迅速采取措施，减少对项目的负面影响。这种前瞻性和预见性的风险管理方法，将为决策支持系统的成功实施提供坚实的保障。

（二）系统配置与部署

1. 系统环境的选择

系统配置与部署在决策支持系统的实施中扮演着至关重要的角色。系统环境的选择是首要任务，包括服务器操作系统、数据库管理系统和网络配置等方面的决策。这些选择直接影响系统的稳定性和性能。一个理想的系统环境能够提供高效的计算能力和可靠的数据存储，同时确保网络的高速连接和安全性。特别是在处理大量财务数据时，系统的稳定性和性能是决策支持系统成功运行的关键因素。因此，选择合适的系统环境是部署过程中不可忽视的一步。

2. 用户权限和角色的设置

通过精细化的权限管理，不同层级的用户可以访问和操作相应的数据和功能，这不仅提高了系统的安全性，还确保了数据的保密性和完整性。在财务决策支持系统中，涉及的用户角色可能包括财务分析师、管理人员和 IT 支持人员等。每个角色需要根据其职责分配特定的权限，以便在保障安全的前提下有效地利用系统资源。

3. 系统集成测试

系统集成测试是确保系统各模块功能和性能的关键步骤。在这一阶段，通过模拟真实使用场景，验证系统的整体协调性和各个模块的运作情况。集成测试不仅要关注单个模块的功能，还需确保模块之间的相互协作。对于财务决策支持系统来说，集成测试能帮助识别潜在的问题和瓶颈，从而在系统上线前进行必要的调整和优化，以避免在实际使用过程中出现故障。

4. 数据迁移策略的制定

为了确保现有数据能够顺利转移到新系统中，必须制订详细的数据迁移计划。这个计划需要考虑数据的完整性和一致性，避免在迁移过程中出现数据丢失或不一致的问题。数据迁移策略的成功实施能够保障新系统的平稳过渡，并为后续的系统使用奠定坚实的数据基础。

（三）用户培训与支持

在决策支持系统的成功实施过程中，用户培训与支持是不可或缺的环节。用户培训课程的设计至关重要，它不仅涵盖基础操作，还包括系统功能和数据分析技巧。通过全面的培训，用户能够熟练掌握系统的各项功能，从而在实际工作中得到有效应用。培训课程应该根据用户的不同需求进行定制，使其内容既具备广泛的适用性，又能满足个性化的学习要求。这种精心设计的培训课程将帮助用户在短时间内提高技能水平，确保系统的顺利运行和使用。

为了进一步支持用户，建立用户支持热线和在线帮助中心是必要的。这些支持渠道提供即时解答和技术支持，帮助用户在使用过程中快速解决问题。用户支持热线可以提供一对一的专业指导，而在线帮助中心则通过FAQ 和论坛等形式，提供自助式的解决方案。这种多样化的支持形式不仅提高了用户的使用体验，也显著减少了因技术问题导致的工作中断时间，从而提高了整体的工作效率。

定期组织用户反馈会议是优化决策支持系统的重要手段。通过这些会议，企业可以收集用户的使用体验和建议，从而在系统功能和用户培训内容上进行持续改进。用户反馈不仅有助于发现系统的不足，还能为未来的更新提供方向。通过这种双向沟通，企业能够更好地满足用户的需求，提高用户满意度，并增强用户对系统的信任和依赖。

开发用户手册和操作指南同样是用户培训与支持的重要组成部分。这些资料应提供详细的步骤说明和常见问题解答，帮助用户在遇到问题时能够独立解决。这种自主学习的方式不仅提高了用户的自信心，还减少了对外部支持的依赖。用户手册和操作指南的可访问性和易用性是其成功的关键，确保用户在任何时候都能获取所需的信息。

二、决策支持系统的可视化呈现

（一）数据可视化工具选择

在现代财务决策支持系统中，数据可视化工具的选择至关重要。合适的工具能够将复杂的数据转化为易于理解的图形和表格，帮助决策者快速洞察数据背后的信息。选择数据可视化工具时，需要考虑其与现有数据源的兼容性。这种兼容性确保数据的无缝集成和流动，从而避免了数据孤岛问题的出现。兼容性不仅是技术层面的要求，更是确保数据流畅传递和准确分析的基础。

工具的用户友好性是选择过程中的关键因素。一个直观的界面设计可以让非技术用户轻松地操作和理解数据，这对于财务团队中不具备技术背景的成员尤为重要。用户友好性不仅提高了团队的工作效率，还能减少因操作复杂性导致的错误。同时，直观的界面设计能够加速数据分析过程，使决策者可以更快地获取洞察，以便作出明智的财务决策。

数据可视化工具应支持多种数据格式的输入，以处理结构化和非结构化数据。这种多样性支持可以满足不同分析需求，使工具能够适应快速变化的商业环境。数据格式的多样性不仅增强了工具的适应性，也为决策者提供了更广泛的分析视角，从而增强了决策的准确性和可靠性。同时，选择的数据可视化工具应具备强大的可定制性，以满足特定业务需求和用户偏好。可定制性使工具能够根据不同的业务场景和用户需求进行调整，从而增强数据展示的相关性。通过定制化的解决方案，企业可以更好地展示其独特的业务数据，提升数据分析的价值和影响力。这种灵活性不仅提高了工具的适用性，也为企业的财务决策提供了更具针对性的支持。

（二）可视化界面设计

在现代决策支持系统中，可视化界面设计是提高用户体验和决策效率的关键因素。一个良好的可视化界面设计需要确保布局简洁明了，使用户能够快速地找到所需的信息和功能，减少视觉干扰。这种设计不仅是为了美观，更是为了提高信息获取的效率。在信息爆炸的时代，当用户面对大量数据时，简洁的界面能够有效降低认知负担，提高决策的准确性和速度。

设计界面时必须充分考虑用户的交互体验，提供直观的操作方式，具体包括拖放、缩放和过滤功能等，以增强用户的参与感。用户在与系统交互时，直观的操作方式可以减少学习成本，提高使用效率。特别是在财务决策支持系统中，用户需要频繁地与数据进行交互，直观和易于操作的界面设计能够显著提高用户的工作效率和满意度。

可视化元素的选择应与数据类型相匹配，以便更好地传达信息。例如，折线图适合展示趋势变化，饼状图用于显示比例关系，而柱状图则用于对比分析。选择合适的图表类型不仅能增强信息的可读性，还能帮助用户更快地理解数据背后的含义。通过合理的可视化设计，复杂的数据能够被简化为易于理解的视觉信息，从而支持用户作出更加明智的决策。

界面设计还应支持自定义设置，允许用户根据个人偏好调整图表样式、颜色和数据展示方式。这种灵活性不仅能满足不同用户的个性化需求，还能适应多变的业务环境。不同的用户可能对数据有不同的关注点，自定义设置功能使界面设计能够满足多样化的需求，从而提高用户的使用体验和系统的适用性。

（三）用户交互功能实现

用户交互功能实现是决策支持系统中至关重要的一环，旨在提高用户体验和决策效率。通过引入用户自定义仪表盘功能，系统允许用户根据个人需求选择和排列关键指标及图表。这种个性化的展示方式不仅提升了数据展示的个性化体验，还使用户能够更直观地理解和分析数据。用户可以根据自身的业务需求调整仪表盘的布局和内容，从而在决策过程中获得更为精准和高效的支持。通过这种灵活的设计，用户不再被动地接受固定的数据展示，而是能够主动参与数据分析的过程中。

交互式图表功能的引入进一步增强了用户与数据之间的互动。用户可以通过点击、悬停等操作获取详细数据和信息，从而加深对数据分析的理解。这种交互方式不仅提高了数据分析的深度和灵活性，还为用户提供了更为直观的分析工具。通过交互式图表，用户能够迅速识别数据中的异常情况和趋势，及时调整决策。这种增强型的交互体验，有助于用户在复杂的财务环境中作出更为明智的决策。

实时数据过滤功能的实现，使用户能够快速筛选和查看特定时间段或条件下的数据。这一功能支持用户在动态变化的市场环境中，迅速获取所需信息，从而作出准确的决策。通过实时数据过滤，用户可以根据不同的时间维度或条件进行数据筛选，这不仅提高了数据分析的效率，还确保了决策的精准性。这种快速响应的能力，帮助企业在竞争激烈的市场中保持灵活性和竞争力。

多维度数据对比功能为用户提供了选择不同数据集进行并排比较的能力。这种功能帮助用户识别趋势和差异，增强决策的全面性。通过多维度的对比分析，用户可以从不同的视角审视数据，发现潜在的机遇和风险。这一功能不仅丰富了数据分析的层次，还为用户提供了多样化的决策支持，帮助企业在复杂的市场环境中制定更为全面的战略。

三、决策支持系统的验证与性能评估

（一）系统功能测试

系统功能测试在决策支持系统的开发中扮演着至关重要的角色。其目的在于确保所有功能模块能够按预期工作，并满足用户的实际需求。通过系统功能测试，开发团队可以验证系统的各个组件是否能够无缝协作，提供稳定可靠的服务。这一过程不仅涉及对现有功能的验证，还包括对潜在问题的识别和解决，以提高系统的整体性能和用户满意度。系统功能测试的成功与否，直接影响系统的最终上线质量，是确保系统能够在复杂的财务环境中有效运行的关键步骤。

测试用例的设计与执行是系统功能测试的重要组成部分。为了验证系统的稳定性和可靠性，测试用例需要涵盖各种应用场景和边界条件。这不仅包括常见的操作路径，还需考虑极端情况下的系统表现。通过精心设计的测试用例，测试人员能够模拟真实用户的操作习惯和可能的误操作，从而发现系统潜在的漏洞和不足。执行这些测试用例有助于确保系统在各种情况下都能保持稳定的运行状态，并为后续的优化提供数据支持。

在高负载情况下进行性能测试，评估系统的响应时间和处理能力，是确保其能够支持大规模用户访问的关键环节。财务决策支持系统常常需要处理大量的数据请求，因此，系统在高负载情况下的表现直接关系到用户体验和业务连续性。性能测试可以识别系统在资源消耗、响应速度等方面的瓶颈，并为系统的扩展性和可用性提供重要的参考依据。这一测试过程不仅是对系统当前能力的评估，也是对未来发展潜力的考量。

安全性测试是决策支持系统功能测试中不可或缺的一部分，旨在检查系统对敏感数据的保护措施。财务数据的机密性和完整性至关重要，因此，系统必须具备强大的安全防护能力。安全性测试通过模拟各种攻击手段，评估系统在数据传输、存储和访问控制等方面的安全性。通过这些测试，开发者可以识别并修复潜在的安全漏洞，确保用户信息和财务数据的安全性，增强用户对系统的信任。

（二）性能指标评估

在决策支持系统中，性能指标评估是确保系统有效性的重要环节。性能指标不仅是衡量系统运行状况的标准，更是反映系统在实际应用中能否满足用户需求的关键。对性能指标的全面分析，可以发现系统潜在的瓶颈和不足，进而指导优化和升级的方向。性能指标的定义和选择需要充分考虑系统的应用场景和用户需求，以确保评估结果的准确性和实用性。

1. 系统响应时间的测量

系统响应时间直接关系到用户体验，特别是在财务决策支持系统中，用户需要快速获取反馈以作出及时决策。评估用户操作后的反馈速度，能够帮助识别系统中的延迟问题，并为优化系统性能提供数据支持。通过优化算法和硬件配置，可以显著提高系统的响应速度，从而提高用户的满意度和系统的整体效率。

2. 数据处理能力的评估

在大数据时代，财务决策支持系统需要处理海量数据，以支持实时数据分析需求。评估系统在面对大规模数据时的处理效率，可以揭示系统的处理瓶颈和性能极限。通过优化数据处理流程和引入先进的数据处理技术，如并行计算和分布式存储，系统可以更好地适应不断增长的数据需求，确保数据分析的准确性和及时性。

3. 用户满意度调查

收集用户对系统功能、易用性和整体体验的反馈，可以深入了解用户的实际需求和系统的不足。用户的反馈不仅为系统的优化提供了方向，也为决策支持系统的未来发展提出了宝贵的建议。针对用户反馈进行系统改进，可以提高用户的使用体验和满意度，从而提升系统的受欢迎程度和应用广度。

4. 系统稳定性测试

通过长时间运行和高负载条件下的测试，可以确保系统能够持续稳定地提供服务。系统的稳定性直接影响用户的信任和系统的应用效果。模拟各种极端应用场景，测试系统在不同条件下的表现，可以发现系统的稳定性问题并进行有针对性的优化，确保系统在实际应用中能够高效、稳定地运行。

5. 安全性评估

安全性评估是财务决策支持系统性能评估中不可忽视的部分。在数据保护、用户身份验证和权限管理方面的有效性直接关系到财务数据的安全性。检查系统在安全性评估方面的表现，可以确保系统能够有效地防范数据泄露和未经授权的访问。安全性评估不仅保护了用户的数据隐私，也增强了用户对系统的信任，为系统的广泛应用奠定了基础。

第四章　人工智能在成本控制与管理中的应用

第一节　成本控制的智能化方法

一、人工智能在成本控制中的应用场景

（一）生产环节的成本控制应用

在现代制造业中，生产环节的成本控制是企业提升竞争力的关键。人工智能技术的应用为生产环节的成本控制带来了革命性的变化。利用机器学习算法优化生产流程，可以显著降低材料浪费和人力成本。通过分析历史数据和实时生产数据，机器学习算法能够识别生产流程中的低效环节，提供优化建议，从而实现资源的最优配置。人工智能还能通过实时数据分析监控生产线，及时调整资源配置，进而提高生产效率。实时监控系统能够捕捉生产线上的异常情况，并迅速作出反应，从而减少资源浪费，避免生产停滞。

预测性维护技术是一项重要的人工智能应用，它通过分析设备的运行数据，预测可能的故障并提前进行维护，减少设备故障导致的停产损失。传统的设备维护通常依赖定期检查，这种方法往往无法及时发现设备潜在的问题。然而，通过引入人工智能技术，企业可以根据设备的实际状态进

行维护，显著提高设备的可用性和生产线的连续性。此外，智能库存管理系统通过分析市场需求和生产计划，优化库存水平，降低库存成本并提高资金周转率。传统库存管理方法往往无法适应快速变化的市场需求，而智能库存管理则能够根据实时数据动态调整库存策略。

人工智能在成本预测与分析中的应用极大地提升了决策支持能力。通过对生产、市场和财务数据的综合分析，人工智能能够提供准确的成本预测，帮助企业制定更加科学的预算和成本控制策略。成本预测不仅能够帮助企业识别潜在的成本节约机会，还能为企业的长期发展战略提供有力支持。总之，人工智能在生产环节的成本控制应用，不仅提高了企业的生产效率，还为企业的可持续发展奠定了坚实的基础。

（二）供应链成本控制场景

在现代企业管理中，供应链成本控制是提升企业竞争力的关键环节。人工智能在这一领域的应用场景丰富多样，具体体现在以下几个方面。

首先，在优化供应链网络设计上。通过人工智能技术，企业可以分析和模拟不同的物流网络布局，从而提高整体物流效率，降低运输成本。这种优化不仅涉及路径选择，还包括对运输方式的智能决策，使企业在应对复杂市场需求时更加灵活高效。

其次，人工智能在供应商绩效评估中也发挥着重要作用。通过对大量历史交易数据的分析，企业能够更准确地评估供应商的绩效，优化供应商的选择与管理。这种数据驱动的评估方法，不仅提高了供应商管理的科学性，还增强了供应链的稳定性和可靠性，从而降低潜在的合作风险。

再次，需求预测是供应链管理中的重要环节。人工智能通过对市场趋势、历史销售数据及外部环境的综合分析，可以实现更为精准的需求预测。这种预测能力能够帮助企业有效减少库存积压，降低缺货风险，确保生产和供应链的顺畅运作。精准的需求预测不仅节省了存储成本，还提升了客户满意度。

最后，人工智能在运输路线优化方面的应用也值得关注。通过对运输数据的实时分析，人工智能可以为企业提供最优的运输路线建议，减少运输时间和燃料消耗。这样不仅降低了运输成本，还减少了碳排放，符合现代企业可持续发展的要求。在全球化竞争日益激烈的今天，人工智能为供应链成本控制提供了全新的视角和工具，助力企业在市场竞争中立于不败之地。

（三）营销成本控制的智能化手段

营销成本控制的智能化手段在现代企业中扮演着至关重要的角色。人工智能的迅猛发展为营销活动的优化提供了新思路。利用人工智能分析市场数据，可以精准识别目标客户群体。这样不仅提高了营销活动的针对性，还增强了有效性。通过对海量数据的分析，企业能够更好地理解消费者的行为模式和偏好，从而制定更具吸引力的营销策略。人工智能技术使企业能够在激烈的市场竞争中保持领先地位。

自然语言处理技术在营销成本控制中也有广泛的应用。通过分析客户反馈，企业可以对产品和服务进行不断优化，进而提高客户满意度和忠诚度。自然语言处理技术能够从客户的评论和反馈中提取有价值的信息，帮助企业识别产品的优势和不足。通过对这些信息的深入分析，企业可以进行有针对性的改进，从而提高客户的整体体验。这种以客户为中心的策略不仅有助于降低营销成本，还能增加客户的生命周期价值。

智能广告投放策略是营销成本控制的一项重要手段。基于用户行为数据，企业可以实时调整广告内容和预算，以实现更高的投资回报率。通过分析用户的浏览习惯、购买历史和社交媒体活动，人工智能可以预测用户的兴趣点和购买意图，从而优化广告投放。这种动态调整广告策略的方法，不仅提高了广告的有效性，还显著降低了不必要的广告费用支出，使营销预算的使用更加高效。

机器学习算法在价格优化方面的应用也为营销成本控制提供了新的可

能。通过分析竞争对手的定价策略和市场需求变化，企业可以调整自身产品的价格，以提升市场竞争力。机器学习算法能够识别价格调整对销量和利润的影响，从而帮助企业制定最优的定价策略。这种动态的价格管理方法，使企业能够在不同的市场环境中灵活应对，实现最大化利润的同时保持市场份额。

二、数据驱动的成本控制策略

（一）基于大数据的成本趋势分析

在现代企业管理中，基于大数据的成本趋势分析已经成为一种重要的战略工具。通过对大量历史成本数据的深入分析，企业可以识别成本变化的潜在驱动因素。这种分析不仅帮助企业了解过去的成本波动，还能预测未来的趋势，从而制定更为有效的成本控制策略。数据驱动的方法使企业能够从海量数据中提取有价值的信息，以支持决策过程，优化资源配置，并最终提高企业的市场竞争力。

利用大数据进行历史成本数据分析，企业可以识别影响成本变化的关键因素。这种分析方法能够揭示出隐藏在数据背后的模式和趋势，帮助企业更好地理解成本构成和变化的原因。通过识别这些潜在的驱动因素，企业能够采取有针对性的措施来控制成本，避免不必要的支出，并在激烈的市场竞争中保持优势。对历史数据的分析不仅为当前的决策提供依据，还为企业的长期发展战略奠定基础。

实时监测和分析生产成本数据是企业快速响应市场变化的重要手段。通过先进的数据分析技术，企业可以在成本出现异常波动时立即采取行动。这种实时监测能力使企业能够快速决策和调整生产策略，避免因成本失控而导致的经济损失。实时数据分析不仅提高了企业的反应速度，还增强了企业在市场中的灵活性，使企业能够更好地适应不断变化的市场环境。

整合多源数据构建成本预测模型，是企业进行动态成本管理的重要手段。通过结合市场趋势和内部运营数据，企业能够更准确地进行成本预测，并在必要时进行动态调整。这样的预测模型不仅提高了企业的规划能力，还增强了其应对市场变化的弹性。通过科学的预测，企业能够更好地制定战略决策，从而在激烈的市场竞争中立于不败之地。

（二）数据挖掘在成本控制中的应用

数据挖掘在成本控制中的应用已经成为企业提高生产效率和市场竞争力的重要手段。通过对大数据的深入分析，企业能够从海量信息中提取出有价值的洞察，进而优化成本结构。在此过程中，数据挖掘被广泛用于识别和分析异常成本，帮助企业及时发现潜在的浪费和效率低下问题。这不仅有助于企业节约成本，还能提高整体运营效率。数据挖掘通过提供实时的成本异常预警，促使企业在问题发生前采取纠正措施，从而避免不必要的开支和资源浪费。

聚类分析作为数据挖掘中的一种重要技术，能够有效地将不同产品和服务的成本结构进行分类。这种分类为企业的资源优化配置提供了科学依据。通过识别出具有相似成本特征的产品或服务，企业能够更精准地分配资源，减少不必要的投入。这种方法不仅提高了资源利用效率，还能帮助企业在市场竞争中保持灵活性和优势。聚类分析的应用使企业能够更深入地理解其成本构成，为战略决策提供数据支持。

利用关联规则挖掘，企业可以识别出不同成本因素之间的关系，从而制定更具针对性的成本控制策略。这种方法通过揭示成本之间的潜在关联，帮助企业发现隐藏的成本驱动因素。例如，某些生产工序可能与特定的原材料成本密切相关，通过分析这些关系，企业可以优化生产流程，降低成本。关联规则挖掘不仅有助于控制成本，还能为企业的创新和改进提供新的视角和思路。

数据挖掘还可以通过预测分析技术，基于历史数据预测未来的成本趋势，帮助企业提前做好预算和资源安排。通过建立预测模型，企业能够对未来的成本变化进行科学预估，从而在预算编制和资源分配时更具前瞻性。这种预测能力使企业能够更好地应对市场波动和不确定性，确保在激烈的市场竞争中保持财务稳健。预测分析的应用不仅提高了企业的财务管理水平，还增强了市场反应能力。

（三）实时数据驱动的成本调整策略

实时数据驱动的成本调整策略在现代企业管理中扮演着至关重要的角色。通过实时监控生产成本，企业能够迅速识别和响应成本异常情况，从而确保生产效率的提高和资源利用的最大化。实时数据的获取和分析使企业能够在生产过程中快速发现问题并采取相应措施，避免因延迟而导致的资源浪费和生产中断。这种实时监控不仅提高了生产的灵活性和响应速度，也为企业在激烈的市场竞争中提供了更强大的竞争优势。

基于实时数据分析，企业可以动态调整采购策略，优化原材料的采购时机和数量，从而有效降低采购成本。通过对市场数据的实时分析，企业能够准确地预测市场需求的变化，进而调整采购计划，避免库存积压或短缺带来的成本压力。这种智能化的采购管理不仅节省了资金，还提高了供应链的效率和稳定性，使企业在市场波动中保持竞争力。

利用实时市场数据，企业可以快速调整定价策略，以应对市场变化和竞争压力，提高销售利润。实时数据分析工具能够帮助企业及时了解市场趋势、消费者偏好及竞争对手的动态，从而在价格调整上作出明智的决策。通过灵活的定价策略，企业能够在不同的市场条件下实现利润最大化，增强市场适应能力和客户满意度。

此外，通过实时反馈机制，企业可以优化人力资源配置，确保在生产高峰期有效调配人力，降低人力成本。实时数据分析使企业能够预测生产需求的波动，并提前做好人力资源的安排，避免因人员不足或过剩造成的成本浪费。这种智能化的人员管理办法不仅提高了生产的效率和员工的工作满意度，还为企业节约了人力资源成本。

三、自动化成本监测与分析技术

（一）智能传感器在成本监测中的应用

智能传感器在现代成本监测中扮演着至关重要的角色。它们能够通过实时监测生产设备的运行状态，及时识别潜在故障，从而有效地降低维修成本。在传统的生产环境中，设备故障往往需要人工检查与维护，而智能传感器的应用则大大提高了故障发现的速度与准确性。这种实时监测能力不仅减少了设备停机时间，还降低了因故障导致的生产中断损失，显著提高了企业的生产效率和成本效益。

通过智能传感器收集环境数据，企业能够优化生产条件，进而提高产品质量并减少返工成本。这些传感器能够监测生产环境中的温度、湿度、压力等关键参数，确保生产过程在最优条件下进行。这样的数据收集和分析能力使企业能够及时调整生产参数，避免因环境因素导致的产品质量问题。这种预防性措施不仅提高了产品合格率，还减少了因质量问题而产生的返工和废品成本。

能源消耗是企业运营成本中的重要组成部分，智能传感器通过监测设备和设施的能源使用情况，帮助企业识别能源浪费点。通过对能源消耗数据的分析，企业可以发现不必要的能源消耗，并采取相应的节能措施。这种监测和分析能力不仅降低了企业的能源成本，还促进了企业的可持续发展。智能传感器的应用使能源管理变得更加精确和高效，助力企业在激烈的市场竞争中保持成本优势。

智能传感器与物联网技术的结合，实现了数据的自动化采集与分析，极大地提高了成本监测的效率和准确性。通过物联网平台，智能传感器收集的数据可以实时传输到中央系统进行分析和处理。这种自动化的数据流动减少了人为干预的需求，降低了数据处理的时间和成本，同时提高了数据的准确性和可靠性。企业可以基于这些数据作出更为科学和及时的决策，从而优化资源配置和成本控制。

（二）自动化报表生成与成本分析

自动化报表生成与成本分析在现代企业财务管理中扮演着至关重要的角色。自动化报表生成技术能够实时整合各类财务数据，减少人工干预，提高数据处理的准确性和效率。这种技术的应用，不仅缩短了报表生成的时间，还大幅减少了人为错误的可能性，确保了数据的可靠性。企业在应用自动化报表生成技术时，能够在瞬息万变的市场环境中保持竞争优势。通过运用自动化报表生成，企业可以快速生成多维度的财务分析报告，这些报告为管理层提供了深入的洞察力，支持其进行全面的成本控制决策。

自动化成本分析工具的引入进一步提高了企业对成本控制的能力。这些工具通过利用机器学习算法识别成本异常情况，帮助企业及时调整策略以降低不必要的开支。机器学习算法能够从海量数据中提取有价值的信息，识别出潜在的成本节约机会和风险点。这种基于数据驱动的分析方法，使企业在应对市场波动时更加从容自信。自动化成本分析不仅提高了企业的反应速度，还增强了企业的战略决策能力，确保其在激烈的竞争市场中立于不败之地。

基于自动化报表生成的可视化功能，企业可以更直观地展示成本结构和变化趋势，提升管理层对财务状况的理解。通过直观的图表和图形，复杂的数据变得易于理解和分析。这种可视化的方式不仅有助于管理层快速抓住关键问题，还能促进不同部门之间的沟通与协作，提高整体效率。可视化技术的应用，使财务报告不再是枯燥的数字，而是一个动态的、具有洞察力的管理工具，为企业的长远发展提供了有力的支持。

自动化报表生成系统还具有与其他财务软件无缝衔接的能力，实现数据的实时更新和共享，增强企业内部信息流动性。这种集成性使企业能够在统一的平台上进行全面的数据管理，避免了信息孤岛的产生。实时更新和共享的数据不仅提高了企业运营的透明度，还为跨部门协作提供了便利。在这种环境下，企业能够更有效地协调资源，提高整体运营效率，为其在市场竞争中的成功奠定坚实基础。

（三）实时预警机制的建立

在现代企业管理中，实时预警机制的建立是提高成本控制效率的关键。实时数据的预警系统能够及时识别生产成本的异常情况，确保企业可以迅速地采取必要措施进行调整。通过对实时数据的监测，企业能够对生产过程中的各项成本进行全方位的掌控，从而在第一时间发现并纠正偏差，避免不必要的资源浪费和成本增加。这样的机制不仅提高了企业的反应速度，还增强了在市场竞争中的敏捷度和适应性。

1. 引入人工智能算法

人工智能算法的引入为实时预警机制的实现提供了技术支持。通过分析历史数据，人工智能能够设定合理的预警阈值，从而实现对成本波动的自动化监测。这一过程有效地降低了人为判断失误的风险，使成本控制更加精准和高效。智能算法通过不断学习和优化，能够适应企业动态变化的环境，确保预警机制始终保持高效运转，为企业的成本管理提供了坚实的技术保障。

2. 整合多维度数据

多维度数据整合是建立全面成本预警机制的重要一环。在成本控制中，仅关注生产环节的成本是不够的，采购、销售等环节同样对整体成本控制有着重要影响。通过整合这些不同环节的数据，企业能够构建一个更加全面的成本预警机制。这种整合不仅提高了管理效率，也为企业提供了更为全面的成本控制视角，有助于企业在复杂的市场环境中作出更加科学的决策。

3. 应用智能化工具

智能化工具的应用使实时预警报告的生成变得更加便捷。管理层可以通过这些工具获得可视化的成本分析信息，支持其快速决策和资源优化配置。实时预警报告不仅提供了当前成本状况的详细信息，还能预测未来的成本趋势，为企业的战略规划提供数据支持。通过这些报告，管理层能够更好地把握企业的成本动向，制定更加符合市场需求的经营策略。

4. 建立反馈机制

反馈机制的建立是确保实时预警机制持续优化的关键。通过对实时预警数据的分析，企业可以不断优化其成本控制策略，以适应市场环境的动态变化。这样的反馈机制不仅帮助企业在短期内解决成本问题，更在长期内为企业保持竞争优势提供了保障。通过持续的反馈和优化，企业能够在激烈的市场竞争中保持领先地位，实现可持续发展。

四、基于机器学习的成本控制策略优化

（一）监督学习在成本控制中的应用

监督学习在成本控制中的应用可以显著提高企业的财务管理效率。通过分析大量的历史成本数据，监督学习能够提取隐藏的模式，为企业预测未来的成本变化提供有力支持。这种预测能力使企业能够更准确地制定预算策略，避免资源浪费和不必要的开支。通过对历史数据的深度学习，监督学习模型可以识别出成本变化中的关键因素，帮助企业在预算编制过程中作出更为科学的决策。

监督学习不仅在预测方面发挥作用，还能帮助企业识别影响成本的主要因素。这对于优化资源配置和降低成本至关重要。通过对数据的分析，企业能够更清晰地了解哪些因素对成本有显著影响，从而在资源分配上作出更为合理的调整。这种数据驱动的决策方式可以减少主观判断的偏差，

提高资源利用效率，最终实现成本的有效控制。

利用监督学习的分类算法，企业可以对不同产品或项目的成本进行分类分析。这种分类算法使企业能够实施更具针对性的成本控制措施。通过对不同类别的成本进行深入分析，企业可以发现某些产品或项目的成本异常，从而采取相应的措施进行调整。这种精细化的成本管理方式，有助于企业在竞争激烈的市场环境中保持成本优势，提高盈利能力。

在成本控制中，监督学习的回归分析技术也发挥着重要作用。通过量化各项成本因素的影响程度，企业可以更好地优化定价策略。精确的定价策略不仅有助于提升市场竞争力，还能确保企业在成本控制与利润最大化之间找到平衡。通过科学的定价策略，企业能够在市场中占据更有利的位置，同时保持健康的财务状况。

（二）强化学习与成本控制策略改进

强化学习在成本控制策略改进中扮演着至关重要的角色。通过动态反馈机制，强化学习能够有效地优化成本控制策略，实现实时调整和响应。这种机制允许系统在接收环境变化的信息后，迅速调整策略，从而提高资源利用效率。企业在面对不断变化的市场环境时，能够通过强化学习模型在多种决策情境下学习最佳策略。这种能力帮助企业快速适应市场变化，确保在复杂的市场环境中保持竞争力。

强化学习的一个显著优势在于其能够通过模拟不同成本控制策略的结果，识别最优的决策路径。这一过程不仅有助于降低运营成本，还能显著提高企业的盈利能力。通过对不同策略的模拟，企业可以在实践中验证策略的有效性，确保所选择的路径能够带来最大化的收益。强化学习能力使企业在制定成本控制策略时，能够有更科学的依据和更高的决策信心。

强化学习的探索与利用策略为企业在成本控制中提供了平衡风险与收益的工具。通过对不同策略的探索，企业能够识别潜在的风险和收益，并在此基础上优化长期财务表现。强化学习提供的这种平衡能力，使企业在进行成本控制时，不仅关注短期收益，还能兼顾长期的发展目标，确保财务表现的持续优化。

借助强化学习，企业还可以实现自动化的成本控制决策。这种自动化能力减少了人为干预的必要性，提高了决策的准确性和效率。在快速变化的商业环境中，自动化的决策过程能够确保企业始终以最佳的策略应对市场变化，保持竞争优势。强化学习的应用为企业提供了一个强大的工具，帮助其在成本控制中实现更高的效率和更优的财务表现。

第二节　成本分析与优化的新途径

一、成本结构的智能解析

（一）成本要素的自动分类与识别

在现代企业的成本管理中，人工智能技术的应用正逐渐改变传统的成本要素分类与识别方式。利用机器学习算法，企业能够自动识别和分类不同类型的成本要素，从而大幅提高成本数据处理的效率和准确性。这一过程通过训练算法识别不同成本类别的特征，实现对大量财务数据的快速处理。机器学习不仅能够减少人为错误，还能通过不断学习和优化，适应不同企业的成本结构变化，提供更为精准的分类结果。

自然语言处理技术在财务报表和文档分析中的应用，为成本信息的自动提取和分类提供了新的解决方案。通过解析复杂的文本内容，系统能够自动识别与成本相关的信息，减少对人工干预的依赖。这不仅提高了数据处理的效率，还确保了信息提取的准确性和一致性。自然语言处理技术的进步，使财务管理人员能够更专注于战略性分析，而非烦琐的数据整理工作。

图像识别技术的发展，使对发票和收据等纸质文件的自动化处理成为可能。通过扫描和识别图像中的文本信息，系统能够实现成本要素的快速分类与识别。这种技术的应用，不仅提高了数据录入的速度，还减少了人工录入可能带来的错误。同时，图像识别技术还能适应不同格式的文件，提供灵活的解决方案，极大地提高了企业的财务处理效率。

结合大数据分析技术，对历史成本数据进行聚类分析，可以识别成本要素的潜在模式。这种分析能够帮助企业发现隐藏的成本驱动因素，优化资源配置策略。通过对大量历史数据的分析，企业能够提前识别可能的成本变动趋势，进行更为精确的预算和规划。这种基于数据驱动的决策方式，为企业的成本管理提供了新的视角和工具，推动了管理效率的提高。

（二）基于深度学习的成本结构理解

深度学习在成本结构理解中的应用，标志着财务管理领域的一次重要变革。深度学习模型通过其多层神经网络架构，能够自动提取和分析成本数据中的复杂特征，从而显著提高成本结构分析的准确性。传统的成本分析方法往往依赖人工经验和简单的统计模型，难以全面捕捉数据中的隐含信息，而深度学习的引入则提供了一种更加精细和智能化的解决方案。这种技术不仅能够提高分析的精度，还能减少人为错误的发生，从而为企业决策提供更为可靠的依据。

在具体应用中，卷积神经网络被广泛用于处理图像数据，这在成本管理中具有重要意义。通过卷积神经网络，深度学习可以实现发票和收据的智能分类与成本要素识别，大大降低了人工审核的工作量和错误率。传统的人工审核过程耗时且易出错，而卷积神经网络的应用实现了自动化和高效化的审核流程。这种技术的应用不仅提高了审核效率，还降低了企业的人工成本，使成本管理更加精确和高效。

递归神经网络在分析时间序列数据方面表现出色，能够捕捉成本变化的动态趋势。这一特性使企业能够更及时地响应市场变化，调整其成本策略。通过对历史成本数据的深入分析，递归神经网络可以预测未来的成本走势，为企业的战略决策提供重要的参考依据。这种动态分析能力帮助企业在竞争激烈的市场中保持敏捷性，及时调整资源配置，优化成本结构。

深度学习技术中的自编码器也发挥着重要作用，特别是在处理高维成本数据时。通过降维处理，自编码器能够帮助企业识别潜在的成本结构模式。这种识别能力使企业能够在海量数据中找出有价值的信息，从而优化资源分配，降低不必要的成本支出。自编码器的应用不仅提高了数据处理的效率，还为企业的成本管理提供了新的视角和方法，推动了财务管理的智能化发展。

二、利用人工智能挖掘成本削减点

（一）数据聚类发现潜在削减点

数据聚类技术在现代财务管理中扮演着重要角色，尤其在成本控制方面显示出卓越的潜力。通过数据聚类分析，企业可以识别不同产品类别的成本结构。这一过程帮助企业发现哪些产品的生产和运营成本较高，从而集中资源于这些高成本产品的优化。优化的目标在于削减不必要的成本支出，提高产品的市场竞争力。数据聚类还可以帮助企业在产品开发和生产过程中发现潜在的成本削减点，使企业在产品生命周期的各个阶段都能保持成本效益。

利用聚类技术发现相似成本模式可以为企业制定有针对性的削减策略提供数据支持。通过识别具有相似成本结构的产品或服务，企业能够制定统一的成本削减策略，降低整体运营成本。这种策略不仅提高了企业的资源利用效率，还能通过规模效应进一步降低成本。聚类分析提供的这种洞察力，使企业能够在激烈的市场竞争中保持成本优势，并为企业的长期可持续发展奠定基础。

聚类分析在优化广告投放策略中有着独特的应用。通过分析客户群体的消费行为，企业可以识别不必要的营销开支。这样，企业能够更加精准地进行广告投放，将资源集中在最有可能产生收益的客户群体上。这种方式不仅可以减少无效的广告费用支出，还能提高营销活动的整体回报率。这种基于数据的决策方式为企业的市场营销策略提供了新的视角和方法，提高了企业的市场竞争力。

供应链管理是企业运营中至关重要的一环。通过应用聚类方法分析供应链各环节的成本，企业可以识别冗余环节并进行合理整合。这样的整合不仅提高了供应链的效率，还能显著降低运营成本。通过优化供应链的各个环节，企业能够更快速地响应市场变化，提高产品的交付速度和质量。这种基于数据的供应链优化策略，为企业在全球化竞争中提供了强有力的支持。

（二）关联规则挖掘成本关联因素

关联规则挖掘技术在成本管理中的应用，为企业提供了新的视角和方法来识别成本关联因素。通过分析大量的成本数据，企业可以揭示不同成本要素之间的相互影响关系，这为制定综合性的成本控制策略提供了有力的依据。例如，在制造业中，生产线的停机时间可能与设备维护频率、员工培训水平等因素相关联。通过挖掘这些关联关系，企业可以更好地理解影响生产效率的关键因素，从而采取更加精准的管理措施。

利用关联规则分析，企业能够发现特定产品或服务的成本驱动因素。这一过程帮助企业聚焦于关键成本项目进行优化。例如，在零售业中，通过分析销售数据和库存成本，企业可能会发现某些高库存产品的销售周期较长，从而导致存储成本增加。通过识别这些驱动因素，企业可以调整采购和库存策略，以减少不必要的成本支出，提高资金利用效率。

企业可以通过深入挖掘成本数据中的关联规则，识别潜在的资源浪费环节。这不仅有助于发现运营管理中的低效之处，还能为企业提供明确的成本削减路径。例如，物流公司可以通过分析运输数据，发现某些路线的空载率较高，并采取措施优化运输路径和车队调度，从而降低燃油和人工成本，提高运营效率。

应用关联规则挖掘技术，企业可以分析不同部门或业务单元的成本结构，优化内部资源配置。这种分析可以揭示各部门之间的协同效应或资源冲突。例如，企业可能会发现某些部门在资源使用上存在重叠或浪费，通过优化资源配置，可以提高整体效率，减少不必要的成本支出，从而实现更高的经营效益。

（三）图像识别技术在成本削减中的应用

图像识别技术在成本削减中的应用已经成为现代企业管理中的重要工具。通过图像识别技术，企业能够自动处理和分类发票、收据等财务文档。这一过程不仅提高了数据处理的效率，还显著减少了人工审核所需的时间和成本。传统的财务文档审核过程通常需要耗费大量的时间和人力资源，而图像识别技术的引入则大大简化了这一过程，使企业能够更快速地完成财务审核工作。此外，这种自动化的文档处理方式还能够降低人为错误的发生率，从而提高财务数据的准确性和可靠性。

在生产管理领域，图像识别技术同样展现出其强大的应用潜力。企业通过图像识别技术可以实时监测生产过程中的材料使用情况，及时发现和纠正浪费现象。传统的材料使用监控往往依赖人工检查，不仅效率低下，而且容易出现疏漏。图像识别技术能够对生产线上的每一个环节进行实时监控，识别材料使用的异常情况，并及时发出警报。这种实时监控能力使企业能够迅速采取措施，避免材料浪费，从而有效降低生产成本。

图像识别技术在资产管理中也发挥着重要作用。通过应用图像识别技术，企业可以准确记录和追踪固定资产，降低资产管理成本。固定资产的管理一直是企业成本控制中的一个难点，传统的管理方式通常需要大量的人力投入，且容易出现资产漏记或重复记录的问题。图像识别技术的应用使企业能够自动化地记录和更新资产信息，确保资产数据的准确性和完整性。这不仅减少了资产管理的人力成本，还提高了资产使用效率。

图像识别技术还可以用于分析产品质量问题，识别不合格品，从而减少因质量问题导致的返工及损失。在制造业中，产品质量的控制直接影响企业的生产成本和市场竞争力。通过图像识别技术，企业能够在生产过程中自动检测产品的质量问题，及时剔除不合格品，避免不合格产品流入市场造成的损失。这种质量控制方式不仅提高了产品的合格率，还降低了因质量问题导致的返工成本。

三、基于人工智能的成本效益评估

（一）建立成本效益评估模型

在现代企业管理中，建立高效的成本效益评估模型是提高企业竞争力的关键。通过引入人工智能技术，企业能够在成本效益评估中实现更高的精确度和灵活性。传统的成本效益分析通常依赖静态数据和固定的评估标准，而人工智能技术的应用则能够动态整合企业内部及外部的各类财务数据。这种动态整合不仅能支持企业在瞬息万变的市场环境中快速作出决策，还能为企业的长远发展提供战略支持。

在构建动态成本效益评估模型时，实时整合各类财务数据至关重要。人工智能技术可以通过对企业的历史财务数据进行深度学习，识别隐藏的成本结构和收益模式。动态模型的优势在于其能够适应市场环境的变化，及时调整评估参数，以便企业管理层能够根据最新的市场信息作出明智的决策。通过这种方式，企业不仅能够在短期内优化成本，还能在长期内提高整体效益。

采用多维度指标体系是确保成本效益评估结果全面性和准确性的基础。人工智能可以帮助企业构建一个综合考虑成本、收益、风险等多维度因素的评估体系。这样的体系能够涵盖企业运营的各个方面，使评估结果不仅限于财务数据，还包括市场风险和运营效率等因素。这种全面的评估可以帮助企业更好地理解自身的运营状况，识别潜在的风险和机遇，从而在决策过程中更加游刃有余。

机器学习算法的引入为成本效益评估模型增加了预测能力和灵活性。通过对历史数据的训练，机器学习算法能够识别复杂的数据模式和趋势，为企业提供精准的未来成本和收益预测。这不仅提高了评估模型的准确性，还增强了其在不同市场条件下的适应能力。企业可以利用这些预测结果，提前制定应对策略，优化资源配置，最大限度地提高企业的经济效益。

（二）多维度成本效益分析

多维度成本效益分析在现代财务管理中扮演着至关重要的角色。随着企业运营环境的日益复杂，单一维度的成本分析已无法满足决策者的需求。采用多维度指标体系，能够通过综合评估成本、收益和风险，确保决策的全面性和准确性。多维度分析不仅关注直接的财务指标，如成本和收益，还涵盖非财务因素，如市场风险和运营效率。这种全面的分析方法，有助于企业在复杂多变的市场环境中，作出更加明智的战略决策。

结合财务数据和非财务数据进行成本效益分析，是实现全面评估的重要手段。传统的成本效益分析往往局限于财务报表数据，而忽视了市场环境、客户满意度和品牌价值等关键因素。通过将这些非财务数据纳入分析框架，企业能够更全面地了解其运营状况。例如，市场环境的变化可能影响产品的需求，而客户满意度则直接关系到企业的长期盈利能力。综合考虑这些因素，能够帮助企业更准确地评估其实际的成本效益。

在多维度成本效益分析中，机器学习算法的应用大大提升了评估模型的预测能力。通过对历史数据进行训练，机器学习算法可以识别数据中的潜在模式和趋势，从而实现动态调整和优化决策支持。例如，基于历史销售数据和市场趋势的分析，企业可以预测未来的销售增长，并据此调整生产和库存策略。机器学习的自适应能力，使成本效益评估模型能够随着环境的变化而不断优化，为企业提供持续的决策支持。

四、成本优化的智能模拟与预测

（一）基于模拟退火算法的成本优化模拟

模拟退火算法是一种用于成本优化的智能模拟技术，其灵感来源于物理学中的退火过程。通过模拟物质在高温条件下逐渐冷却达到稳定状态的过程，该算法在搜索空间中逐步降低“温度”，以寻找全局最优解。这种方法特别适合解决复杂的成本优化问题，因为它能够在广泛的搜索范围内避免陷入局部最优解，进而提高优化的成功率。模拟退火算法的这一特性使其在处理大规模、多变量的成本优化问题时，表现出色。

模拟退火算法不仅具备强大的全局搜索能力，还因其灵活性而著称。这种灵活性允许模拟退火算法与其他优化技术结合使用，如与遗传算法或粒子群优化算法相结合。这种组合策略能够进一步增强优化效果，尤其是在面对具有高度复杂性和不确定性的成本结构时，能够提供更加精确和高效的解决方案。在实际应用中，这种多算法协同优化策略已被证明可以显著提高成本优化的质量和效率。

在实际应用中，模拟退火算法广泛用于优化生产调度、资源配置和供应链管理等多个领域。这些领域的成本优化通常涉及复杂的决策变量和约束条件，模拟退火算法能够通过其全局搜索和灵活调整能力，提供有效的解决方案。例如，在生产调度中，模拟退火算法可以优化机器和工人的分配，以最大限度地降低生产成本；在资源配置中，模拟退火算法可以有效分配有限资源，避免浪费；在供应链管理中，模拟退火算法能够优化物流和库存管理，从而降低企业运营成本，提高整体效率。

通过适当的参数设置和调节，模拟退火算法能够在不同规模和复杂度的成本优化问题中提供有效的解决方案。企业可以根据自身的需求和问题的具体特征，调整算法的参数，如初始温度、冷却速率等，以适应不同的优化场景。这种灵活的参数调节能力使模拟退火算法可以广泛应用于各种规模和复杂度的成本优化问题，满足企业多样化的需求，助力企业在激烈的竞争市场环境中实现成本优势。

（二）遗传算法在成本优化预测中的应用

在现代企业的成本管理中，遗传算法作为一种智能模拟与预测工具，展现出独特的优势。遗传算法通过模拟自然选择和遗传机制，能够有效地优化成本预测模型的参数配置，从而显著提高预测的准确性。这一特性使遗传算法在成本优化预测中的应用变得尤为重要。通过对模型参数的智能调整，企业可以更准确地预测未来的成本变化趋势，为决策提供有力支持。这种智能化的预测机制，不仅提高了成本预测的精度，还为企业的战略规划提供了科学依据。

遗传算法的一个显著优势在于其处理复杂且多目标优化问题的能力。企业在进行成本控制时，往往需要在成本降低和收益最大化之间找到平衡。遗传算法通过其强大的计算能力，能够在多目标条件下进行优化，帮助企业在多种约束条件下找到最优解。这种能力使遗传算法成为企业在复杂市场环境中进行成本优化的理想工具，帮助企业在激烈的市场竞争中保持竞争优势。

遗传算法特别适合于大规模数据集的处理。企业的历史成本数据通常庞大且复杂，传统方法难以从中提取有效信息。遗传算法通过其强大的数据处理能力，能够从历史数据中提取有效特征，提升成本预测的可靠性。这种特征提取能力，使遗传算法在处理大规模数据时，能够提供更为准确的预测结果，为企业的成本管理奠定了坚实的基础。

遗传算法还通过交叉、变异等操作，能够探索广泛的解空间，避免陷入局部最优解，增强成本优化的灵活性。这种灵活性使遗传算法能够在广阔的解空间中寻找最优解，避免传统优化方法可能出现的局部最优问题。通过这种方式，企业可以在更广泛的解决方案中进行选择，从而找到最适合其特定需求的成本优化方案。

（三）神经网络的成本优化预测能力

神经网络的成本优化预测能力在现代企业管理中发挥着重要作用。其多层结构能够自动提取成本数据中的复杂特征，从而提升预测的准确性和可靠性。这种能力使企业能够更深入地理解成本构成和变化的内在逻辑。通过这种方式，企业不仅能够更有效地进行成本控制，还能够在激烈的市场竞争中保持优势。神经网络的这种特性为企业提供了一个强大的工具，以便在数据驱动的环境中进行精细化管理。

通过训练神经网络模型，企业可以识别影响成本波动的关键因素，从而优化资源配置和成本控制策略。神经网络模型的训练过程能够揭示数据中隐藏的关系和模式，这对于传统方法难以处理的非线性和复杂数据尤为有效。通过这种方式，企业可以实现对成本的全面分析，识别可能导致成本增加的潜在风险因素，并制定相应的策略来降低这些风险。这不仅提高了企业的成本管理效率，也为其在市场中的持续竞争力奠定了基础。

神经网络的非线性处理能力使其能够捕捉成本数据中的潜在模式，帮助企业制定更具针对性的预算和决策。传统的线性模型往往无法充分反映实际商业环境中存在的复杂性，而神经网络则通过其灵活的结构克服了这一限制。企业通过应用神经网络，可以在预算编制和决策制定过程中考虑更多的变量和不确定性因素，从而制订出更具前瞻性和适应性的方案。这种能力在快速变化的市场环境中尤为重要。

利用神经网络的预测能力，企业可以实现动态成本预测，及时调整策略以应对市场变化和运营挑战。动态预测意味着企业能够在获取新数据时立即更新其成本预测模型，从而保持对当前市场和运营环境的敏感性。这种灵活性使企业能够迅速响应外部环境的变化，调整其运营策略，以实现最佳的成本效益。这种动态调整能力在不确定性日益增加的全球市场中，成为企业生存和发展的关键。

第三节 智能化成本控制系统的构建

一、智能化成本控制的系统架构设计

（一）系统架构的核心组件

智能化成本控制系统的构建首先需要明确其核心组件，这些组件共同构成了系统的基础框架。系统架构的核心组件包括数据采集模块、数据分析模块、用户界面模块及扩展性模块。

1. 数据采集模块

智能化成本控制系统应具备实时数据采集功能，以确保能够快速、准确地获取生产、采购和销售等各环节的成本信息。实时数据采集是智能化成本控制的基础，通过传感器、物联网设备和ERP系统的无缝连接，系统可以自动化地获取企业运营中的各项成本数据。这种实时数据采集能力不仅提高了数据的准确性和时效性，还减少了人工干预的错误风险。实时数据的获取使企业能够在第一时间发现成本异常情况，并迅速采取纠正措施，从而有效降低成本损失。此外，实时数据采集还为后续的数据分析和决策制定提供了可靠的数据基础，使企业在成本控制方面更加主动和精准。

2. 数据分析模块

系统架构需包含强大的数据分析模块，利用机器学习和数据挖掘技术，对成本数据进行深入分析和预测，支持决策制定。数据分析模块是智能化成本控制系统的核心，通过机器学习算法和数据挖掘技术，系统可以自动化地对海量成本数据进行处理和分析。利用这些技术，系统能够识别成本变化的潜在模式和趋势，为企业提供精准的成本预测和优化建议。数据分析模块的强大之处在于其自学习能力，能够随着数据量的增加和变化，自我优化分析模型，提高预测的准确性和可靠性。这种智能化的数据分析能力为企业的成本决策提供了强有力的支持，使企业能够在激烈的市场竞争中保持成本优势。

3. 用户界面模块

应设计用户友好的界面，以便财务管理人员和管理层能够轻松访问和理解成本数据，进行有效的成本监控和控制。用户界面是智能化成本控制系统与用户交互的窗口，其设计直接影响用户的使用体验和系统的应用效果。一个好的用户界面应具备直观性和易用性，使财务管理人员和管理层能够快速、准确地获取和理解成本数据。通过图形化的数据展示和交互式的操作界面，用户可以轻松地进行成本监控和分析，及时发现问题并采取相应措施。用户界面的设计还应考虑到不同用户的需求，提供个性化的设置和功能，以满足财务管理人员和管理层的不同应用场景和偏好。

4. 扩展性模块

系统架构应具备高度的可扩展性，能够根据企业需求的变化，灵活集成新的功能模块和技术，以适应不断变化的市场环境。企业在发展过程中，市场环境和内部需求都会不断发生变化，智能化成本控制系统必须具备高度的可扩展性，以应对这些变化。在系统设计时，应采用模块化和开放式架构，使新功能和新技术能够方便地集成到现有系统中。通过灵活的扩展能力，企业可以根据自身发展阶段和市场需求，及时调整和优化成本控制策略，保持系统的前瞻性和竞争力。可扩展性的实现不仅延长了系统的使用寿命，还为企业的创新和发展提供了坚实的技术支持。

（二）架构设计的技术标准

在智能化成本控制系统的架构设计中，技术标准的制定是确保系统高效运行的关键。系统架构应采用模块化设计，这种设计方法不仅能提高系统的灵活性，还能有效支持后续功能的扩展和维护。模块化设计允许开发人员在不影响整体系统稳定性的情况下，独立地更新或替换某些模块，从而确保各个模块之间高效协作。此外，这种设计理念还能够简化复杂系统的管理，使系统在面对不断变化的业务需求时，能够迅速作出调整和响应。

数据传输在智能化成本控制系统中扮演着至关重要的角色。为了确保实时数据的快速采集与传输，系统必须采用高效的通信协议。这不仅可以减少数据传输过程中的延迟，还能有效降低丢包现象的发生率。高效的通信协议能够支持大量数据的并发传输，确保各个模块之间的信息交流顺畅无阻，从而为企业提供及时、准确的成本控制信息。这一技术标准的实施，将显著提高企业在动态环境下的决策效率和响应速度。

数据安全是智能化成本控制系统架构设计中的一个重要技术标准。系统应具备强大的数据安全保障机制，包括数据加密、访问控制和定期安全审计。这些措施能够有效保护敏感财务信息，防止未经授权的访问和数据泄露。数据加密可以确保数据在传输和存储过程中的机密性；访问控制则通过权限管理，限制不同用户对数据的访问权限；定期安全审计能够及时发现并修复潜在的安全漏洞，从而提升系统的整体安全性。

系统的可用性与容错性也是架构设计中不可忽视的技术标准。通过冗余设计和备份机制，系统可以在发生故障的情况下继续运行，避免因系统中断而导致的业务损失。冗余设计通过多个冗余组件的设置，确保当一个组件出现故障时，其他组件能够接管其工作，从而维持系统的正常运作。备份机制则通过定期备份关键数据，确保在数据丢失或损坏时能够迅速恢复。这些设计标准的实施，能够显著提高系统的稳定性和可靠性，为企业的成本控制提供坚实的保障。

二、数据采集与处理在智能系统中的实现

（一）数据采集技术

数据采集技术在智能化成本控制系统中扮演着至关重要的角色。它不仅是信息获取的基础，更是系统实现智能化分析与决策的前提条件。通过先进的数据采集技术，企业能够实时掌握生产、采购和销售等各个环节的成本信息，从而为后续的成本管理提供精准的数据支持。在数据采集过程中，技术的选择与应用直接影响到数据的质量和系统的整体效能。因此，深入研究和应用高效的数据采集技术，是构建智能化成本控制系统的关键步骤。

实时数据采集技术的应用，尤其是利用传感器和物联网设备，极大地提升了数据收集的及时性和准确性。在生产、采购和销售等环节，实时数据采集技术能够自动捕捉和记录各项成本信息，确保企业在第一时间获取最新的成本动态。这种技术的优势在于其自动化和高效性，减少了人工干预的可能性，降低了发生人为错误的风险。此外，实时数据的获取使企业能够迅速响应市场变化，进行及时的成本调整和优化，提高了企业的竞争力。

批量数据采集方法则为企业提供了一种整合历史成本数据的有效途径。通过定期导入和同步各类财务系统中的数据，企业可以将分散的成本信息进行汇总和分析。这种方法的优势在于其能够处理大规模的数据集，为企业提供全面的历史成本视图，支持长期的战略决策和成本优化。批量数据采集不仅提高了数据处理的效率，还为企业的成本分析提供了丰富的历史数据基础，增强了数据分析的深度和广度。

云计算技术在数据采集中的应用，为企业的数据获取和处理带来了前所未有的灵活性和可扩展性。通过云计算，企业可以实现分布式的数据存

储和处理，打破了传统数据采集的空间限制。云计算的应用使企业能够轻松地应对大数据时代的数据量增长挑战，同时也为数据的实时分析和共享提供了技术支持。云计算技术不仅提高了数据采集的效率，还为企业的智能化成本控制系统提供了强大的技术保障。

（二）数据处理流程

在智能化成本控制系统中，数据处理流程是确保系统高效运行的核心环节。数据处理流程通常包括数据清洗与预处理、数据整合与转换、数据存储与管理及数据分析与挖掘等步骤。这些步骤的有效实施能够确保数据的高质量和一致性，为后续的分析和决策奠定坚实的基础。通过完善的数据处理流程，系统能够及时识别和响应成本控制中的异常情况，从而提高企业的成本管理效率。

1. 数据清洗与预处理

数据清洗与预处理是数据处理流程中至关重要的一步。该过程旨在去除数据集中可能存在的重复、缺失或异常值，以确保数据的质量和一致性。这一阶段的工作不仅提高了数据的准确性和可靠性，还为后续的数据分析和决策制定奠定了基础。通过使用先进的算法和技术，系统能够自动识别并修正数据中的不一致性和错误，从而减少人为干预的需求。这种自动化的清洗和预处理过程极大地提高了数据处理的效率，使企业能够快速地作出基于数据的决策。

2. 数据整合与转换

在智能化成本控制系统中，数据通常来自多个不同的来源，如 ERP 系统、财务报表、供应链管理软件等。这些数据格式和结构往往不一致，给统一分析带来了挑战。数据整合与转换的过程旨在对这些多源数据进行标准化处理，确保数据格式的一致性。通过使用 ETL（抽取、转换、加载）工具，系统能够有效地将不同来源的数据进行整合，并转换为统一的格式。这一过程不仅提高了数据的可用性，也为系统的全面分析和应用提供了便利。

3. 数据存储与管理

数据存储与管理是智能化成本控制系统中不可或缺的组成部分。为了确保数据的安全性和可访问性，系统通常采用先进的数据库管理系统（DBMS），如关系型数据库、NoSQL 数据库等。这些数据库管理系统不仅能够高效地存储和管理大量数据，还提供了强大的安全机制以保护数据免受未经授权的访问。数据库管理系统还支持实时查询和分析需求，使企业能够在需要时快速获取和分析相关数据，从而作出及时的决策。

4. 数据分析与挖掘

数据分析与挖掘是智能化成本控制系统的最终目标。通过运用先进的数据分析工具和算法，系统能够对处理后的数据进行深入分析，从中提取有价值的信息和洞察。这些信息和洞察不仅帮助企业识别潜在的成本节约机会，还支持更为科学的决策制定。现代数据分析工具，如机器学习算法、预测分析模型等，能够自动识别数据中的模式和趋势，从而为企业提供更具前瞻性的成本管理策略。这种基于数据的决策方式极大地提升了企业的竞争力和市场响应能力。

三、智能化成本控制系统的功能模块

（一）成本监控模块

成本监控模块是智能化成本控制系统的核心组成部分，其设计旨在实现对企业各环节成本的全面、实时监控。该模块应具备实时数据采集功能，能够自动获取生产、运营、物流等环节的成本信息，从而及时反映企业的财务状况。这种实时性的数据采集能力不仅提升了企业对成本的敏感度，还为管理层提供了动态的财务监控工具，确保决策的时效性和准确性。

在数据处理方面，成本监控模块需要整合先进的智能分析工具，运用数据挖掘和机器学习技术对历史成本数据进行深入分析。这一功能能够帮助企业识别成本异常和潜在风险，为管理层提供科学的成本控制建议。例如，通过分析历史数据，企业可以发现某些环节的成本异常波动，并采取相应的调整措施，以降低不必要的开支和风险。

成本监控模块必须提供直观的可视化界面，帮助管理层更好地理解成本结构和变化趋势。通过图表、仪表盘等可视化工具，管理层可以快速获取成本的分布情况和动态变化，从而支持其在复杂多变的市场环境中作出明智的决策。这种可视化能力不仅提升了信息的易读性，也增强了管理层对成本信息的掌控力。

模块应支持多维度成本分析，能够从不同角度进行成本监控，如按部门、项目、产品等进行分析。这种多维度的分析能力使企业能够更精准地识别成本问题所在，并在资源配置上作出更加合理的决策。通过灵活的分析视角，企业可以在复杂的业务环境中保持竞争优势，实现可持续的成本控制和管理创新。

（二）成本分析模块

1. 多维度数据分析能力

成本分析模块在现代企业的成本管理中扮演着至关重要的角色。该模块应具备多维度数据分析能力，通过从不同角度对成本数据进行深入分析，帮助企业识别潜在的成本节约机会。多维度分析不仅包括时间维度，还涵盖部门和项目等多种视角，使企业能够全面了解成本构成及其变化。这种分析能力能够揭示隐藏在数据中的成本驱动因素，为企业优化资源配置和提高运营效率提供科学依据。通过对数据的深入分析，企业可以更精准地制定成本控制策略，从而在激烈的市场竞争中占据优势。

2. 支持自定义分析报表功能

成本分析模块应支持自定义分析报表功能。用户可以根据特定需求创建和生成个性化的成本分析报告，这对于决策支持和战略规划至关重要。自定义分析报表功能使企业能够灵活地应对不同的管理需求，提供更具针对性的财务分析。企业管理者可以根据这些个性化报表，快速获取所需的关键信息，从而作出明智的决策。通过自定义分析报表功能，企业不仅能够满足内部管理的需求，还能在与外部利益相关者的沟通中表现出更高的专业性和透明度。

3. 集成预测分析功能

成本分析模块应集成预测分析功能。通过对历史数据和趋势的分析，企业可以预测未来的成本变化。这一功能为预算编制和资源配置提供了重要依据。预测分析不仅帮助企业提前识别潜在的风险和机遇，还能为战略决策提供前瞻性支持。企业可以通过对未来成本的准确预测，调整其经营策略，确保在动态的市场环境中保持竞争力。这种前瞻性的分析能力使企业能够在预算和资源配置上更加主动和精准。

4. 异常成本检测功能

成本分析模块应具备异常成本检测功能，利用机器学习算法实时监测成本数据，自动识别和标记异常波动。这样，企业能够及时发现和解决潜在问题，调整管理策略。异常成本检测功能通过对成本数据的实时监控，帮助企业快速响应市场变化，避免因成本失控而导致的财务风险。机器学习算法的应用，使异常检测更加智能化和高效，企业能够在第一时间采取措施，确保运营的稳定性和持续性。

5. 提供可视化工具

成本分析模块应提供可视化工具，通过图表和仪表盘直观展示成本结构、变化趋势和分析结果。这种可视化工具能够提高管理层对财务状况的理解和决策效率。通过直观的图形化展示，复杂的财务数据变得更加易于理解，管理者可以快速识别关键问题和趋势。可视化工具不仅提高了数据分析的效率，还增强了管理者与团队之间的沟通效果，从而推动企业在成本管理方面的持续改进和创新。

（三）成本优化模块

成本优化模块是智能化成本控制系统中的关键组成部分，它通过智能算法的支持，分析历史数据和市场趋势，自动生成成本优化建议。这一功能的核心在于提高决策效率，使企业能够在复杂多变的市场环境中保持竞争力。通过对大量数据的深度学习和分析，系统可以识别潜在的成本节约机会，并提供切实可行的优化方案。例如，在制造业中，系统可以通过分析原材料价格波动和生产工艺改进的历史数据，提出更为经济的采购和生产建议，从而有效降低生产成本。

成本优化模块具备实时成本监测的能力。通过对企业各个环节的成本进行实时跟踪，系统能够及时识别成本波动和异常情况。这种实时监测功能使企业能够迅速调整策略，以应对突发的市场变化，确保资源的有效利用。例如，在零售行业，实时监测可以帮助企业迅速发现物流成本的异常上升，从而及时调整供应链策略，避免不必要的成本增加。

成本优化模块提供灵活的预算管理工具，支持多场景预算编制和动态调整。这一功能使企业能够在复杂多变的市场环境中保持财务稳定。企业可以根据市场需求的变化，灵活调整预算，以应对不同的财务挑战。例如，在经济不确定性增加的时期，企业可以通过动态预算调整，重新分配资源，确保关键项目的资金支持，同时削减非核心支出。

成本优化模块集成了供应链优化功能，通过数据分析和模拟，识别供应链中的成本削减机会。这不仅提高了整体运营效率，还增强了企业在市场中的竞争力。通过对供应链各个环节的深入分析，系统能够找出冗余和低效环节，提出优化建议。例如，系统可以通过模拟不同的运输路线和供应商组合，找到最具成本效益的供应链策略。

四、系统的安全性与稳定性保障

（一）安全性设计原则

在智能化成本控制系统的构建过程中，安全性设计原则是确保系统可靠运行的基石。安全性设计原则旨在通过系统化的方法和技术手段，保障财务数据的机密性、完整性和可用性。

首先，建立多层次的访问控制机制是安全性设计的核心内容之一。通过严格的权限管理，确保只有经过授权的人员能够访问系统中的敏感财务信息，从而有效防止数据泄露和滥用。为了应对不断变化的安全威胁，系统必须具备灵活的权限配置能力，能够根据不同的业务需求和安全形势进行动态调整。

其次，数据加密技术的应用是保障财务信息安全的重要措施。通过对存储和传输的数据进行加密处理，可以有效防止数据在传输过程中被窃取或篡改。数据加密技术不仅能够保护数据的机密性，还能确保数据在传输和存储过程中的完整性。特别是在云计算和大数据环境下，数据加密技术显得尤为重要。同时，采用先进的加密算法和密钥管理机制，能够进一步提升系统的安全性和抗攻击能力。

再次，定期进行安全审计与漏洞扫描，是确保系统持续安全的重要手段。安全审计通过对系统的安全策略和措施进行全面评估，识别潜在的安全隐患和薄弱环节。漏洞扫描则通过自动化工具对系统进行检测，发现可能存在的安全漏洞，并提供修复建议。结合两者的优势，可以形成一个完整的安全评估和改进闭环，确保系统在面对新兴安全威胁时能够及时响应和调整。

最后，实时监控和报警机制的实施，是提高系统安全性和稳定性的重要保障。通过对系统运行状态的实时监测，可以及时发现异常活动和潜在的安全威胁。报警机制则在检测到异常时，迅速通知相关人员采取应对措施，以降低安全事件对系统的影响。结合人工智能技术，实时监控系统可以具备更强的智能分析能力，能够更准确地识别异常行为和潜在威胁，从而提高系统的整体安全水平。

（二）稳定性测试方法

在构建智能化成本控制系统时，系统的稳定性测试方法至关重要。稳定性测试旨在确保系统在各种条件下均能够持续、可靠地运行，从而为企业提供准确的成本管理数据。通过一系列科学的测试方法，企业可以预见系统在实际应用中可能遇到的挑战，并提前进行优化和调整，以保证财务管理的高效运作。

1. 采用负载测试方法

通过模拟高并发用户访问场景，企业可以评估系统在极端条件下的响应时间和稳定性表现。这种方法能够帮助识别系统在高负载下的瓶颈和弱点，从而为系统的优化提供数据支持。负载测试不仅能揭示系统在高峰期的性能表现，还能帮助企业制定应对策略，确保用户访问量激增时，系统仍能保持稳定运行。

2. 故障注入测试

通过故意引入错误和故障，企业可以观察系统在异常情况下的恢复能力和稳定性表现。这一测试方法能够模拟真实世界中可能出现的各种故障场景，从而帮助企业评估系统的韧性和可靠性。通过分析系统在故障条件下的行为，企业可以识别潜在的风险点，并采取相应的措施来增强系统的抗风险能力。

3. 长时间的持续集成测试

此类测试通过监测系统在长时间运行下的性能变化，确保系统在持续负载下保持稳定。持续集成测试不仅能够帮助发现系统在长时间运行中的性能衰退，还可以验证系统在不断更新和迭代过程中是否保持一致性和稳定性。这种测试方法有助于企业在系统开发的早期阶段就发现问题，从而降低后期修复的成本。

4. 利用监控工具实时跟踪

利用监控工具实时跟踪系统性能指标，是稳定性测试中不可或缺的一环。通过实时监控，企业可以及时发现潜在的性能瓶颈，并进行相应的优化调整。这些工具能够提供详细的性能数据和分析报告，帮助企业快速响应和解决性能问题。实时监控不仅提升了系统的稳定性，还提高了企业对系统运行状态的可见性和透明度，为智能化成本控制系统的成功实施提供了坚实的保障。

第五章　人工智能在财务审计与风险管理中的应用

第一节　智能化财务审计的流程与工具

一、自动化审计流程的设计

（一）流程自动化技术

流程自动化技术在现代财务审计中扮演着至关重要的角色。随着企业数据量的急剧增加，传统的手工审计方法已无法满足高效、准确的审计需求。流程自动化技术通过优化审计流程，减少人为干预，实现了审计工作的自动化和智能化。这些技术不仅提高了审计的速度和准确性，还减少了人为错误的发生。流程自动化技术的实现需要结合多种现代技术，包括机器人流程自动化（RPA）、人工智能算法及云计算等，这些技术的融合为财务审计带来了前所未有的效率提高。

自动化审计工具的类型与功能是实现智能化审计的基础。市场上存在多种自动化审计工具，它们各具特色，适用于不同的审计需求。这些工具通常具备数据采集、数据分析、风险评估和报告生成等功能。通过使用这些工具，审计人员可以快速识别财务报表中的异常数据和潜在风险。自动化审计工具还能够整合多种数据源，提供实时的财务状况分析，从而为企业管理层提供更为准确的决策支持。这些工具的应用大大地提高了审计工作的效率，为财务管理注入了新的活力。

机器学习在审计数据分析中的应用是智能化审计的重要组成部分。通过机器学习算法，审计系统可以从海量数据中识别复杂的模式和趋势，这些模式和趋势往往是传统方法难以发现的。机器学习的自我学习能力使审计系统能够不断优化自身的分析模型，提高异常检测的准确性。尤其是在大数据环境下，机器学习能够快速处理和分析数据，提供实时的审计洞察。这种技术的应用不仅提升了审计的精确度，也为企业的风险管理提供了更为科学的依据。

智能化审计流程的关键步骤与节点在于如何高效地整合各种技术和工具，实现从数据采集到报告生成的全流程自动化。首先，数据采集是审计流程的起点，确保数据的完整性和准确性至关重要。其次，数据分析阶段需要利用机器学习和数据挖掘技术，对海量数据进行深度分析，识别潜在的风险和异常。最后，生成自动化审计报告，并通过可视化工具展示审计结果，为企业决策提供支持。这一流程的每个节点都需要精心设计，以确保审计的全面性和准确性。

实时数据监控与异常检测技术是智能化审计的核心能力之一。通过实时监控，审计系统能够在数据产生的瞬间对其进行分析和评估，及时发现潜在的风险和异常。这不仅提高了审计的时效性，也为企业提供了即时的风险预警。异常检测技术利用先进的算法，能够识别财务数据中的异常模式和趋势，从而帮助审计人员快速定位问题。这种技术的应用大大降低了企业的财务风险，提高了整体的财务管理水平。

（二）审计流程优化

在现代财务管理中，审计流程优化是提高审计效率和准确性的重要手段。通过引入人工智能技术，审计流程得以重塑，传统的手工操作被自动化流程取代。这种转变不仅加快了审计速度，还提高了审计结果的可靠性。智能化审计工具能够自动识别和分析财务数据中的异常情况，帮助审计人员快速定位潜在风险区域。这种数据驱动的审计方法，使流程优化不仅体现在速度上，更在于其精准性和全面性。

在审计流程中，数据的整合与共享机制是实现智能化的关键。通过先进的数据处理技术，审计人员可以实时获取并分析来自多个来源的数据。这种数据整合能力打破了信息孤岛，使跨部门、跨系统的数据共享成为可能。共享机制的建立，不仅提升了审计的透明度，还促进了各部门之间的协同工作。通过智能化的分析工具，审计人员能够从海量数据中提取有价值的信息，从而为企业的财务决策提供更为精准的支持。

基于风险导向的审计策略调整是智能化审计中的重要环节。人工智能技术使审计策略可以根据实时风险数据进行动态调整。这种灵活性确保了审计工作能够及时响应外部环境的变化，提升了风险管理的有效性。通过机器学习算法，系统能够预测潜在风险，并自动调整审计重点和资源分配。这种基于风险导向的策略调整，不仅提高了审计的针对性，还增强了企业的整体风险防范能力。

审计任务分配与协同工作的智能化管理是提高审计效率的重要手段。通过人工智能技术，审计工作可以实现任务的自动分配和智能调度。系统根据审计人员的技能和经验，自动匹配最适合的任务，确保资源的最优配置。此外，智能化管理工具还支持团队协同工作，促进信息的实时共享和沟通。这种智能化的管理模式，不仅提高了团队的协作效率，还增强了审计工作的整体协调性。

二、区块链技术与财务审计流程

（一）区块链的应用场景

区块链技术在财务审计中的应用场景日益丰富，其独特的去中心化和分布式账本特性使其在财务审计中具有显著优势。区块链技术的核心在于其提供了一个不可篡改的交易记录平台，这对于财务审计的准确性和透明性有着深远的影响。在传统审计过程中，审计人员常常需要花费大量时间和精力来验证交易的真实性和完整性，而区块链技术通过其固有的透明性和防篡改特性，能够大幅度简化这一过程，从而提高审计效率和降低审计成本。

区块链技术在财务审计中的数据透明性提升方面表现得尤为突出。通过区块链技术，所有的交易数据都可以在一个公开的账本中被记录和查看，这种透明性为审计人员提供了一个可靠的数据来源，使审计人员能够更准确地评估企业的财务状况和运营效率。区块链的透明性还能够有效地减少财务舞弊的风险，因为任何试图篡改数据的行为都会被立即发现并记录在案，这为审计过程的公正性和可靠性提供了强有力的保障。

区块链为审计提供实时的交易记录追踪能力，这是传统审计方法无法比拟的。通过区块链技术，审计人员可以实时获取和追踪企业的每一笔交易记录，这种实时性不仅提高了审计的效率，还增强了审计的及时性和准确性。实时交易记录的获取使审计人员能够更快速地发现和解决潜在的财务问题，从而帮助企业及时调整财务策略，规避风险。

利用区块链实现审计证据的不可篡改性是其在财务审计领域的一大优势。传统的审计证据通常以纸质或电子形式存在，容易被篡改或丢失，而区块链技术通过其分布式账本和加密算法，确保了审计证据的完整性和安全性。每一笔交易记录都经过加密处理，并在多个节点上进行备份存储，这种分布式存储方式使篡改证据变得几乎不可能，从而提高了审计结果的可信度。

（二）数据透明性与安全性

数据透明性与安全性是现代财务审计中至关重要的要素。区块链技术在提升财务审计的数据透明性方面发挥了重要作用。通过区块链技术，每一笔交易记录都可以被追溯和验证，确保数据的完整性和透明度。交易信息被存储在区块链上，所有参与者都可以查看和验证这些信息，这种透明性大大减少了信息不对称的问题，并提高了审计的效率和准确性。此外，区块链的去中心化特性有助于增强审计数据的安全性。由于区块链上的数据分布式存储，任何单一节点的篡改都不会影响整体数据的完整性，这显著降低了数据被篡改的风险。通过这种方式，区块链技术为财务审计提供了更加安全的环境，确保审计结果的可靠性。

区块链技术不仅在数据透明性上有显著优势，还通过其去中心化的特性增强了审计数据的安全性。传统的审计过程依赖中心化的数据库，这种结构容易受到单点故障和恶意攻击的影响。而区块链的去中心化特性使数据分布在多个节点上，即使某个节点受到攻击或发生故障，整体数据仍然保持完整和安全。这样的机制有效降低了数据被篡改的风险，确保了审计过程中数据的真实可靠。区块链还允许审计信息的实时共享，各方都能够通过区块链平台高效协作，实时获取最新的审计信息。这种实时性和透明性不仅提高了审计的效率，也增强了各方对审计结果的信任。

智能合约作为区块链技术的一个重要应用，为财务审计提供了自动化的解决方案。通过智能合约，审计相关条款可以被自动执行，减少了人为干预的可能性。此外，这种自动化不仅提高了审计的效率，还减少了人为错误的发生。智能合约能够根据预先设定的条件自动触发和执行相关操作，确保审计过程的公正和透明。区块链技术为审计提供了不可篡改的证据基础。每一笔交易和操作都被记录在区块链上，形成了一种不可更改的审计轨迹，这为审计结果的可信度和可靠性提供了坚实的保障。在这种背景下，区块链技术不仅革新了传统的财务审计流程，也为未来的审计创新提供了新的方向和可能性。

三、大数据在财务审计中的运用

（一）数据采集与处理

在现代财务审计中，数据采集与处理是实现智能化审计的基础环节。数据的多源性是当前财务审计中一个显著的特点，涵盖了内部财务系统、外部市场数据及社交媒体信息等多种来源。这种多源性为审计提供了丰富的信息基础，然而也增加了数据处理的复杂性。为确保数据的高质量与一致性，数据清洗与预处理显得尤为必要。这一过程不仅能够消除数据中的噪声和错误，还能规范数据格式，提升数据的可用性，从而为随后的大数据分析打下坚实的基础。

实时数据采集技术的应用是提升审计及时性与准确性的关键。在快速变化的市场环境中，传统的定期审计难以满足企业对及时决策的需求。通过实时数据采集，审计人员能够在第一时间获取最新的财务信息，使审计结果更具时效性。这种技术的应用不仅提高了审计效率，还增强了审计的准确性，确保了财务报告的可靠性和透明度。

基于大数据分析的审计指标体系构建是增强审计决策科学性的核心。在大数据环境下，传统的审计指标体系已难以满足复杂多变的审计需求。通过大数据分析，审计人员可以构建更加全面和动态的指标体系，涵盖企业运营的各个方面。这种指标体系不仅能够提供更为准确的风险评估，还能帮助企业识别潜在的财务问题，从而作出更为科学的决策。

数据可视化工具在审计数据处理中的作用不可忽视。随着数据量的不断增加，如何有效传达和理解审计信息成为一大挑战。数据可视化工具通过图形化的方式将复杂的数据转化为直观的图表和图形，使审计人员和企业管理者能够快速理解数据背后的含义。这不仅促进了信息的有效传达，还提高了决策的效率和准确性，使财务审计更加透明和易于理解。

（二）数据分析技术

数据分析技术在现代财务审计中扮演着至关重要的角色，其应用能够显著提高审计效率。通过运用先进的数据分析工具，审计人员可以在海量的财务数据中迅速识别关键信息，从而大幅缩短传统审计流程中的数据处理时间。数据分析技术不仅提高了审计的速度，还提升了审计的准确性和可靠性，使审计结果更具说服力和参考价值。尤其是在面对复杂的财务环境时，数据分析技术能够帮助审计人员更好地理解和解释财务数据的内在关联及其背后的商业逻辑。

在财务审计中，统计分析方法被广泛运用于识别数据中的异常模式与趋势。通过对财务数据进行详细的统计分析，审计人员能够发现那些可能被传统审计方法忽略的异常现象。这些异常现象往往是潜在财务风险的预警信号，及时识别这些信号有助于审计人员采取相应措施进行风险控制。统计分析方法还能够帮助审计人员识别数据中的趋势变化，使其更好地把握企业的财务健康状况和发展方向。

预测分析技术的应用使审计人员能够评估未来的财务风险与审计重点。这种技术通过分析历史数据和当前财务状况，生成对未来财务表现的预测模型。审计人员可以利用这些模型识别未来可能出现的风险领域，并提前制订相应的审计计划和策略，以应对潜在的财务挑战。预测分析技术不仅提高了审计工作的前瞻性，还增强了审计人员在复杂财务环境中的决策能力。

文本分析技术的实施为审计人员提供了对非结构化数据进行深度挖掘与解读的能力。在现代企业中，大量的财务信息以非结构化的形式存在，如电子邮件、合同和其他文档。通过文本分析技术，审计人员可以从这些非结构化数据中提取有价值的信息，揭示隐藏在文字背后的财务风险和机会。这种技术的应用拓宽了审计的视野，使审计人员能够更加全面地评估企业的财务状况。

四、机器学习辅助审计证据分析

（一）证据识别与分类

在现代财务审计中，证据识别与分类是确保审计质量的重要环节。机器学习算法在这一过程中扮演着关键角色。通过自动分析海量的财务数据，机器学习技术能够高效识别对审计至关重要的证据。这不仅提高了审计效率，也显著提高了审计结果的准确性。自然语言处理技术的应用使对文本数据的分析更加深入，可以从中提取出与审计相关的重要信息。这一技术的应用为审计人员提供了更为详尽的证据支持，帮助他们作出更为准确的判断。

聚类分析技术在审计证据分类中同样发挥着重要作用。通过对审计证据的分类，审计人员能够快速定位与特定审计目标相关的数据。这一过程不仅节省了时间，也提高了审计的有效性。机器学习模型的训练与优化是确保其在证据识别中的准确性和有效性的关键步骤。通过不断的训练和调整，机器学习模型能够适应不同的审计环境和需求，从而提供更为精确的分析结果。

智能化证据管理系统的构建是机器学习在审计领域应用的又一重要体现。利用机器学习技术能够显著提高审计证据的存储、检索与分析效率。智能化证据管理系统不仅提高了审计工作的自动化程度，还增强了审计人员对证据的管理能力。这一系统的应用为审计行业带来了新的变革，推动了审计工作的智能化发展。通过这些技术的应用，财务审计不仅变得更加高效和精准，也为未来审计的创新发展奠定了坚实基础。

（二）异常检测技术

异常检测技术在现代财务审计中扮演着至关重要的角色。机器学习算法的引入，使审计过程更加高效和准确。通过应用这些算法，审计师能够识别和标记异常交易，从而提高审计的全面性和可靠性。在传统审计中，识别异常交易通常需要耗费大量的人力和时间，而机器学习的自动化特性显著提高了这一过程的效率。尤其是在处理海量数据时，机器学习算法能够快速筛选出潜在的异常交易，帮助审计师将注意力集中在最需要关注的领域。

利用监督学习模型建立异常检测系统是当前的一种主要方法。这些模型通过训练数据集来不断优化其性能，以便在实际应用中能够准确识别异常情况。监督学习的一个关键优势在于其能够在标注数据的基础上进行学习，从而在新数据中有效地检测出异常。然而，这一方法也依赖高质量的训练数据集，这对模型的准确性和可靠性提出了较高的要求。在财务审计中，构建一个涵盖多种异常模式的全面数据集至关重要，以确保模型能够在各种情况下保持高效。

无监督学习方法则提供了一种无须人工标注数据的异常检测途径。这种方法通过分析财务数据中的固有模式，自动发现潜在的异常情况。这对于那些缺乏充足标注数据的企业来说尤为重要。无监督学习的灵活性使其能够适应多变的财务环境，并在新型异常出现时及时作出反应。尽管无监督学习在异常检测中显示出强大的潜力，但其结果的准确性和解释性仍需结合专家的判断进行评估。

结合深度学习技术，审计师能够分析复杂的财务数据集，识别出传统方法难以捕捉的异常情况。深度学习通过多层神经网络的结构，能够从大量数据中提取深层次的特征，从而发现隐藏在深层的异常模式。这种能力使深度学习在处理高维度和非线性数据时尤为有效。然而，深度学习模型的复杂性也带来了计算成本和结果解释的挑战，这需要在实际应用中加以平衡。

第二节　风险识别与评估的智能化

一、自然语言处理在风险信息提取中的应用

（一）风险信息的自动识别

在现代财务管理中，风险信息的自动识别是实现智能化风险评估的重要环节。自然语言处理技术的应用能够自动从财务报告和公告中识别潜在的风险信息，这一过程大大提高了数据处理效率。通过对海量文本数据的分析，自然语言处理能够快速定位可能存在风险的内容，减少人工审阅的时间和成本。此外，这种技术的应用还能够帮助企业在第一时间发现潜在风险，从而提高风险管理的响应速度和决策质量。

自然语言处理不仅限于识别显性风险，还通过情感分析技术，自动识别与企业风险相关的负面情绪。这一过程为决策者提供了一个新的视角，帮助他们判断市场的反应。情感分析通过分析文本中的情感倾向，揭示出公众或市场对某一事件或企业的态度，从而为企业的风险评估提供有力的支持。通过这种方式，企业能够更好地理解市场动态，并在必要时采取相应的措施，降低风险对企业的潜在影响。

关键词提取技术在自然语言处理中的应用，使风险管理相关的文档和信息能够被自动筛选并分类。这一技术简化了信息获取的过程，极大地提高了信息管理的效率。通过识别和提取文本中的关键术语，系统能够自动地将相关文档归类至相应的风险类别中，使风险管理人员能够迅速获取所需信息。这种自动化的处理方式不仅提高了信息处理的准确性，还减少了发生人为错误的可能性。

同时，语义分析在自然语言处理中的应用，进一步增强了对风险信息的深度解析能力。通过理解和提取文本中复杂的风险概念，自然语言处理

技术能够提供更为全面的风险分析。这种能力使系统不仅能够识别显性风险，还能通过上下文理解解挖掘隐性风险。这种深入的解析能力为企业提供了更为详尽的风险信息支持，从而帮助企业制定更加全面的风险管理策略。

（二）文本数据的处理技术

在现代财务管理中，文本数据的处理技术已经成为风险识别与评估的重要工具。

1. 文本数据预处理

文本数据预处理是提高数据质量和分析效果的关键步骤。通过去噪声、去重和标准化等预处理措施，可以有效提升数据的准确性和可靠性。这些技术不仅能够清理数据中的杂音，还能确保数据的一致性，从而为后续的分析奠定坚实的基础。文本数据预处理的重要性在于它能够显著提高分析结果的精确度，使风险评估更加科学和高效。

2. 关键词提取

关键词提取是文本数据处理中的重要技术。通过基于词频和 TF – IDF（Term Frequency – Inverse Document Frequency）等方法，可以识别文本中的重要信息。这些技术帮助我们从大量的文本数据中提取关键字和关键短语，进而识别出潜在的风险因素和重要的风险信息。这种方法不仅提高了信息提取的效率，还为风险管理提供了有力的支持，使风险识别过程更加精准和全面。

3. 情感分析技术

情感分析技术在文本数据处理中也扮演着重要角色。通过分析文本中潜在的情绪和态度，情感分析技术能够为风险评估提供有价值的依据。这些技术能够识别出文本中的积极或消极情绪，从而帮助风险管理人员更好地理解潜在风险的性质和影响。这种分析不仅能够揭示文本中的隐含情绪，还能为决策者提供更为全面的风险视角，增强风险管理的效果。

4. 主题建模技术

主题建模技术，如潜在狄利克雷分配（LDA），在文本数据处理中用于发现文本中的隐含主题和结构。这些技术通过对文本进行深入分析，揭示出文本中潜在的主题模式和结构关系，从而为风险识别提供新的视角。主题建模技术不仅能够帮助识别文本中的关键主题，还能揭示出不同主题之间的关联，为风险管理提供更为立体的分析视角。

（三）信息提取的准确性提升

信息提取的准确性在风险管理中具有至关重要的作用。为提升这一准确性，采用多层次的文本分析技术是关键。这些技术能够对复杂文本进行深度解析，从而确保对信息的全面理解。通过分层次分析，系统可以识别出文本中的细微差异和隐含信息，从而提高信息提取的精确度。这种方法不仅能提升对文本的理解深度，还能帮助系统在面对复杂的语义结构时作出更准确的判断。

在信息提取过程中，引入机器学习算法是优化关键词提取过程的有效手段。这些算法通过学习大量文本数据，能够自动识别与特定风险相关的关键词，从而减少误识别和遗漏现象。机器学习算法的自适应性使其能够在不断变化的环境中保持高效的提取能力。这种优化不仅提高了信息提取的精确度，还增强了系统对新兴风险的识别能力。

为了进一步提升信息提取模型的适应性和准确性，建立反馈机制是必要的。通过用户输入和专家评审，系统可以对提取结果进行校正和完善。这种反馈机制不仅帮助模型在训练过程中不断调整和改进，还能确保其在实际应用中的可靠性。通过持续的反馈和调整，信息提取模型能够更好地适应不同的应用场景和需求。

结合领域知识与上下文分析是提升信息提取系统对特定行业风险信息

识别能力的重要策略。通过将专业领域的知识融入信息提取模型中，系统可以更加准确地识别出与行业相关的风险信息。上下文分析则帮助系统理解信息的相关性和重要性，确保提取结果的准确性和实用性。这种结合不仅提高了系统的识别能力，还增强了其在特定行业中的应用效果。

二、智能算法的风险量化评估

（一）风险量化指标的选择

在风险管理过程中，选择适当的风险量化指标对于准确评估企业风险状况至关重要。

1. 流动比率和负债率

流动比率和负债率等财务指标因其与企业风险的高度相关性而被广泛使用。这些指标能够有效地反映企业的短期偿债能力和长期财务稳定性，从而为风险评估提供可靠的数据支持。通过对这些指标的分析，企业可以更好地了解其财务健康状况，并及时采取措施降低风险。此外，选择合适的财务指标有助于提高风险评估的准确性，使企业能够在复杂的市场环境中保持竞争力。

2. 市场风险因素

市场风险因素，如利率波动和汇率变动，对企业的财务状况产生重大影响。因此，在风险量化评估中，必须考虑这些因素并选择相应的风险指标进行量化评估。利率波动可能导致企业借贷成本的变化，而汇率变动则可能影响企业的国际业务收入和成本结构。通过对这些市场风险因素的量化评估，企业能够更好地预测和应对潜在的财务风险，确保在市场变化中保持财务稳健。

3. 历史数据分析

历史数据分析在风险量化评估中扮演着重要角色。分析历史数据，可以确定风险指标的波动性和趋势，从而识别潜在风险。历史数据不仅提供了风险指标的过去表现，还揭示了其在不同市场条件下的行为模式。通过对历史数据的深入分析，企业能够识别出可能的风险信号，并在早期阶段采取预防措施。这种数据驱动的方法为企业奠定了更为科学的风险管理基础。

4. 行业特性

行业特性对风险量化指标的选择具有重要影响。不同的行业面临着不同的风险，因此，必须结合行业特性制定适合特定行业的风险量化指标。这种定制化的指标选择能够确保评估的准确性和有效性。例如，制造业可能更加关注供应链风险，而金融行业则可能更关注市场波动风险。通过结合行业特性，企业能够更精准地识别和评估其特有的风险，从而制定有效的风险管理策略。

（二）评估结果的解读

在现代财务管理中，智能算法的风险量化评估为企业提供了更为精确的风险识别工具。评估结果的解读是确保这些工具有效应用的关键环节。对评估结果的准确性分析，可以确保风险量化指标能够真实反映企业的财务状况和潜在风险。智能算法通过大数据分析和机器学习技术，能够处理复杂的财务数据，识别潜在的风险因子，为决策者提供翔实的数据支持。然而，评估结果的准确性不仅依赖模型的技术先进性，还取决于输入数据的质量和模型参数的合理性。因此，企业在使用智能算法进行风险评估时，必须重视数据的完整性和准确性，以提高评估结果的可靠性。

评估结果的可解释性是智能算法在风险量化评估中另一个重要的考量因素。决策者需要理解风险评估的依据和模型的决策过程，以便在战略决策中合理应用这些结果。可解释性不仅有助于增强决策者对模型结果的信任，还能帮助他们识别潜在的偏差和误差来源。通过对模型的透明化处理，企业可以更好地理解算法的运作机制，从而在应用过程中作出更为明智的选择。这种透明化的处理方式对于复杂的财务环境尤为重要，因为它能够使决策者在面对不确定性时，拥有更清晰的判断依据。

在快速变化的市场环境中，评估结果的动态监控显得尤为重要。企业需要通过及时更新与调整风险评估，以适应市场变化和企业内部环境的变化。智能算法的动态监控能力使风险评估不再是静态的，而是一个不断演进的过程。通过实时数据的接入和分析，企业能够及时捕捉市场的波动和趋势变化，从而在风险管理中保持主动。动态监控还可以预警潜在风险的积累，帮助企业在早期阶段采取必要的应对措施，降低企业运营的风险。

评估结果的应用价值体现在其对企业战略决策的指导作用上。通过对风险评估结果的分析，企业可以在战略决策中采取相应的风险应对措施，降低潜在损失。智能算法提供的风险量化评估结果不仅是风险识别的工具，更是企业进行风险管理的重要依据。企业可以根据评估结果调整其投资组合、优化资源配置，并制定更加稳健的财务策略，以应对不确定的市场环境。评估结果的应用价值在于其能够帮助企业在复杂的经济环境中，找到平衡风险与收益的最佳路径。

三、深度学习与风险特征识别

（一）特征提取方法

在风险管理领域，特征提取方法是提高风险识别效率的关键。深度学习模型的应用使从大量数据中自动提取潜在风险特征成为可能，显著提高了识别效率。尤其是在财务数据的分析中，深度学习模型能够自动识别复杂的模式和异常情况。这种自动化的特征提取能力不仅减少了人工干预的需求，还能更快地适应变化的市场环境，从而在风险管理中发挥重要作用。

1. 卷积神经网络

CNN 在特征提取方面展现出强大的能力，尤其是在处理图像和时间序列数据时。CNN 能够有效识别与财务风险相关的模式，这使其在财务数据分析中具有独特优势。通过捕捉数据中的空间和时间特征，CNN 可以识别潜在的风险信号，为风险管理提供可靠的支持。在财务风险管理中，利用 CNN 进行模式识别，能够帮助企业及时发现潜在的风险因素，优化决策过程。

2. 递归神经网络

RNN 在处理序列数据时表现出色，尤其擅长捕捉数据的时间依赖性。在财务数据分析中，RNN 能够识别趋势变化，帮助管理者预测未来的风险动态。其在时间序列分析中的应用，使财务风险管理更加精准和高效。通过对历史数据的深入分析，RNN 帮助企业在复杂的市场环境中作出更明智的风险评估和决策，提高整体风险管理水平。

3. 自编码器

自编码器是一种无监督学习模型，能够通过重构输入数据来识别潜在的异常特征。在风险识别中，自编码器通过对数据的压缩和重构，能够有效发现异常模式，提升风险识别的准确性。这种方法在处理大量复杂数据时尤为有效，帮助企业在风险管理中更好地识别和应对潜在威胁。自编码器的应用为财务风险管理提供了新的思路和方法，促进了智能化风险评估的进步。

4. 迁移学习技术

迁移学习技术的应用在风险特征提取中具有重要意义。通过利用已有模型在新数据集上进行特征提取，迁移学习技术能够减少训练时间并提高模型的泛化能力。这一技术的应用不仅提高了特征提取的效率，还增强了模型在不同数据环境下的适应性。在财务风险管理中，迁移学习技术的应用帮助企业快速应对市场变化，提高风险识别和管理的综合能力。

（二）特征识别的应用场景

在现代财务管理中，深度学习技术的应用场景丰富多样，尤其在风险特征识别方面展现出强大的潜力。

1. 交易历史和行为模式分析

通过分析客户的交易历史和行为模式，深度学习技术在信用风险评估中起到关键作用。其模型能够自动识别潜在的违约风险，为金融机构提供决策支持。这种技术的应用不仅提高了风险评估的准确性，还显著提高了效率，使传统的信用评估方法得以革新。深度学习技术通过对海量数据的处理和分析，能够捕捉人类分析难以察觉的复杂模式，从而在信用风险管理中占据重要地位。

2. 财务报表的自动化审计

深度学习技术被广泛应用于财务报表的自动化审计。通过识别财务数据中的异常模式和潜在欺诈行为，深度学习技术为审计过程提供了新的视角。传统审计方法往往依赖人工经验，而深度学习技术则通过算法自动化地识别异常，降低了人为误差的可能性。这种技术的应用不仅提高了审计的准确性和效率，还能够及时发现潜在的财务风险，帮助企业在早期阶段采取必要的纠正措施，从而减少损失。

3. 识别市场波动

在市场风险管理领域，深度学习模型的实时监控能力为识别与市场波动相关的风险特征提供了有力支持。通过对市场动态的实时分析，深度学习技术能够识别潜在的市场风险因素，并提供预警机制。这种技术的应用使金融机构能够更好地应对市场的不确定性，及时调整投资策略，降低风险敞口。深度学习技术在市场风险管理中的应用，不仅增强了风险识别的敏感度，还提升了对市场变化的响应速度，使风险管理更加主动和前瞻。

4. 客户反馈和社交媒体数据分析

深度学习技术在分析客户反馈和社交媒体数据方面，也展现出识别品牌声誉相关潜在风险特征的能力。通过对大量非结构化数据的分析，深度学习技术能够识别影响品牌声誉的潜在风险因素，为企业提供及时的风险预警。这种技术的应用帮助企业更好地理解市场情绪和消费者需求，及时调整品牌策略，维护企业形象和市场地位。深度学习技术在品牌声誉管理中的应用，标志着企业风险管理进入新的智能化阶段。

四、实时风险监测的智能化手段

（一）数据流的实时分析

数据流的实时分析在财务风险管理中扮演着至关重要的角色。实时数据流的自动采集技术是实现这一目标的核心，确保数据源的多样性和时效性，以支持快速决策。通过自动采集技术，企业能够从多种数据源中获取最新的财务信息，包括市场动态、交易记录和内部财务数据。这种多样性不仅增强了数据的全面性，还提升了数据分析的准确性和决策的可靠性。时效性则保证了决策者能够在最短的时间内获取最相关的信息，从而在瞬息万变的市场环境中保持竞争优势。

流式数据处理框架的应用是提升数据处理速度的关键，实现了对大规模数据的即时分析。流式数据处理框架，如 Apache Kafka 和 Apache Flink，能够处理海量数据流，提供低延迟和高吞吐量的数据处理能力。这种框架的应用使企业能够实时分析数据，从而快速地识别潜在的财务风险。通过快速的数据流处理，企业可以在数据生成的同时进行分析，极大地缩短了从数据采集到决策的时间间隔。这种即时分析能力对于应对快速变化的财务环境至关重要。

实时监测系统的构建能够自动识别和响应财务异常，增强风险管理的灵活性。在现代财务管理中，异常检测是风险管理的重要环节。通过构建实时监测系统，企业可以自动化地识别异常交易和财务活动，从而迅速采取应对措施。这些系统通常结合了先进的算法和规则引擎，能够在检测到异常时自动触发警报或执行预定的响应策略。这种灵活性使企业能够在风险发生的初期阶段进行干预，降低潜在损失。

数据流可视化技术的应用帮助决策者直观地理解实时数据变化，支持更有效的决策。通过数据可视化，复杂的财务数据可以转化为易于理解的图形和图表，使决策者能够迅速地掌握数据的核心信息。可视化技术不仅提高了数据呈现的清晰度，还使趋势和异常更加明显，从而支持更为精准的决策。这种技术的应用在财务风险管理中尤为重要，因为它能够在复杂的数据环境中提供清晰的洞察。

（二）监测系统的集成与应用

在现代财务管理中，实时风险监测系统的集成与应用已成为不可或缺的组成部分。监测系统的集成与应用不仅是技术层面的挑战，更是提升企业风险管理能力的重要手段。通过智能化手段，企业可以更高效地识别和评估潜在风险，进而制定更为精准的应对策略。实时风险监测系统的架构设计至关重要，它需要确保数据流的高效处理与响应能力。这不仅要求系统具备强大的数据处理能力，还需要具备快速响应市场变化的能力，以便在风险发生时能迅速采取行动。

在实时风险监测系统的架构设计中，集成多种数据源是关键的一环。通过集成多种数据源，企业能够实现对财务数据的全面监控与分析，从而提升风险识别的准确性。这种多源数据的集成，不仅包括企业内部的财务数据，还涵盖了外部市场数据、行业动态等。通过对这些数据的综合分析，企业能够更准确地识别潜在风险，并进行及时的预警和干预。此外，数据集成的过程需要确保数据的准确性和一致性，以避免因数据错误导致的风险判断失误。

在监测系统的集成过程中，利用API接口与现有财务系统无缝衔接，是增强监测系统灵活性与适用性的有效手段。API接口的使用，使监测系统可以与企业现有的财务管理系统进行无缝衔接，从而实现数据的实时共享和更新。这不仅提高了系统的灵活性，也使企业能够根据自身的需求，灵活调整监测系统的功能和应用场景。API接口的使用，还能够降低系统集成的复杂性和成本，使更多企业能够在有限的资源条件下，享受到智能化风险监测系统带来的优势。

为了确保监测系统的安全性，实施基于角色的访问控制是必要的措施。基于角色的访问控制，可以确保只有授权用户能够访问和操作监测系统中的敏感数据。这种控制机制，不仅能够有效保护企业的财务数据安全，还能防止因操作不当导致的系统风险。基于角色的访问控制，还能够根据不同用户的职责和权限，提供个性化的系统功能和界面，提高用户的使用体验和工作效率。

第三节　内部审计与风险管理的整合

一、内部审计与风险数据的融合

（一）数据整合方法

数据整合方法在现代财务审计与风险管理中扮演着至关重要的角色。数据整合方法的选择直接影响内部审计的效率和效果。在内部审计中，数据整合方法不仅是技术上的挑战，还涉及组织结构和管理流程的调整。为了实现有效的数据整合，必须做好以下几个方面工作。

首先，需要对内部审计数据与财务数据进行标准化处理。标准化的目的是确保来自不同来源的数据在格式和内容上的一致性，这样可以简化后续的数据分析和整合过程。通过标准化，审计人员可以更加高效地识别和分析潜在的财务风险和异常情况。

其次，数据仓库技术的应用是实现数据整合的重要手段。数据仓库技术允许来自不同部门和系统的审计数据集中存储，从而实现信息的集中管理和快速访问。这种集中化的存储方式不仅提高了数据的可访问性，还增强了数据分析的深度和广度。通过数据仓库，审计人员可以更轻松地进行跨部门的数据分析，识别出潜在的风险和问题。这种集中化的数据管理方式还支持实时的数据更新和分析，使审计过程更加动态和灵活。

再次，实施数据治理框架是确保数据质量和安全性的重要步骤。数据治理框架的核心是制定一套完善的数据管理和共享政策，以促进内部审计与其他部门的数据交互。通过明确的数据治理政策，组织可以确保数据在整个生命周期的完整性和安全性。这不仅有助于提高数据的可靠性，还能增强组织对数据的信任度，从而支持更为准确和有效的风险管理决策。

最后，采用先进的数据集成工具可以极大地提高数据整合的效率。自动化的数据提取和加载过程减少了人工干预的必要性，从而降低了错误发生的可能性。这些工具能够自动识别和处理数据中的异常情况，提高数据处理的速度和准确性。通过自动化的数据整合流程，审计人员可以专注于数据分析和风险评估，而不是将大量时间耗费在数据准备和清理上，从而提高整体的审计效率。

（二）数据共享机制

在现代企业管理中，数据共享机制的建立对内部审计与风险管理的整合至关重要。数据共享机制不仅是实现信息流通的基础，更是提高数据使用效率的关键。通过建立跨部门的数据共享平台，企业可以确保内部审计与财务部门之间的信息流通顺畅。这种平台的建立，不仅有助于消除信息孤岛现象，还能促进不同部门之间的协作，提高整体的运营效率。尤其在人工智能的支持下，数据共享平台能够更高效地处理和分析大量财务信息，为审计人员提供更为全面和准确的支持。

为了保障数据共享的安全与合规，企业需要制定明确的数据共享政策。这些政策应该详细规范数据访问权限和使用流程，确保只有授权人员才能访问敏感信息。通过严格的权限管理，企业可以有效降低数据泄露的风险，保护企业的核心财务数据。同时，政策的制定也需要考虑合规要求，确保数据共享过程符合相关法律法规。这样，不仅能维护企业的合法权益，还能增强利益相关者对企业数据管理能力的信任。

云计算技术的应用，为数据的实时共享提供了有力支持。通过云计算，审计人员可以随时随地获取最新的财务数据和审计信息。这种实时共享的能力，不仅提高了审计工作的效率，还能帮助审计人员及时发现和应对潜在风险。云计算的弹性和扩展性，使企业可以根据需求灵活调整资源配置，确保数据共享平台的高效运行。云计算还提供了强大的数据存储和处理能力，为复杂的财务分析提供技术支持。

数据标准化和格式统一是提升不同系统之间数据兼容性的基础。通过对数据进行标准化处理，企业可以确保不同系统之间的数据能够无障碍交换。这种标准化不仅有助于提高数据质量，还能减少数据处理过程中的错误和重复工作。在人工智能的辅助下，数据标准化的过程可以更加高效和精准，为企业的内部审计和风险管理提供可靠的数据支持。标准化的数据不仅提高了信息的透明度，也为企业决策奠定了坚实的基础。

二、基于智能系统的审计风险协同管理

（一）协同管理平台

协同管理平台在现代财务审计与风险管理中扮演着至关重要的角色。协同管理平台的设计旨在实现实时数据共享功能，使内部审计与财务管理团队能够随时获取最新的财务信息和审计数据。这种实时性不仅提高了决策效率，还确保了信息在传递过程中保持准确和完整。通过实时数据共

享，管理者可以更迅速地识别财务活动中的异常情况，及时采取措施，防范潜在风险。这种功能对于动态环境下的企业尤为关键，帮助其在复杂的市场条件下保持敏捷性和竞争力。

为了进一步提高协同管理平台的效能，协同管理平台需要集成先进的智能分析工具。这些工具通过应用人工智能和机器学习技术，对审计数据进行深入分析，揭示潜在风险和异常情况。智能分析不仅能够从海量数据中提取有价值的信息，还能够通过模式识别和预测分析，提前预警可能出现的问题。这种前瞻性分析为企业提供了更为稳健的风险管理策略，使管理层能够在风险发生之前就采取预防措施，从而降低损失。

在协同管理平台的运作中，跨部门协作机制的建立是不可或缺的。通过促进内部审计、财务及其他相关部门之间的信息交流与合作，协同管理平台提高了整体风险管理的协调性。跨部门协作不仅能够打破信息孤岛，还能通过多角度的分析与讨论，形成更为全面和准确的风险评估。这种协作机制有助于在企业内部形成合力，共同应对复杂的财务和审计挑战，提高组织的风险应对能力。

协同管理平台还应具备可视化报表和仪表盘功能，使用户能够直观地查看审计和财务数据。这种可视化工具通过图形化的方式呈现数据，帮助用户快速理解复杂的信息，支持数据驱动的决策过程。可视化报表不仅提高了数据的可读性和可解释性，还增强了管理层对数据的洞察力，确保决策过程更加科学合理。通过将复杂的数据转化为易于理解的视觉信息，协同管理平台为企业的财务审计与风险管理提供了有力的支持。

（二）风险识别与响应

在现代企业管理中，风险识别与响应是确保企业稳健运营的关键环节。智能系统的引入，使这一过程变得更加高效和精准。通过实时数据分析，智能系统能够及时识别出财务活动中的异常情况。这种能力不仅提高了企业对潜在风险的敏感性，还为决策者提供了更为翔实的数据支持。实时分析的优势在于，它能够捕捉传统审计方法可能忽略的细微变化，进而为企业提供预警，帮助其提前做好应对准备。

基于人工智能的风险识别模型是现代风险管理的核心工具之一。这些模型能够整合来自不同渠道的多源数据，提供全面的风险评估。这种整合能力不仅增强了风险识别的广度和深度，还确保了风险评估的科学性和准确性。通过对历史数据和当前数据的综合分析，人工智能模型可以预测潜在的风险趋势，为企业的战略决策提供坚实的依据。这种数据驱动的风险评估方式，正在逐步取代传统的经验判断，提高了企业管理的客观性和可靠性。

机器学习技术的应用，使风险事件的自动化识别和分类成为可能。通过不断学习和优化，机器学习算法能够快速地适应环境的变化，识别出新的风险模式。这种自动化能力不仅提高了风险管理的效率，还减少了人为干预可能带来的误差。风险事件的精准分类，有助于企业针对不同类型的风险采取差异化的管理策略，从而提高风险管理的整体效率。这种技术的进步，使风险管理从被动应对转变为主动预防。

建立动态风险响应机制是企业应对复杂风险环境的必要措施。在识别风险后，企业需要能够迅速采取应对措施，以降低可能的损失。动态风险响应机制的核心在于其灵活性和快速反应能力。通过智能系统的支持，企业可以实时监控风险变化，并根据最新的数据调整应对策略。这种动态调整能力，确保企业在面对不确定性时，能够保持竞争优势和运营稳定。智能系统的引入，为这种机制的实现提供了技术保障，使风险管理更加高效和精准。

三、审计结果对风险管理策略的优化

（一）策略调整依据

在现代企业管理中，审计结果成为风险管理策略调整的重要依据。审计不仅是对财务报表的核查，更是为企业提供数据驱动的决策支持。通过深入分析审计结果，企业能够在面对潜在风险时采取更加精准和有效的策略。审计过程中的数据收集和分析为企业识别潜在风险提供了实质性的支持，使风险管理不再仅仅依靠经验和直觉，而是基于客观的数据分析来制定应对措施。这种方法不仅提高了风险管理的科学性，还增强了企业在复杂商业环境中应对不确定性的能力。

审计发现的异常情况往往揭示了企业风险管理中的薄弱环节。通过对这些异常的深入分析，企业可以识别出资源配置和风险控制措施中的不足。这种识别过程不限于发现问题，更重要的是提出解决方案，以优化资源的配置和风险控制的措施。通过调整资源配置，企业可以更有效地分配人力、物力和财力资源，确保在风险发生时能够迅速反应和处理。这种优化过程不仅提高了企业的风险管理水平，也提高了其整体运营效率。

审计结果的反馈机制是促进企业内部控制改进的关键因素。有效的反馈机制可以确保风险管理策略能够根据内外部环境的变化进行动态调整。审计结果提供的反馈信息不仅帮助企业识别当前的风险管理不足，还为未来的改进提供了方向。通过不断的反馈和调整，企业能够建立灵活的风险管理系统，确保其策略始终与企业的实际情况和外部环境变化保持一致。这样的动态调整机制有助于企业在快速变化的市场中保持竞争优势。

审计结论不仅对短期风险管理策略具有指导意义，还为企业制定长期风险管理战略提供了重要参考。通过对审计结论的分析，企业可以识别长期趋势和潜在风险，从而制定具有前瞻性和适应性的长期策略。这些策略旨在增强企业的整体风险抵御能力，使其在面对未来挑战时能够更从容地应对。通过将审计结论融入战略规划中，企业不仅能够提高其风险管理水平，还能在不断变化的商业环境中保持持续的竞争力和发展潜力。

（二）优化实施路径

1. 制定明确的风险管理目标

在现代企业管理中，优化实施路径是提高风险管理效率的关键步骤。优化实施路径的核心在于制定明确的风险管理目标，这些目标必须与审计结果相一致。通过对审计结果的深入分析，企业可以识别潜在的风险领域，并据此设定具体的风险管理目标。这些目标不仅为风险控制措施提供了清晰的指导方向，还确保了风险管理策略的针对性和有效性。通过目标的明确化，企业能够在风险管理过程中实现资源的合理配置，最大限度地降低风险发生的可能性。

2. 建立跨部门的沟通机制

沟通机制的建立旨在促进财务管理与内部审计之间的信息共享与协作。通过跨部门的协作，企业能够打破信息孤岛，实现信息的无缝流动。这种信息共享不仅提高了风险管理的效率，还增强了企业对风险的整体把控能力。尤其是在信息化和全球化的背景下，跨部门的沟通机制能够快速响应市场变化，确保企业在复杂多变的环境中保持竞争优势。

3. 利用智能化工具

利用智能化工具进行风险监测和分析是现代风险管理的重要手段。智能化工具可以实时跟踪风险指标的变化，帮助企业及时识别和响应潜在风险。这些工具通过大数据分析和机器学习算法，能够从海量数据中挖掘有价值的信息，为企业提供科学的决策支持。通过智能化工具的应用，企业不仅能够提高风险管理的准确性和及时性，还能够在数据驱动的基础上不断优化风险管理策略，确保其在动态环境中的适应性。

4. 定期评估和更新风险管理策略

定期评估和更新风险管理策略是优化实施路径的最后一个环节。企业需要基于审计反馈和市场变化，对现有的风险管理策略进行持续的评估和调整。这一过程不仅是对既有策略的验证，也是对未来风险的预判。通过定期评估，企业能够确保风险管理策略的适应性与有效性，及时调整策略以应对外部环境的变化，从而在激烈的市场竞争中立于不败之地。这样的动态调整机制，能够帮助企业在风险管理中保持灵活性和前瞻性。

四、智能技术支持下的审计与风险沟通机制

（一）沟通渠道设计

在现代企业管理中，审计与风险管理的有效整合是确保组织稳健运营的关键。沟通渠道设计是实现这一整合的重要环节。设计多渠道沟通平台是其中的核心任务，通过这些平台，审计团队与风险管理部门可以实现信息的高效流通，从而提高协作效率。这些平台不仅是信息传递的工具，更是促进不同部门之间深度合作的桥梁。通过多渠道的沟通，审计人员能够及时获取风险管理部门的最新动态，从而在决策过程中考虑更加全面的信息。

为了进一步确保信息的透明性和及时性，建立定期沟通机制是必不可少的。这种机制通常包括定期的会议和报告分享，这不仅有助于各部门了解彼此的工作进展，还能及时发现潜在问题并及时进行调整。在这些会议中，审计团队可以分享最新的审计发现，而风险管理部门则可以提供最新的风险评估结果。这种信息的双向流动，有助于形成一个更加透明和开放的工作环境，从而提高组织的整体风险应对能力。

现代数字化工具的应用为沟通渠道的设计提供了新的可能性。利用内部社交平台和协作软件，企业可以实现审计结果和风险评估信息的实时共享。这种实时性大大提高了响应速度，使企业能够更快地对风险变化作出反应。通过这些数字化工具，审计团队和风险管理部门可以随时随地进行信息交流，不再受限于传统的时间和空间限制，从而提高了工作的灵活性和效率。

（二）信息传递效率

在现代企业管理中，信息传递效率是内部审计与风险管理整合过程中至关重要的环节。高效的信息传递机制不仅有助于提升审计团队与风险管理部门的协作能力，还能确保关键数据和分析结果能够及时共享，从而加快决策响应速度。在智能技术的支持下，企业可以通过建立系统化的信息传递机制来实现这一目标。这些机制包括自动化的数据共享平台和实时沟通工具，能够显著提升信息的流动性和准确性，减少因信息滞后或错误而导致的决策风险。

数字化工具和平台在优化信息传递流程中扮演着关键角色。通过引入先进的数据管理系统，企业可以有效减少信息传递中的延迟和误差。这些系统能够自动收集、分析和分发信息，使审计团队和风险管理部门能够在同一时间获取最新的数据信息。数字化平台还提供了多种沟通渠道，如即时通信软件和协作平台，确保信息在不同部门之间的流通更加顺畅。这种优化不仅提高了沟通的准确性，还大大降低了信息传递的成本。

为了确保各部门对当前风险状况和审计结果有清晰的理解，实施定期的审计与风险评估进展报告是至关重要的。这些报告可以帮助各部门保持对风险管理和审计工作的最新了解，促进信息的透明化。通过这些报告，企业能够识别潜在的风险并及时采取措施进行应对。定期的报告机制还能够为企业的战略决策提供有力支持，确保管理层基于全面、准确的信息而做出重大决策。

跨部门培训与交流活动是提升团队对信息传递工具和流程的熟悉度的重要手段。通过定期组织这些活动，企业可以增强员工对新技术和流程的理解，提高他们在实际工作中应用这些工具的能力。这不仅有助于提高信息传递的效率，还能提高团队的协作能力和沟通效率。这种持续的培训和交流能够为企业培养出一支具备高效沟通能力和专业技能的团队，为内部审计与风险管理的整合提供强有力的支持。

第六章　人工智能在财务报告与分析中的创新应用

第一节　智能化财务报告的编制

一、基于大数据的财务数据采集与整合

（一）数据源的选择与管理

在智能化财务报告的编制中，数据源的选择与管理是至关重要的环节。

首先，选择合适的数据源需要考虑其可靠性与权威性，确保财务报告数据的准确性。这不仅涉及对数据来源的严格筛选，还需对其提供的数据进行验证，以避免因数据不准确而导致的财务决策失误。此外，评估数据源的实时性同样不可忽视。财务状况瞬息万变，实时数据能够提供最新的财务表现，从而支持及时的决策制定。为此，企业需要建立有效的机制，确保所采集的数据能够迅速反映当前的财务状况。

其次，考虑数据源的多样性也是提升财务分析全面性的关键。不同类型的数据可以提供不同的视角和洞察力，帮助企业更全面地理解其财务状况。通过整合内部财务数据、市场数据、客户反馈等多种数据源，企业能

够构建更为全面的财务分析框架。建立数据源的访问权限管理是确保数据安全与合规性的基础。财务数据通常涉及敏感信息，必须通过严格的权限管理来防止未经授权进行访问，以确保信息安全。

最后，制定数据源的更新与维护机制，以应对快速变化的市场环境，是保持财务报告准确性和相关性的必要措施。市场环境的变化往往会影响财务数据的有效性，因此，企业需要定期更新和维护其数据源，以确保其财务报告能够反映最新的市场动态。这不仅要求技术上的支持，还需要管理层的战略规划，以保证数据管理的持续改进和优化。通过这些措施，企业可以在激烈的市场竞争中保持财务报告的高效性和可靠性。

（二）数据清洗与预处理

数据清洗与预处理是智能化财务报告编制的核心步骤之一。数据清洗的目的在于提高数据的质量，确保数据的准确性和一致性，以便于后续的分析与报告编制。在现代企业财务管理中，数据的准确性直接影响到决策的有效性，因此，数据清洗被视为财务数据处理的重要环节。通过数据清洗，可以消除数据中的噪声和冗余信息，从而提高数据集的整体质量，为后续的分析奠定可靠的基础。

1. 采用自动化工具

采用自动化工具进行数据清洗是提高效率和降低错误风险的重要手段。人工智能技术的发展为数据清洗提供了强大的工具支持，通过自动化工具，可以显著减少人工干预的必要性。这不仅提高了数据处理的速度，还降低了人为错误的风险，确保数据的高效处理和高质量输出。自动化工具能够快速识别和处理数据中的重复、缺失和错误信息，极大地提高了财务数据处理的效率。

2. 设置标准化数据格式

标准化数据格式是实现数据清洗的重要步骤。通过统一不同来源数据的表示方式，标准化数据格式有助于后续的数据整合与分析。在财务管理中，数据来源多样且格式不统一，为了实现不同数据源的有效整合，必须对数据进行标准化处理。标准化的数据格式不仅便于数据的存储和传输，还为多源数据的整合提供了便利条件，确保后续分析的准确性和一致性。

3. 异常值检测与处理

异常值检测与处理是数据清洗过程中不可或缺的部分。实施异常值检测，可以识别并修正数据中的错误和异常值，以确保数据的可靠性。异常值可能源于数据录入错误、传输错误或其他意外情况，其存在会对数据分析结果产生误导。因此，异常值处理是确保数据质量的重要步骤，合理的异常值检测与处理方法，可以有效地提高数据的可靠性和分析结果的可信度。

4. 建立数据清洗的流程与规范

建立数据清洗的流程与规范对于确保清洗过程的透明性与可追溯性具有重要意义。数据清洗流程的标准化和规范化，不仅提高了数据清洗过程的效率，还为数据使用提供了明确的依据。建立清晰的数据清洗规范，可以确保每次数据处理过程的一致性，便于追踪和审核数据处理的每一个环节。这种透明性和可追溯性为财务数据的使用和管理提供了坚实的保障，有助于构建更加可靠的智能化财务报告系统。

（三）数据整合技术

数据整合技术在现代财务管理中扮演着至关重要的角色，其核心作用在于将分散的财务数据高效地汇集并统一处理，以支持全面而准确的财务报告。数据整合技术的定义涵盖了从不同来源获取数据并将其转化为一致格式的过程，这不仅提高了数据的流畅性，还确保了一致性。在财务报告中，数据整合技术通过减少数据冗余和提高数据质量，提升了财务分析的准确性和可靠性。随着企业数据量的不断增长，数据整合技术的应用变得愈加重要，成为实现智能化财务报告的基础。

1. ETL 技术

采用 ETL 技术是实现数据高效整合的关键手段。这一技术流程包括从多种来源提取数据，将其转换为统一格式，并加载到目标数据存储中。通过 ETL 技术，企业可以确保财务数据在整合过程中保持流畅性与一致性，从而支持及时准确的财务报告生成。ETL 技术的应用不仅提高了数据处理的效率，还减少了手动干预的需求，降低了数据处理过程中的错误率。随着数据量的增加和数据源的多样化，ETL 技术在财务数据整合中的价值愈发显著。

2. API 技术

利用 API 技术进行实时数据整合是提升数据更新及时性与准确性的有效方法。API 技术通过提供标准化的接口，使不同系统之间可以实时交换数据，从而实现数据的动态更新。在财务报告中，API 技术的应用使财务数据能够及时反映最新的业务活动，支持企业进行实时的财务分析和决策。通过 API 技术，企业可以减少数据更新的延迟，确保财务报告的时效性，提高财务管理的响应速度。

3. 数据仓库技术

应用数据仓库技术集中存储整合后的财务数据，为多维度分析与决策提供了有力支持。数据仓库技术通过将整合后的数据集中存储，提供了一个统一的数据平台，支持多角度的数据分析。在现代企业财务管理中，数据仓库技术不仅提高了数据的可访问性，还支持复杂的财务分析和预测模型的构建。通过数据仓库，企业可以更好地挖掘数据价值，支持战略决策，提高财务管理的科学性和前瞻性。

4. 云计算平台

引入云计算平台进行数据整合，不仅提升了数据处理能力与存储灵活性，还显著降低了基础设施成本。云计算平台通过提供弹性的计算资源，使企业可以根据实际需求动态调整数据处理能力，支持大规模数据整合。在现代企业财务管理中，云计算平台的应用不仅提高了数据处理的效率，还降低了企业对物理硬件的依赖，减少了 IT 基础设施的投入。通过云计算平台，企业可以实现更高效、更灵活的财务数据整合，支持智能化财务报告的生成。

二、智能模板在财务报告生成中的应用

（一）模板设计原则

1. 灵活性原则

在现代企业财务管理中，智能模板的设计原则是确保其能够适应各种财务报告的需求，提供灵活且可定制的解决方案。模板的灵活性至关重要，它不仅要能够处理不同类型的财务数据，还需满足公司特定的报告要求。这种灵活性使财务报告能够根据企业的具体情况进行调整，确保其内容的多样性与可定制性。通过灵活的模板设计，企业可以在不牺牲报告质量的前提下，快速响应市场变化和内部管理需求。

2. 用户体验原则

为了使财务管理人员能够高效地使用这些模板，设计必须注重操作的简便性和直观性。降低学习成本是提高用户接受度的重要因素。智能模板应通过简化操作流程和提供清晰的导航，帮助财务管理人员快速掌握使用方法。这种以用户为中心的设计理念，不仅提高了工作效率，也增强了财务管理人员对智能工具的信心和依赖。

3. 合规性原则

合规性是财务报告中不可或缺的要求，智能模板的设计必须确保其符合相关法律法规的标准。财务报告的合规性不仅关系企业的合法运营，也直接影响企业的信誉和市场形象。因此，智能模板在设计时需内嵌合规性

检查功能，自动验证数据和报告格式是否符合监管要求。这种设计不仅提高了报告的准确性，还降低了因人为错误导致的合规风险。

4. 可读性原则

数据可视化是提升财务报告可读性的重要手段。智能模板应融入数据可视化元素，通过图表和图形的直观展示，提高信息传达的效率。图形化的展示方式可以帮助决策者更快速地理解复杂的财务数据，识别潜在的问题和机会。通过将数据可视化集成到智能模板中，财务报告不仅变得更加生动，还能有效支持企业的战略决策。

5. 自动化原则

智能模板设计必须支持自动化功能，以提高报告生成的效率和准确性。通过自动填充数据，智能模板能够显著减少人工干预，降低人为错误的可能性。这种自动化功能不仅加快了报告的生成速度，还确保了数据的一致性和准确性。智能模板的自动化设计，为财务管理人员释放了更多时间，使其能够专注于更具战略意义的分析和决策活动。

（二）模板自动化生成

在现代企业财务管理中，模板自动化生成已成为提高效率和准确性的关键手段。通过自动化生成模板，企业可以大幅减少手动操作，降低人为错误的风险。这一过程的技术实现主要依赖宏和脚本的使用，以简化数据填充过程。宏和脚本能够自动执行预设的指令，使得大量数据能够快速而准确地填入模板中，极大地提高了工作效率。此外，自动化生成模板还可以通过标准化的流程确保数据处理的一致性，进而提高财务报告的整体质量。

机器学习算法的引入为模板生成的优化提供了新的可能性。通过机器学习，系统能够在大量历史数据中识别模式，并据此优化模板的生成。这样不仅提高了报告格式的一致性，还能自动适应不同的财务情境，确保财务报告的高质量输出。机器学习算法的应用，使模板生成过程更加智能化，能够根据不同的财务数据和业务需求进行动态调整，从而提高财务报告的准确性和实用性。

集成自然语言处理技术使模板不仅能自动生成格式化的数据，还能生成相应的文本描述。这一功能显著提升了报告的可读性和信息传递的有效性。自然语言处理技术能够分析财务数据，并将其转化为易于理解的自然语言文本，使财务报告不仅对专业人士友好，也便于非专业读者理解。这种文本自动生成能力，能够帮助企业在短时间内生成高质量的财务报告，满足内部管理和外部披露的需求。

支持多种数据源的自动导入是模板自动化生成的重要功能。通过这一功能，系统能够实时获取和整合来自不同来源的数据，确保模板生成时的数据是最新的。这种实时性和准确性，能够帮助企业在快速变化的市场环境中保持竞争优势。自动导入功能不仅提高了数据处理的效率，还能减少数据丢失和错误的可能性，确保财务报告的完整性和准确性。

三、自然语言生成技术与财务报告撰写

（一）语言模型的选择

在财务报告撰写中，选择合适的语言模型至关重要。这不仅要求模型具备强大的文本生成能力和高准确性，还需确保其能够有效地处理财务领域的复杂术语和专业内容。语言模型的选择决定了生成财务报告的质量和效率，因此，评估模型的语义理解能力成为关键。只有在语义理解上表现优异的模型，才能准确地把握财务术语，确保生成的财务报告内容专业且精准。语言模型的可扩展性也是一个重要考量因素。财务报告的需求因企业规模和复杂度而异，模型必须能够灵活适应这些变化，提供相应的支持和扩展能力，以满足不同企业的财务报告需求。

在选择语言模型时，分析其训练数据来源同样重要。一个优秀的语言模型应涵盖广泛的财务相关信息和行业知识，以确保生成的财务报告内容具备足够的深度和广度。训练数据的多样性和丰富性直接影响模型的生成能力和内容的权威性。因此，选择训练数据来源广泛且涵盖多种财务情境的模型，能够提高财务报告撰写的质量和可信度。此外，支持多语言生成的语言模型在全球化背景下尤为重要。跨国公司和多语言环境下的财务报告需求日益增加，选择能够支持多语言生成的模型，有助于企业在国际市场上保持竞争力和合规性。通过合理选择语言模型，企业可以显著提高财务报告撰写的效率和质量，为决策提供有力支持。

（二）语义分析与生成技术

语义分析与生成技术在现代企业财务管理中扮演着至关重要的角色。通过语义分析技术，财务报告编制过程中的关键财务信息能够被高效地提取和分类，从而大幅提高信息处理的效率。这种技术通过对财务数据的深度解析，能够识别数据之间的关系和模式，使财务信息的整理和分类更加精准。语义分析不仅提高了财务数据处理的速度，还大大减少了人为错误的可能性，确保财务报告的准确性和可靠性。

自然语言生成技术的应用使财务报告的摘要部分能够自动撰写，使报告更加简洁明了。传统的财务报告撰写往往需要耗费大量时间，而自然语言生成技术则通过对数据的分析，自动生成符合财务规范的文本。这不仅提高了撰写效率，还确保了报告的标准化和一致性。通过这种技术，财务管理人员能够将更多的时间和精力投入数据分析和决策中，而不是烦琐的文本编写上。

语义理解能力的增强，使生成的财务报告能够更好地反映公司业绩与财务状况，为管理层提供更好的决策支持。通过对财务数据的深度语义理解，生成的报告能够准确描绘公司的财务健康状况和经营成果。这种增强的理解能力不仅提高了财务报告的质量，还为公司战略决策提供了可靠的依据，帮助管理层作出更明智的财务决策。

机器学习算法的引入进一步优化了语义分析过程，提高了财务术语的准确识别率，减少了误解风险。在财务报告中，术语的准确性至关重要。通过机器学习，系统能够不断学习和改进术语识别的准确性，确保财务报告的专业性和严谨性。这种算法的应用有效降低了财务报告中的语义误解风险，提升了财务报告的可信度和准确度。

（三）文本生成的准确性

在现代企业财务管理中，人工智能的应用已成为推动财务报告革新的重要力量。自然语言生成技术的引入，使财务报告的撰写过程更加智能化和高效化。然而，文本生成的准确性始终是应用中的核心挑战之一。确保生成的财务报告在数据描述和术语使用上的准确性，需要建立基于机器学习的文本验证机制。通过这种机制，系统能够自动识别潜在的错误，并在生成过程中进行实时校正，从而提高财务报告的准确性和一致性。

为了进一步提高文本生成结果的可靠性，实施多层次的审核流程是至关重要的。在这一过程中，财务专家与技术人员的共同审查发挥了关键作用。专家可以从专业角度审视文本的准确性和合理性，而技术人员则确保生成算法的有效性和稳定性。这种多层次的审核机制不仅增强了文本的可信度，也为人工智能技术在财务领域的应用奠定了坚实的基础。

利用反馈循环机制是优化语言模型表现的重要手段。通过持续收集用户对生成文本的评价，系统能够不断调整和改进自身的生成策略，以提高文本生成的准确性。用户的反馈不仅可以揭示模型在实际应用中的不足，还能为模型的进一步训练提供宝贵的数据支持。这种动态调整机制使人工智能系统能够更好地适应财务报告撰写的复杂需求。

开发定制化的财务术语库是增强文本生成系统在特定行业或公司背景下准确性和相关性的有效策略。不同的行业和公司有其独特的财务术语和表达习惯，定制化的术语库能够帮助生成系统更好地理解和使用这些专业术语，从而提高文本的专业性和针对性。这种定制化的解决方案，使人工智能在财务报告撰写中的应用更具灵活性和实用性。

四、财务报告格式的智能化优化

（一）格式标准化

在现代企业管理中，财务报告的格式标准化是提高报告质量的重要措施。格式标准化要求财务报告严格遵循国际财务报告标准（IFRS）或其他相关法律法规。这样不仅确保了报告的合规性和可接受性，还在国际交流中为企业提供了统一的语言。通过标准化，财务报告能够在全球范围内被广泛理解和使用，减少因格式差异造成的误解和错误解读。同时，标准化有助于企业在不同的法律环境中保持一致性和透明度，为投资者和监管机构提供可靠的信息基础。

统一的财务报告模板在提升报告的可读性方面发挥着至关重要的作用。通过采用一致的结构、内容和格式，各类财务报告能够实现高度的可比性和一致性。这种统一性不仅便于内部管理层进行跨部门或跨年度的财务对比分析，也为外部审计和监管提供了便利。标准化的模板使财务信息的传递更加高效，减少了因格式不一导致的信息遗漏或误解。随着企业规模的扩张和业务的多元化，统一的模板成为确保财务信息完整性和一致性的关键工具。

数据可视化元素的引入在财务报告中起到了增强直观性的重要作用。通过使用图表和图形，复杂的财务数据得以以更直观的方式呈现。这种可视化的表达方式帮助管理者和投资者更快速地理解财务报告中的关键信息，支持他们作出更明智的决策。图表能够有效地揭示数据之间的关系和趋势，使财务分析更加深入和全面。数据可视化还提升了报告的吸引力，使信息的传递更加生动和具有说服力。

在财务报告中使用标准化的财务术语和定义至关重要。这种标准化的语言不仅避免了歧义，还确保了信息传达的准确性和专业性。在全球化的商业环境中，标准化的术语有助于跨文化和跨地域的财务交流，使不同背景的利益相关者能够在同一平台上进行有效的沟通。标准化的财务语言为企业在国际市场上树立了专业的形象，增强了其在全球范围内的竞争力和影响力。

（二）格式自动调整

财务报告的格式自动调整功能是智能化财务报告编制中的一项重要创新。通过利用先进的人工智能技术，报告格式能够根据不同数据类型智能选择合适的展示格式，从而大幅提高信息传达的效率。这种自动化的调整不仅减少了人工干预的需求，还确保了信息的准确传达。不同类型的数据在报告中需要以不同的方式呈现，以便于用户快速理解和分析。通过智能化的格式调整，财务报告能够自动选择最佳的展示方式，使数据的价值最大化。

格式自动调整功能通过实时分析用户反馈，自动优化报告格式，以提升用户体验和可读性。用户在阅读财务报告时，常常会遇到信息密集、格式复杂的问题，这可能影响他们的决策效率。通过收集和分析用户的反馈信息，系统能够不断改进和优化报告的展示方式，使其更加符合用户的阅读习惯和需求。这种动态的调整机制不仅提高了报告的可读性，也增强了用户对财务信息的理解和使用能力。

机器学习算法在格式自动调整中扮演着关键角色。通过识别财务数据的变化趋势，机器学习算法能够自动调整报告中的图表和数据展示形式，以确保信息的及时性和准确性。财务数据往往具有动态变化的特性，传统的静态报告形式难以适应这种变化。利用机器学习技术，系统可以实时更新和调整报告中的内容，使其始终反映最新的财务状况和趋势。这种自动化的调整不仅提高了报告的时效性，也为管理者提供了更为精准的决策支持。

自动生成符合标准的财务报告格式是确保合规性的重要手段。通过支持不同的审计和合规要求，系统能够自动生成符合标准的财务报告格式。在满足监管要求的同时，也减少了企业在合规性审核方面的工作量。合规性是财务报告中不可忽视的部分，自动化的合规性检查和格式生成功能为企业节省了大量的人力和时间成本，同时也降低了合规风险。

第二节　财务报告的自动化分析与解读

一、机器学习算法在财务数据分析中的应用

（一）机器学习在财务数据预处理中的作用

机器学习在财务数据预处理中扮演着至关重要的角色。通过自动化的数据清洗和预处理流程，机器学习算法显著提高了财务数据的质量，确保后续分析的准确性。传统的财务数据处理方式往往依赖人工操作，容易受到人为错误的影响，而机器学习技术通过自动化流程能够有效减少人为干预，提高数据处理的效率和准确性。此外，机器学习技术在异常值检测方面表现出色，能够及时识别和修正财务数据中的错误，提高数据的可靠性。这种自动化的异常值检测不仅提高了数据的质量，还为后续的财务分析奠定了坚实的基础。

机器学习的一个重要贡献在于其能够根据历史数据自动学习数据特征，从而优化数据预处理策略。这一过程不仅提高了处理效率，还为财务分析提供了更为精准的数据支持。通过不断学习和更新预处理策略，机器学习能够适应财务数据的动态变化，确保数据处理的持续有效性。特征选择技术是机器学习在财务数据预处理中应用的又一亮点。通过特征选择，机器学习能够有效筛选出对财务分析最有价值的数据，提高分析结果的相

关性和有效性。这一过程不仅简化了数据分析的复杂性，还提升了分析的精确度和洞察力，为财务决策提供了更具价值的支持。

（二）机器学习在财务数据特征提取中的应用

机器学习在财务数据特征提取中的应用已成为现代财务分析的重要组成部分。机器学习算法能够自动识别财务数据中的关键特征，这一能力帮助分析师更快地理解数据结构和潜在模式。在传统的财务分析中，分析师往往需要花费大量时间和精力去手动识别和提取数据特征，而机器学习算法的应用则大大提高了这一过程的效率和准确性。通过自动化的特征提取，机器学习不仅能够减少人为错误，还能发现隐藏在数据中的复杂模式，从而为财务决策提供更为可靠的依据。

1. 聚类分析

通过聚类分析，机器学习可以将财务数据分组，揭示不同客户或产品的行为特征，为市场细分提供依据。这种方法不仅能够帮助企业更好地理解其客户群体和产品线的多样性，还能识别出不同群体的消费模式和偏好，从而为企业的市场策略和产品开发提供有力支持。此外，聚类分析还能帮助企业识别出异常数据点，这对于风险管理和欺诈检测具有重要意义。

2. 时间序列分析

机器学习技术能够利用时间序列分析，提取财务数据的趋势和季节性特征，支持预测模型的构建。通过对历史数据的分析，机器学习算法能够识别出数据中的周期性波动和长期趋势，从而帮助企业进行更加准确的财务预测。对于企业的预算编制、现金流管理以及长期战略规划都具有重要的指导意义。时间序列分析不仅提高了预测的准确性，还能帮助企业及时调整其财务策略以应对市场变化。

3. 结合特征工程技术

特征工程技术结合机器学习，为财务数据分析带来了新的可能性。通过特征工程，分析师可以生成新的财务指标，增强数据分析的深度和广度，提高决策支持能力。特征工程不仅可以帮助识别出数据中的重要模式，还能创造出新的分析维度，帮助企业在激烈的市场竞争中取得优势。结合机器学习，特征工程可以自动化地处理大量的财务数据，生成更为丰富和有意义的分析结果，从而为企业的财务管理提供更为全面的支持。

二、数据挖掘与财务报告关键信息提取

（一）数据挖掘技术在财务报告中的应用

数据挖掘技术在现代财务报告中的应用日益广泛，成为企业提高财务管理效率的重要工具。通过模式识别和分类算法，数据挖掘技术能够自动识别财务报告中的异常交易。这一功能帮助企业及时发现潜在的财务风险，避免因信息滞后而造成的决策失误。异常交易的识别不仅提高了财务报告的准确性，还增强了企业的风险管理能力。这种技术的应用为财务管理带来了前所未有的精准性和效率，有助于企业在复杂多变的市场环境中保持竞争优势。

数据挖掘技术的强大之处还在于其能够从大量的历史数据中提取影响财务表现的关键因素。财务分析师借助这些技术手段，可以深入挖掘数据背后的价值，为决策提供坚实的数据支持。这种基于数据的决策方式，不仅提高了决策的科学性和合理性，还增强了企业在市场中的应变能力。通过对历史数据的分析，企业能够更好地预测未来财务趋势，制订更加切实可行的战略规划。

数据挖掘技术通过关联规则学习，揭示不同财务指标之间的关系，为企业优化资源配置和提高运营效率提供了新的途径。通过分析财务指标之间的关联，企业可以发现潜在的资源浪费或效率低下的环节，从而进行有针对性的调整和优化。这种能力使企业在资源有限的情况下，能够实现更

高效的运营和更合理的资源分配，进而提升整体的财务表现和市场竞争力。

数据挖掘技术中的情感分析等方法，为财务报告的解读提供了更为全面的视角。通过整合市场反馈与客户评价，企业可以在财务决策中考虑更多的外部因素。这种方法不仅丰富了财务报告的内涵，还帮助企业更好地理解市场动态和客户需求，从而在财务战略上作出更加明智的选择。情感分析的应用为企业提供了全新的视角，使财务报告不再仅仅是数字的堆砌，而是一个动态的、与市场互动的有机整体。

（二）数据挖掘在财务报告关键信息提取中的作用

数据挖掘技术在现代财务报告中扮演着至关重要的角色。通过对大量历史财务数据的分析，数据挖掘能够识别出影响企业财务表现的关键因素。这一过程不仅加深了企业对自身财务状况的理解，还为优化决策过程提供了有力支持。通过识别和分析这些关键因素，企业可以更精准地调整其财务战略，以适应不断变化的市场环境。这种能力在当今竞争激烈的商业环境中尤为重要，因为它能够帮助企业在决策中占据先机，提升其市场竞争力。

数据挖掘的一个重要功能是自动化异常交易的检测与标记。通过预先设定的算法，财务报告中的异常交易可以被迅速地识别并标记出来。这种自动化检测不仅提高了财务报告的准确性，还为企业提供了及时预警潜在财务风险的能力。有效的风险管理是企业持续健康发展的基石，而数据挖掘技术的应用则显著增强了企业这方面的能力。通过及时识别和处理潜在风险，企业可以避免可能的财务损失，从而确保其财务稳健性。

数据挖掘技术能够揭示不同财务指标之间的关联性，为企业提供更深入的分析视角。例如，通过分析资产负债率与盈利能力之间的关系，企业可以更好地理解其资本结构对盈利的影响。这种深入的分析视角有助于企业在资源配置上作出更为明智的决策，提高资源利用效率。通过优化资源配置，企业不仅能够提高运营效率，还能在资源紧张的情况下更好地实现战略目标。

三、可视化技术展现财务报告分析结果

（一）可视化技术在财务报告分析结果展示中的作用

可视化技术在财务报告分析中扮演着重要的角色，它能够将复杂的财务数据转化为直观的图表和图形，极大地提升信息的可理解性。通过这种方式，决策者可以快速地掌握关键财务指标，进而作出更为明智的决策。在传统的财务报告中，数据往往以文本和表格的形式呈现，这种方式虽然详细，但对于非财务专业人士而言，理解起来可能较为困难。可视化技术通过将数据转化为易于理解的视觉信息，帮助不同背景的用户迅速获得所需的财务洞察。

动态可视化是财务报告分析中的一大创新，它允许财务数据和分析结果实时更新。这种特性确保了用户能够获得最新的数据和趋势，从而增强了报告的时效性。在快速变化的商业环境中，时效性是决策质量的重要保障。通过动态可视化，企业可以持续监控财务状况和市场变化，确保其战略决策基于最新的信息。这种实时更新的能力，使财务报告不再是静态的历史记录，而成为动态的决策支持工具。

交互式可视化工具的出现，为用户提供了自定义视图和深入探索数据的能力。这种灵活的分析方式能够满足不同用户的需求，无论是高层管理者还是财务分析师，都可以根据自身的关注点调整数据视图。这种个性化的分析能力，提升了财务报告的实用性和用户体验。通过交互式可视化，用户可以在数据中发现隐藏的模式和趋势，从而作出更为精准的分析和预测。

可视化技术在突出异常数据和趋势方面也具有显著优势。通过颜色、

形状和大小等视觉元素，异常数据可以被迅速地识别出来，这对企业的风险管理和机会识别具有重要意义。及时发现财务异常情况，企业可以采取预防措施，降低潜在风险。同时，识别市场机会，企业可以快速调整战略，获得竞争优势。可视化技术的这种能力为企业的战略决策提供了强有力的支持。

（二）优化财务报告可视化的策略与技巧

在现代企业财务管理中，优化财务报告的可视化已成为提高决策效率和准确性的关键策略。

首先，通过采用一致的颜色方案，财务报告可以在视觉上呈现出高度的统一性和专业性。这种方法不仅有助于用户快速识别不同类型的数据，还能减少视觉疲劳，提升阅读体验。在国内外的财务实践中，颜色的使用往往反映企业的品牌形象和文化，因此在设计财务报告时，需要慎重选择色彩搭配，以确保信息传达的清晰与准确。

其次，图表和图形的适当比例对于财务报告的可视化至关重要。通过合理分配各类信息在报告中的视觉空间，可以有效避免信息过载和混淆，确保读者能够迅速抓住报告的核心内容。在历史演进中，财务报告的复杂性不断增加，如何在有限的空间内展示大量信息成为一大挑战。采用适当的图表比例不仅可以增强信息的可读性，还能帮助用户更好地理解数据之间的关系，增强分析的深度和广度。

再次，整合动态数据更新功能是提高财务报告时效性和准确性的有效手段。通过这一功能，财务报告中的关键指标可以实时反映最新的数据变化，使决策者能够及时获取最新的财务状况。在快速变化的市场环境中，信息的时效性直接影响决策的质量，因此，动态更新功能的引入不仅是技术的创新，更是财务管理实践中的必要演进。国内外的比较显示，动态更新功能已成为许多企业财务系统的标配。

最后，设计交互式元素为用户提供了根据个人需求选择和过滤信息的灵活性，从而提高了报告的个性化和用户体验。这种设计理念源于对用户行为的深入研究，旨在通过个性化的内容呈现，增强用户的参与感和满意度。在财务报告中引入交互式元素，可以使用户根据自身的关注点进行信息筛选，提高信息获取的效率和针对性。这种创新应用不仅提升了报告的实用价值，也为未来财务报告的设计提供了新的思路。

四、财务报告风险点的自动识别

（一）人工智能在财务报告风险点识别中的应用

人工智能在财务报告风险点识别中的应用日益成为企业财务管理中的重要组成部分。随着企业财务数据的复杂性和规模的不断扩大，传统的人工分析方法已难以满足高效、准确的风险识别需求。人工智能技术，尤其是机器学习算法，通过自动化的方式识别财务报告中的异常模式，为企业提供了一种新颖且有效的风险管理工具。这些算法能够在海量数据中快速定位潜在的异常点，帮助企业及时发现可能的财务风险，从而提高整体风险管理的效率。

利用机器学习算法自动识别财务报告中的异常模式，不仅可以提高风险识别的速度，还能显著提升准确性。机器学习通过分析大量历史财务数据，建立起对正常财务行为的模型，从而在新数据中识别偏离这些模式的异常情况。这种方法使企业能够在财务数据中快速发现异常情况，从而提前采取应对措施，防止潜在风险的扩大。通过这种自动化的风险识别机制，企业能够在激烈的市场竞争中保持财务稳健性和竞争优势。

数据挖掘技术的应用，使得从历史财务数据中提取关键风险指标成为可能。通过对历史数据的深入分析，人工智能能够识别出与财务风险相关的关键指标，辅助财务分析师进行更加深入的风险评估与决策支持。数据挖掘不仅帮助企业识别当前的风险点，还能预测未来可能的风险趋势，为企业的长期战略规划提供重要参考。这种基于数据的风险评估方法，使企业能够在复杂多变的市场环境中作出更加明智的财务决策。

（二）财务报告风险点的自动识别方法

在财务管理领域，人工智能的应用已经逐渐深入财务报告的自动化分析与解读之中，特别是在财务报告风险点的自动识别方面，展现出显著的创新潜力。财务报告风险点的自动识别方法主要依赖先进的机器学习算法，这些算法能够对海量的财务数据进行异常检测。通过对历史数据的训练，模型能够识别出与以往数据显著不同的交易和模式，从而及时发现潜在的财务风险。这种方法不仅提高了风险识别的效率，还降低了人工分析的主观偏差，使财务风险管理更加精准和高效。

自然语言处理技术在财务报告风险点识别中的应用也不可忽视。通过分析财务报告文本，人工智能系统能够自动识别出其中的不一致、模糊或不符合标准的表述。这种文本分析能力确保了财务信息的准确性与透明度，帮助企业在信息披露中避免误导性陈述。同时，自动化的文本分析减少了人工审阅的工作量，提高了财务报告的处理速度和准确度，为企业的财务决策奠定了可靠的数据基础。

实时监控系统的构建是一个关键的创新应用。结合人工智能技术，这些系统能够持续追踪关键财务指标的变化，及时预警异常波动或潜在风险点。通过实时监控，企业可以迅速地响应财务健康状况的变化，采取必要的调整措施。这样不仅增强了企业的财务健康管理能力，还为管理层提供了更为动态的决策支持，确保企业在快速变化的市场环境中保持稳健的财务表现。

第三节　财务报告质量的提升策略

一、数据准确性与完整性的保障措施

（一）数据采集标准化

1. 制定统一的数据采集流程

制定统一的数据采集流程是实现数据标准化的首要步骤。通过明确的流程，各部门在进行数据收集时能够遵循相同的标准和步骤，这不仅提高了数据的一致性，还减少了由于人为因素导致的数据偏差。为了进一步提高数据管理的有效性，明确数据采集的责任分工显得尤为重要。指定专人负责数据的收集、审核与更新，能够有效地防止数据管理中的疏漏，从而增强整体数据管理的效能。

2. 采用标准化的数据格式与模板

采用标准化的数据格式与模板是实现数据无缝整合的基础。不同来源的数据在格式和结构上可能存在差异，而标准化的格式能够减少数据转换的复杂性，确保数据在整合过程中的完整性和准确性。此外，随着市场环境和技术的不断变化，定期对数据采集标准进行审查与更新是必要的。这一措施不仅能够确保数据采集的时效性和相关性，还能使企业在快速变化的市场中保持竞争力。

3. 实施数据质量监控机制

实施数据质量监控机制是保障数据准确性与完整性的最后一道防线。通过定期检查与评估，企业可以及时发现并纠正数据采集中的问题。这种持续的监控不仅有助于维护数据的高质量，还为企业决策奠定了可靠的基础。在人工智能技术的辅助下，实施数据质量监控机制能够更加高效地识别和解决潜在的数据问题，为财务报告的准确性和完整性提供坚实的保障。

（二）数据验证与校正

在现代企业财务管理中，数据验证与校正是确保报告质量的关键环节。实施数据验证机制是提升数据准确性的基础，通过多重审核流程，可以有效地减少错误的传播风险。这一过程涉及对数据的系统性检查，确保每一条数据在录入和传输过程中保持其完整性和准确性。通过引入自动化工具，数据校正变得更加高效，这些工具能够迅速地识别数据中的不一致性并进行修复，从而大幅提高数据质量。自动化工具的使用不仅减少了人工操作的误差，也加快了数据处理的速度，使财务报告能够更及时地反映企业的真实情况。

同时，建立严格的数据校验规则是保证数据录入准确性的重要措施。通过这些规则，系统可以自动检测录入过程中出现的异常值，确保数据符合预设标准。这种自动化的校验机制减少了人为因素导致的错误，并为数据质量提供了多一重保障。定期进行数据质量评估也是不可或缺的一部分，通过分析数据的完整性和一致性，企业能够识别潜在的质量问题，并在问题扩散之前进行整改。这种持续的监控和改进过程，确保了财务数据的高质量输出，为决策提供了可靠的依据。

为了进一步增强数据的可信度，企业可以引入外部数据源进行交叉验证。这一策略不仅验证了内部数据的可靠性和准确性，还为数据提供了多维度的参考，提升了数据的综合可信度。外部数据源的引入需要谨慎选择，确保其本身的准确性和权威性，从而为内部数据提供有力的支持。这种内外结合的验证方式，使企业在数据管理上更加全面和精准，为财务报告的透明度和公信力奠定了坚实的基础。通过这些措施，企业能够在激烈的市场竞争中占据优势地位，充分利用高质量数据进行战略决策。

（三）数据存储安全性

在现代企业财务管理中，数据存储安全性是确保财务信息准确性与完整性的关键因素。数据存储安全性不仅涉及技术层面的保护措施，还包括管理和操作流程的优化。

1. 实施数据加密技术

实施数据加密技术是保障财务数据安全的重要手段，通过对数据进行加密处理，可以在数据处于静态和动态状态时提供有效保护，防止未经授权访问，有效抵御潜在的安全威胁。数据加密技术的应用确保即便数据在传输过程中被截获，也无法被轻易解读，从而大幅提高了财务数据的安全性。

2. 建立严格的访问控制机制

建立严格的访问控制机制是保障数据存储安全性的重要策略。通过限制对财务数据的访问权限，只有经过授权的必要人员才能进行数据操作，这不仅降低了数据泄露的风险，还确保了数据操作的合规性和透明性。访问控制机制的有效实施，需要结合企业的管理架构和业务流程，确保权限的分配合理且符合业务需求，从而最大限度地保障财务数据的安全。

3. 定期进行数据备份

定期进行数据备份是保障财务信息连续性和完整性的基本措施。在发生数据丢失或损坏时，备份数据能够迅速恢复系统的正常运行，避免因数据丢失导致的财务报告错误或业务中断。数据备份的策略不仅需要考虑备份的频率和存储位置，还需要制订详细的恢复计划，以确保在紧急情况下能够快速、高效地恢复数据，保障企业财务管理的稳定性和可靠性。

4. 采用多重身份验证机制

采用多重身份验证机制是提升数据存储系统安全性的重要手段。只有通过多重身份验证的用户才能访问敏感财务数据，这样就能有效防止未经授权的访问和操作。多重身份验证机制通常结合密码、指纹、面部识别等多种验证方式，以增加系统的安全性和可靠性。在实施过程中，需要根据企业的具体需求和技术条件，选择适合的验证方式，以确保财务数据的安全。

二、数据质量管理与财务报告准确性

（一）数据清洗技术

数据清洗技术在现代财务管理中扮演着至关重要的角色，其基本概念涉及识别和修正数据中的错误与异常情况，以提高财务数据的整体质量。数据清洗的核心在于通过系统化的处理，确保输入数据的准确性和可靠性，从而为财务报告奠定坚实的基础。传统的数据清洗方法往往依赖人工操作，不仅耗时且容易产生误差。而随着人工智能技术的进步，数据清洗已经可以通过机器学习算法实现自动化，这种技术的应用显著提高了数据处理的效率和准确性。

在数据清洗过程中，采用机器学习算法能够自动识别数据中的错误与异常情况，进而进行修正。这一过程不仅提高了数据处理的效率，还减少了人为干预所带来的潜在错误。机器学习算法通过分析大量历史数据，能够学习并识别数据中的常见问题，从而在未来的数据处理中自动进行校正。这种自动化的清洗过程大大缩短了数据处理的时间，为财务管理人员释放了更多精力专注于数据分析和决策支持。

为了确保数据清洗过程的一致性与可追溯性，建立标准化的清洗流程是必不可少的。标准化流程的制定不仅可以确保不同数据集在清洗过程中的一致性，还能提供一个清晰的操作框架，使数据清洗过程变得透明和可追溯。这样的流程为后续的数据分析奠定了可靠的基础，确保财务报告的准确性和一致性。此外，标准化流程的应用还能帮助企业在数据管理方面形成统一的规范，提高数据管理整体水平。

利用数据可视化工具辅助数据清洗是提高数据质量的有效策略。通过可视化工具，数据中的问题可以以直观的方式呈现出来，使财务管理人员能够更快速地识别和解决数据质量问题。数据可视化不仅帮助识别问题，还能为数据清洗提供直观的反馈，帮助优化清洗策略。通过实时监控和分析，财务管理人员能够更好地理解数据的内在结构和潜在问题，从而采取更有针对性的措施进行数据清洗。

（二）数据一致性检查

在现代企业财务管理中，数据一致性检查是确保财务报告准确性的重要环节。数据一致性是指在不同数据源中，财务信息在格式、单位和定义上保持统一。为了实现这一目标，首先需要建立一套数据一致性检查标准。这些标准不仅要涵盖数据的格式统一，还要确保单位和定义的一致性，以避免因数据来源不同而导致的财务信息偏差。这一过程需要财务管理人员与数据科学家密切合作，结合行业标准和企业自身的需求，制定出适合的检查标准，从而为后续的财务报告提供可靠的数据基础。

为了提高数据一致性检查的效率，企业可以实施自动化工具对数据进行比对。自动化工具能够快速扫描大量数据，及时发现并标记不一致的数据项。这种技术手段的应用，不仅大幅度减少了人工检查的工作量，也提高了数据检查的准确性和及时性。自动化工具的应用还能够为后续的手动审核和修正提供明确的方向，使财务管理人员能够更高效地处理数据不一致问题，确保财务报告的准确性和完整性。

定期进行数据一致性审计是评估数据在不同系统之间流动和存储过程中的一致性的重要措施。通过审计，企业可以识别出数据在传输和存储时可能出现的偏差，从而采取相应的纠正措施。数据一致性审计不仅是对当前数据质量的评估，更是对未来数据管理策略的指导。通过分析审计结果，企业可以优化数据流动的路径，改进数据存储的方式，确保每一个环节的数据都能够保持高水平的一致性和可靠性。

数据可视化技术在数据一致性检查中发挥着重要作用。通过数据可视化工具，财务管理人员可以直观地理解数据中存在的不一致问题。这些工具能够将复杂的数据检查结果以图表或图形的形式展示，使财务管理人员能够迅速地识别问题，并采取相应的措施进行解决。数据可视化不仅提高了数据分析的效率，也增强了财务管理人员对数据质量的信心，使他们能够更好地进行财务决策。

三、智能纠错机制在财务报告中的应用

（一）自动错误识别

自动错误识别在现代财务管理中扮演着重要角色。自动错误识别技术通过机器学习算法分析历史数据，识别出与常规模式显著不同的财务交易，及时预警潜在的错误。这种方法不仅提高了错误检测的效率，还降低了人为操作失误的风险。通过对大量历史交易数据的分析，机器学习算法能够建立正常交易模式的基准，从而在实时处理中快速发现异常情况。在复杂的财务环境中，这种技术能够有效地减少由于数据量庞大而导致的人工审查压力。

自然语言处理技术的应用使自动扫描财务报告文本成为可能。该技术可以识别不一致、模糊或不符合标准的表述，确保信息的准确性。财务报告中经常会出现由于措辞不当或表达不清导致的信息误解，利用自然语言处理技术，系统可以自动标记并建议修改不当的表述，减少误解的可能性。这种技术的应用不仅提高了财务报告的质量，还增强了信息的透明度和可靠性。

利用数据挖掘技术，自动检测财务数据中的异常值，帮助企业及时发现潜在的财务风险，提升数据的可靠性。数据挖掘技术通过对财务数据的

深度分析，能够识别隐藏的模式和趋势，从而在数据异常情况发生时发出警告。通过这种方式，企业可以在问题扩大化之前采取措施，降低风险。这种预防性措施不仅有助于维护企业的财务健康，还能增强投资者和利益相关者的信心。

构建基于规则的自动化检测系统，设置特定的财务指标阈值，实时监控并标记超出范围的异常数据。这种系统通过预先设定的规则，对财务数据进行持续监控，一旦发现数据超出预设范围，系统会立即发出警告。规则的制定可以根据企业的具体需求和行业标准进行调整，以适应不同的财务环境。这种灵活的机制确保了财务报告的准确性，并为财务管理提供了强有力的支持。

（二）错误修正建议

在现代企业财务管理中，智能纠错机制的应用已成为提高财务报告质量的重要策略之一。错误修正建议的生成是这一机制的核心环节。通过利用机器学习算法，系统可以自动生成错误修正建议，帮助财务管理人员快速识别并解决潜在问题。这种自动化的建议生成不仅提高了工作效率，还能显著降低人为错误的发生率。机器学习算法通过对大量历史数据的学习，能够识别常见的错误模式，并在财务报告生成过程中进行实时预警。这种智能化的纠错机制为财务管理人员提供了强有力的技术支持，使他们能够更加专注于决策分析和战略规划。

建立基于规则的自动化检测系统也是提高财务报告质量的一项重要举措。这样的系统能够实时监控财务数据，并在发现异常情况时提供具体的修正方案。这不仅提升了财务报告的及时性和准确性，还给企业的财务管理工作带来了更高的透明度。自动化检测系统通过预先设定的规则，能够在数据录入和处理的各个环节进行有效监控，确保每一项数据都符合既定的财务标准和法规要求。这种实时的监控与修正能力，使企业在财务管理中能够更加从容地应对各种不确定性和潜在风险。

自然语言处理技术在财务报告中的应用，为错误修正建议的精准性提供了新的可能。通过分析财务报告文本，自然语言处理技术可以提出有针对性的修改建议，确保信息的一致性与准确性。这一技术的应用，使财务报告的编制过程更加智能化和人性化。自然语言处理技术能够理解和解析复杂的财务术语和语句结构，从而在财务报告中自动标记不一致或不准确的部分，并提出合理的修改建议。这种技术的应用，不仅提高了财务报告的质量，也为财务管理人员提供了更为便捷的工具，助力他们在信息化时代的财务管理中保持竞争优势。

结合数据挖掘技术，智能纠错机制可以自动识别财务数据中的异常值，并提供相应的修正策略。这一过程不仅使数据质量得到了显著提高，也为财务决策提供了更为可靠的依据。数据挖掘技术通过对海量数据的分析，能够发现隐藏在数据背后的关联和模式，从而在异常数据出现时，迅速作出反应并提出修正建议。这种技术的应用，使财务报告的准确性和完整性得到了有效保障，为企业的财务健康奠定了坚实的基础。

四、财务报告内部控制的智能化强化

（一）内部控制流程自动化

1. 应用智能算法

自动化的内部控制流程在现代财务管理中扮演着至关重要的角色。通过智能算法的应用，企业能够实时监控财务数据。这种实时监控不仅提高了数据处理的效率，还能够及时识别并预警潜在的违规操作或异常交易。这种预警机制的建立，使企业能够在问题发生之前采取措施，从而有效地降低财务风险。智能算法的应用，尤其在数据监控中的应用，为财务报告的准确性和及时性提供了保障。

2. 引入区块链技术

利用区块链技术，企业可以确保内部控制流程的透明性和不可篡改性。区块链的分布式账本特性，使每一笔交易都可以被追踪和验证，从而增强了各方对财务数据的信任。这种技术的应用，不仅提高了财务报告的透明度，还减少了因数据篡改而导致的财务舞弊风险。通过区块链技术，企业的财务数据更加公开和透明。

3. 使用智能合约

通过智能合约，企业可以实现内部控制规则的自动执行。这种自动执行机制，不仅降低了人为干预的风险，还提高了合规性的效率。智能合约能够确保所有的财务操作都在既定的规则内进行，从而减少了违规操作的可能性。智能合约技术的应用，使企业在合规管理方面变得更加高效和可靠。

4. 应用数据分析工具

数据分析工具的应用为企业的内部控制报告提供了新的视角。通过这些工具，企业能够自动生成内部控制报告。这些报告能够帮助管理层快速识别控制缺陷，并提出改进建议。数据分析工具的应用，使内部控制报告不再是简单的数据罗列，而是具有深度分析和洞察力的工具，从而为企业的决策提供了有力支持。

（二）风险监控系统

在现代企业财务管理中，风险监控系统的应用已成为提高财务报告质量的重要策略。风险监控系统的核心在于集成实时数据分析功能，使其能够即时跟踪财务数据的变化。这种实时性分析不仅提高了数据处理的效率，还能及时识别财务数据中的异常波动情况，确保企业能够在第一时间发现潜在问题。这种能力对于企业的财务健康至关重要，能够帮助企业在瞬息万变的市场环境中保持竞争力。

为了进一步提升风险监控系统的实用性，系统须具备自动化警报机制。这种机制能够在检测到潜在财务风险时，自动通知相关财务管理人员，使企业能够迅速采取应对措施。这种自动化警报机制不仅提高了风险管理的效率，还能够减少人为错误的可能性，确保财务报告的准确性和及时性。此外，自动化警报系统能够根据风险的严重程度进行分级处理，使管理层能够更有效地分配资源，集中精力解决最紧迫的问题。

风险监控系统的设计应支持多维度指标分析，这意味着系统不仅要结合财务数据，还要整合市场和运营数据，以全面评估企业的财务健康状况。通过多维度的分析，企业能够更准确地把握市场动态和运营效率，从而制定更具针对性的财务策略。这种全面的分析能力不仅提高了企业的决策水平，还能帮助企业在复杂的市场环境中寻找新的增长点。

此外，风险监控系统须具备灵活的自定义功能，使企业能够根据自身特定需求调整监控指标和警报阈值。这一功能的灵活性使企业可以根据行业特性和自身发展阶段，定制化地进行风险管理。这种灵活性不仅提高了系统的适用性，还使企业能够在不同的市场条件下保持财务管理的敏捷性和前瞻性。通过这种智能化的风险监控，企业能够更好地实现财务报告的透明化和精细化管理。

第七章　人工智能在财务管理中的创新实践

第一节　商贸行业中的智能化财务管理

一、商贸企业的智能财务预算编制

（一）预算编制自动化

预算编制自动化是商贸企业提高财务管理效率的重要手段。传统的预算编制过程通常需要耗费大量的人力和时间，而人工智能技术的引入使这一过程得以简化和加速。通过使用先进的算法和计算能力，企业可以在短时间内生成准确的预算方案。预算编制自动化不仅提高了效率，还减少了人为错误的可能性，确保了预算数据的准确性和可靠性。

智能化工具在预算编制中的数据收集与分析能力为企业提供了更为全面的财务视角。通过对企业内部数据和外部市场数据的综合分析，智能化工具能够识别影响预算的关键因素。这些工具能够快速处理大量数据，识别数据之间的相关性和趋势，为企业提供科学的决策依据。智能化的数据分析能力使企业能够更好地理解财务状况，从而制订出更具前瞻性的预算计划。

基于历史数据和市场趋势的智能预算预测模型是商贸企业进行预算编

制的重要工具。通过对历史财务数据的分析，结合当前市场趋势，智能预算预测模型能够为企业提供准确的财务预测。这些模型利用机器学习算法不断优化预测结果，使预算编制更加贴合实际情况。智能预算预测不仅帮助企业预见未来的财务需求，还为企业的战略规划提供了重要支持。

实时预算监控与调整机制的实现使商贸企业能够灵活应对市场变化。在传统的预算管理中，预算一旦制定便很难调整，而智能化的预算管理系统则允许企业根据实时数据进行预算调整。这种机制使企业能够在市场环境变化时迅速作出反应，确保财务资源的合理配置。实时预算监控不仅提高了企业的财务管理能力，还增强了企业的市场竞争力。

（二）预算调整智能化

预算调整智能化是商贸企业财务管理中的关键创新之一。传统的预算调整往往依赖人工分析和手工操作，不仅耗时费力，还容易出现人为错误。智能化的预算调整系统采用先进的数据分析技术，能够实时处理大量的财务数据。这种实时数据分析能力使企业可以迅速识别预算执行过程中出现的偏差与问题，从而及时作出调整，避免财务风险的扩大。

智能化预算调整的一个重要特征是其基于机器学习算法的建议功能。通过分析历史数据和当前财务状况，智能系统能够提供科学的调整方案与依据。这些建议不仅考虑了企业的财务目标，还综合评估市场环境及其他外部因素的影响，从而为决策者提供更为全面的视角。这种基于数据驱动的决策支持，大大提高了预算调整的科学性和合理性。

此外，智能化系统的预测能力是其不可或缺的优势。通过模拟不同的市场和运营场景，系统可以为预算调整提供多种可能的决策支持。这种模拟不仅有助于财务部门预见潜在的风险和机会，还能帮助企业在动态的市场环境中保持灵活性和竞争力。预测能力的增强，使预算调整不再是被动的反应，而是主动的规划和策略调整。

二、智能库存管理与财务优化

（一）库存数据实时监控

库存数据实时监控是现代商贸行业实现智能化财务管理的关键环节。库存数据实时监控系统的构建，不仅可以及时反映库存水平、周转率及缺货情况，还能大幅提高管理效率。这些系统通过传感器、RFID技术等手段，确保库存信息的实时更新，使管理者能够快速地响应市场变化。通过精准的数据分析，企业可以优化库存配置，减少不必要的库存积压，从而降低运营成本。实时监控系统还能帮助企业识别潜在的供应链瓶颈，为及时调整采购和生产计划提供支持。

利用人工智能分析库存数据，企业能够识别销售趋势和季节性波动，为财务决策提供坚实的数据支持。通过机器学习算法和数据挖掘技术，系统可以自动识别历史销售数据中的模式和异常情况，从而预测未来的库存需求。这种预测能力不仅有助于企业在高峰期做好库存准备，还可以避免因错误预测导致的库存过剩或短缺。通过对市场动态的敏锐把握，企业可以调整财务预算和投资策略，确保在竞争激烈的市场环境中保持优势。

智能化手段的应用使库存预警机制得以实现。通过设定库存警戒线和自动通知功能，系统可以在库存水平接近临界点时，自动通知相关人员处理潜在的库存问题。这种预警机制不仅降低了库存损失的风险，还提高了供应链的反应速度。企业可以根据预警信息，迅速采取措施，如调整采购计划、加快库存周转等，以确保库存的合理性和有效性。这种主动式的管理方式，使企业能够在动态市场环境中游刃有余。

整合供应链信息与库存数据是实现财务优化的重要策略。通过将供应链各环节的信息与库存管理系统无缝连接，企业能够实现资金流动的优化。供应链信息的整合使企业可以更准确地预测需求，优化生产和采购计划，减少不必要的库存积压和资金占用。通过提高资金使用效率，企业可以降低库存成本，释放更多的资金用于其他战略性投资。这种整合不仅提升了企业的财务健康状况，还增强了其市场竞争力。

（二）库存成本优化策略

在现代商贸行业中，库存管理的效率直接影响企业的财务表现。库存成本优化策略的实施，能够有效地减少不必要的资金占用，提高企业的资金使用效率。基于人工智能的库存预测模型，通过对历史销售数据和市场趋势的深入分析，帮助企业优化库存采购计划。这一模型能够准确预测未来的销售需求，减少过多的库存积压，从而降低仓储成本和资金占用。通过智能化的库存管理，企业不仅能够在市场变化中保持灵活性，还能显著提高财务管理水平。

智能算法在库存管理中的应用，为企业提供了科学的库存周转率分析工具。通过分析库存周转率，企业可以制定合理的库存持有成本控制策略，降低资金占用率。智能算法能够实时监控库存水平，并根据市场变化动态调整库存策略，确保库存的最优化配置。这种方法不仅提高了库存管理的效率，还使企业能够在激烈的市场竞争中保持优势。

实施智能化的供应链协同系统是优化库存管理的关键步骤。通过实时共享库存信息，企业可以更好地协调采购和生产计划。这种协同系统能够快速响应市场需求的变化，避免因信息不对称导致的库存积压或短缺。智能化的供应链协同不仅提高了企业的运营效率，还显著降低了库存管理成本，提高了企业的整体财务管理水平。

大数据分析在库存管理中的应用，为企业提供了识别高频次和低频次商品的能力。通过对商品销售频次的分析，企业可以制定差异化的库存管理策略，优化资源配置。高频次商品需要保持较高的库存水平以满足市场需求，而低频次商品则可以通过减少库存量来控制成本。这种基于大数据分析的差异化管理策略，不仅提高了库存管理的精确性，还有效控制了库存成本，提升了企业的财务绩效。

三、基于大数据的商贸客户信用评估

（一）客户信用评分模型

客户信用评分模型在商贸行业中扮演着至关重要的角色。基于大数据的客户信用评分模型，通过深入分析客户的交易历史、付款记录和信用报告，能够生成精准的信用评分。这一过程不仅帮助商贸企业有效评估客户的信用风险，还为其决策奠定了坚实的数据基础。随着大数据技术的不断发展，商贸企业可以更全面地获取客户的信用信息，从而在激烈的市场竞争中保持优势。

在客户信用评分的过程中，机器学习算法的应用显得尤为关键。通过这些算法，系统能够自动识别出影响客户信用的关键因素，如行业特征、经济环境以及客户的行为模式。这不仅提高了信用评估的科学性和精准性，还使企业能够更好地理解客户的信用状况。机器学习提供的这种洞察力，使商贸企业在面对复杂多变的市场环境时，能够作出更为明智的决策。

实时更新客户信用评分是信用评估系统的一大亮点。通过结合最新的市场数据和客户行为变化，商贸企业可以确保在风险管理中始终掌握客户信用的动态变化。这种实时性不仅帮助企业及时调整信贷政策，还能有效降低违约风险。在快速变化的商业环境中，能够实时掌握客户信用状况的企业，无疑会在市场竞争中占据有利位置。

建立客户信用评分的可视化报告系统，对于财务管理人员来说是一个重要的工具。通过可视化报告，财务管理人员能够直观地理解客户的信用状况，从而制定相应的信贷政策和风险控制措施。可视化工具的使用，使复杂的数据分析结果变得更加易于理解和应用，进而提高了企业的决策效率和管理水平。在现代商贸行业中，这种技术的应用无疑为财务管理带来了创新的实践与变革。

（二）信用风险预测

在商贸行业中，信用风险预测是财务管理的重要组成部分。利用大数据分析客户的交易行为和支付习惯，可以构建信用风险预测模型，这种模型能够提前识别潜在的信用风险客户。通过对大量历史交易数据的分析，企业可以识别客户的支付模式和行为特征，从而预测其未来的信用风险。大数据技术的应用使企业能够在海量数据中提取有价值的信息，识别出那些可能会在未来出现支付问题的客户，从而提前采取措施，减少信用损失。

实时监控市场动态和经济指标是动态调整信用风险预测的重要手段。结合客户的信用评分，企业可以根据市场变化及时更新信用风险预测模型，以增强风险防范能力。市场环境的变化，如经济衰退或行业竞争加剧，都会对客户的支付能力产生影响。通过实时获取和分析这些信息，企业可以对信用风险进行更准确的预测，并根据需要调整信贷政策，确保财务稳定。

机器学习算法的应用为信用风险预测提供了更强的技术支持。通过对客户信用历史的深入挖掘，机器学习算法能够识别出影响信用风险的潜在因素。这些因素可能包括客户的交易频率、还款历史、行业特性等。机器学习的自我学习和优化能力使信用风险预测模型可以随着数据的更新而不断提高准确性，从而帮助企业更有效地管理信用风险。

建立信用风险预警机制是提高企业风险控制能力的重要措施。通过结合客户信用评分和市场变化，企业可以及时发出警报，提醒管理层采取相应的风险控制措施。这种预警机制不仅可以帮助企业在风险发生之前采取行动，还可以通过反馈机制不断优化信用风险预测模型。通过及时的风险预警，企业能够更好地管理其财务风险，保持财务的健康和稳定。

四、智能销售数据分析与财务决策

（一）销售数据挖掘

销售数据挖掘是现代商贸行业中智能化财务管理的重要组成部分。通过先进的数据挖掘技术，企业可以深入分析销售数据，识别隐藏在大量数据中的销售模式和趋势。这种分析不仅帮助企业更好地理解市场动态，还能制定更加精准的市场营销策略，以提高企业的竞争力。在这个过程中，智能算法扮演着关键角色，通过对客户购买行为的深度分析，企业可以发现潜在的交叉销售和追加销售机会。这种能力不仅能够显著提高销售额，还能增强客户满意度和忠诚度。

为了支持企业的财务决策，实施实时销售数据监控系统显得尤为重要。通过这种系统，企业能够及时获取销售业绩信息，从而为财务决策提供可靠的数据支持。实时监控不仅能够帮助企业优化资源配置，还能在市场环境快速变化时，提供及时的应对措施。此外，构建销售预测模型也是销售数据挖掘的重要应用之一。通过分析历史销售数据和市场动态，企业可以预测未来的销售趋势。这种预测能力不仅增强了企业的市场反应能力，还为企业的长期战略规划提供了有力支持。

在智能销售数据分析中，数据挖掘技术的应用使企业能够从海量数据中提取出有价值的信息。这种信息不仅有助于企业识别市场机会，还能帮助企业规避潜在风险。在全球化竞争日益激烈的背景下，掌握销售数据挖掘技术的企业将在市场竞争中占据更为有利的地位。因此，推动销售数据挖掘技术的创新和应用，是商贸行业实现智能化财务管理的重要路径。通过不断优化和完善数据挖掘技术，企业可以在激烈的市场竞争中脱颖而出，实现可持续发展。

（二）财务决策支持系统

财务决策支持系统在现代商贸行业中扮演着至关重要的角色。随着市场竞争的加剧和数据量的爆炸性增长，传统的财务管理方法已难以满足企业快速决策的需求。财务决策支持系统通过整合多维度数据，提供实时分析和报告，帮助管理层迅速作出基于数据的决策。该系统不仅提高了决策的准确性和效率，还使企业能够在复杂多变的市场环境中保持竞争优势。通过自动化的数据处理和分析，管理层可以更专注于战略性决策，而非被动的数据整理和分析。

在财务决策支持系统中，先进的预测模型是其核心组件之一。财务决策支持系统结合市场动态和历史数据，为企业制定财务预算和战略规划提供科学依据。这些模型能够通过机器学习算法不断自我优化，提高预测的准确性和可靠性。通过分析市场趋势和客户行为，企业可以更好地调整其财务策略，以适应市场变化。同时，这些模型还帮助企业识别潜在的增长机会和风险，确保财务资源的有效配置和使用。

智能算法的应用是财务决策支持系统的一大亮点。财务决策支持系统能够自动识别潜在的财务风险，并提供相应的预警和应对建议。这种智能化的风险管理功能，使企业能够提前识别和化解潜在的财务危机，减少损失。通过对财务数据的深度挖掘和分析，财务决策支持系统能够发现隐藏在数据背后的风险因素，并提供多种应对方案供管理层选择，从而提高企业的财务稳定性和抗风险能力。

财务决策支持系统支持可视化界面，使财务数据和指标更加直观，增强管理层对企业财务状况的理解和把控能力。通过图表、仪表盘和交互式报告，管理层可以轻松地获取财务信息，无须深入复杂的数据分析过程。这种直观的展示方式不仅提高了信息传递的效率，还促进了跨部门的沟通与协作。财务决策支持系统通过将复杂的数据转化为易于理解的视觉信息，帮助管理层作出更明智的决策。

第二节 制造行业中的智能化财务管理

一、智能制造的成本智能核算体系

（一）成本核算自动化

1. 运用传感器和物联网技术

在智能制造环境下，人工智能技术的应用使成本核算的自动化成为可能。通过传感器和物联网技术，企业能够实时采集生产数据，极大地减少了人工记录带来的误差，从而提升了成本核算的准确性。传统的成本核算往往依赖手工输入和纸质记录，这不仅耗时费力，而且容易出现数据遗漏或错误。而智能化系统通过直接从生产线获取数据，确保了信息的实时性和准确性，消除了人为因素带来的不确定性。

2. 引入机器学习算法

机器学习算法的引入，为生产过程中的成本要素分析提供了强有力的支持。通过对生产数据的深度分析，系统能够自动生成成本分析报告，帮助企业快速识别成本控制的关键点。这种自动化的分析不仅提高了效率，还为管理层提供了更为全面和深入的洞察，支持其在成本管理方面的决策。传统的人工分析往往需要大量的时间和人力，而智能化技术的应用大大缩短了这一过程，并提高了报告的精确性和实用性。

3. 构建集成化的成本核算系统

在智能制造环境下，构建集成化的成本核算系统是实现高效管理的关键。通过将生产、财务、物流等多个模块的数据进行整合，这种系统实现了跨部门的信息共享与协同，大幅提高了整体管理效率。在传统的企业管理中，各部门之间的信息孤岛现象严重，导致决策过程缓慢且不准确。而智能化系统通过数据的无缝连接和共享，打破了这种壁垒，使各个部门能够在统一的平台上协同工作，提高了企业的响应速度和决策质量。

4. 应用智能化工具

智能化工具在成本预测中的应用，为企业提供了科学的成本控制建议。基于历史数据和市场变化，这些工具能够进行精准的成本预测，帮助企业在预算编制中作出更为准确的决策。传统的预算编制往往依赖经验和简单的历史数据分析，难以应对快速变化的市场环境。而智能化工具通过对大量数据的分析和建模，提供了更为科学和前瞻性的建议，使企业能够更好地应对市场变化，优化资源配置，最终实现成本的有效控制。

（二）实时成本监控

在现代制造行业，实时成本监控已成为企业提升竞争力的重要工具。实时成本监控系统通过传感器和物联网技术，能够在生产过程中实时收集各项成本数据。这些数据涵盖了从原材料消耗到设备运转的各个方面，确保了数据的及时性和准确性。通过这种方式，企业能够在第一时间获取生产线上的成本信息，从而为管理层提供更为可靠的财务数据支持。这种实时性不仅提高了数据的透明度，还为企业优化资源配置提供了新的契机。

实时成本监控系统应用了先进的机器学习算法，对收集到的实时数据进行深入分析。机器学习算法能够自动识别成本异常情况，并在问题发生的初期发出警报，帮助管理层快速作出响应，降低潜在损失。通过对历史数据与实时数据的对比分析，系统可以预测可能出现的成本超支或资源浪费，进而为企业的财务管理提供前瞻性的指导。这种智能化的监控方式，不仅提高了企业应对市场变化的灵活性，还为企业的长期发展奠定了坚实的基础。

实时成本监控系统还支持多维度的成本监控视图，结合生产、物流和财务数据，提供全面的成本分析。通过这些多维度的视图，企业可以从不同的角度审视成本结构，识别影响成本的关键因素。这种全面的成本分析能力，增强了企业决策的科学性，使管理层能够在复杂的市场环境中作出更为准确的判断。通过对不同成本因素的交叉分析，企业可以发现潜在的节约机会，从而提高整体运营效率。

实时成本监控工具能够生成动态的成本分析报告，帮助企业及时调整生产策略和预算分配，以适应市场变化。这些动态报告不仅提供了当前的成本状况，还包含了对未来趋势的预测分析。通过这些动态报告，企业可以识别出市场需求的变化趋势，并据此调整生产计划和资源分配策略。这种灵活的预算管理能力，使企业能够在激烈的市场竞争中保持领先地位。动态报告还为企业的战略规划提供了有力的数据支持，确保企业在快速变化的市场环境中实现持续发展。

二、生产流程优化与财务效益提升

（一）生产流程优化技术

生产流程优化技术在现代制造业中扮演着至关重要的角色。基于人工智能的生产流程建模技术，通过对实时数据的深入分析，能够有效优化生产环节，从而显著提高整体生产效率。以往的生产流程往往依赖固定的参数和人工经验，难以适应快速变化的市场需求。而通过引入人工智能技术，企业可以在生产过程中实时监控各项关键指标，及时发现潜在问题，并进行动态调整。这种灵活性不仅提高了生产效率，还为企业带来了显著的财务效益。

利用智能算法进行生产瓶颈识别是流程优化中的关键环节。传统的生产管理往往依赖事后分析，而智能算法能够在生产过程中实时识别瓶颈，帮助企业迅速调整生产资源配置，降低生产成本。这种实时分析能力使企业能够在生产过程中做到未雨绸缪，避免因资源配置不当而导致的生产延误和成本增加。通过智能算法的应用，企业不仅可以提高生产效率，还能在激烈的市场竞争中保持成本优势。

实施智能调度系统是实现生产任务动态分配的重要手段。传统的生产调度往往依赖人工经验，难以应对复杂多变的生产环境。而智能调度系统通过对生产数据的实时分析，可以实现生产任务的动态分配，提高生产线的灵活性与响应速度。这种动态调度不仅提高了生产效率，还能够快速响应市场需求的变化，为企业带来更高的客户满意度和市场竞争力。

整合物联网技术与财务管理系统是实现生产数据实时反馈的关键。通过物联网技术，企业可以实时收集和分析生产过程中的各项数据，并将这些数据与财务管理系统整合，实现对生产成本和收益的精准分析。这种实时反馈机制不仅优化了财务决策支持，还提高了企业的整体运营效率。通过对生产和财务数据的综合分析，企业可以更好地进行成本控制和资源配置，实现财务效益的最大化。

（二）财务效益评估

在智能制造环境下，财务效益评估的作用尤为重要。通过实时数据分析，企业能够快速识别出成本节约和利润提升的具体领域。这种能力使企业可以制定更加有效的财务策略，以应对快速变化的市场环境。实时数据分析不仅提高了财务报告的准确性，还增强了企业对市场动态的响应能力。这种评估方法的核心在于通过对生产流程的细致分析，找出财务表现不佳的环节，从而有针对性地进行改进。

建立基于人工智能的财务效益分析模型，使企业能够实时监控生产流程对财务指标的影响。这种模型通过整合生产数据与财务数据，提供了一个动态调整和优化资源配置的框架。企业管理层可以通过该模型迅速识别出生产流程中的瓶颈，及时进行调整，以实现财务效益的最大化。这种实时监控不仅提高了资源利用效率，还显著降低了生产成本，从而提升了企业的整体竞争力。

智能化工具的应用使多维度的财务数据与生产数据可以被整合，形成全面的财务效益评估报告。这些报告为管理层提供了科学决策的依据。通过对不同生产环节的财务贡献进行详尽分析，管理层可以识别出最具潜力的投资领域以及需要改进的生产环节。这种全面的分析能力使企业能够在复杂的市场环境中保持灵活性和竞争优势。

利用机器学习算法，财务效益评估不仅能够分析当前的财务表现，还可以预测未来的财务趋势。这种预测能力为企业的长远财务规划和战略决策奠定了坚实的基础。通过对历史数据的分析，机器学习算法能够识别出潜在的市场机会和风险，使企业能够提前做好准备。这种前瞻性评估为企业的可持续发展提供了重要支持，帮助企业在激烈的市场竞争中立于不败之地。

三、原材料采购的智能财务策略

（一）采购成本预测

在制造行业中，原材料的采购成本直接影响企业的生产成本和利润率。通过构建智能化采购成本预测模型，企业能够更精准地制定采购预算，优化财务管理。基于历史采购数据和市场趋势，智能模型可以帮助企业分析过去的采购行为和市场变化，从而预测未来的成本趋势。这种预测不仅依赖传统的统计分析方法，还结合了机器学习算法，以提高预测的准确性和可靠性。通过对大量数据的分析，企业可以更好地理解市场动态和价格波动的规律，为采购决策提供科学依据。

机器学习算法在采购成本预测中的应用，能够有效地分析原材料价格的波动趋势。通过对历史价格数据的学习，预测模型可以识别出影响价格变化的关键因素，并预测未来的价格走向。这种预测能力可以帮助企业在价格上涨之前锁定采购价格，降低采购风险和不确定性。企业还可以利用这些预测结果，优化库存管理，减少因价格波动带来的财务压力。通过智能化的预测，企业能够在激烈的市场竞争中保持成本优势，提高整体财务绩效。

实时监控市场动态和供应链信息是智能化财务管理的重要组成部分。通过先进的数据采集和分析技术，企业可以随时获取最新的市场信息和供应链状态。这种动态监控能力使企业能够及时调整采购策略，确保原材料的及时供应与成本控制。实时数据的应用不仅提高了企业对市场变化的响应速度，还增强了采购决策的灵活性和准确性。企业可以根据实时数据调整采购计划，避免因市场波动而导致采购成本增加，从而实现更高效的财务管理。

整合多维度数据是优化采购决策的重要手段。在智能化财务管理中，企业不仅要关注原材料价格，还需要考虑供应商绩效和市场需求等多方面因素。通过整合这些数据，企业可以全面评估供应商的可靠性和市场的供需状况，从而作出更为精准的采购决策。这种多维度的数据分析有助于提高采购效率和成本效益，帮助企业在复杂的市场环境中保持竞争优势。通过智能化的采购策略，企业能够实现资源的最优配置，提高整体财务管理水平。

（二）供应链优化

在现代制造行业中，供应链优化是实现智能化财务管理的关键环节。人工智能算法在供应链中的应用，特别是在库存管理方面，展现出了显著的优势。通过实时分析库存数据，企业可以有效减少过剩库存和缺货现象，从而提高库存周转率。这种实时分析能力不仅提高了库存管理的精确性，还帮助企业在动态环境中保持竞争力。此外，人工智能算法能够预测库存需求变化，使企业能够更好地规划和调整库存策略，以适应市场的波动。

智能化的供应链协同平台是实现供应链优化的重要工具。此类平台通过集成各环节的信息，实现了实时共享与沟通，极大地提高了供应链的整体响应速度和效率。信息的实时共享使各个供应链节点能够迅速作出反应，减少了信息滞后带来的不确定性和风险。这种协同效应不仅提高了供应链的效率，还增强了企业对市场变化的适应能力，使其能够更灵活地调整生产和采购计划。

大数据分析技术在供应商绩效评估中的应用，为企业提供了优化供应商选择与管理的有力工具。通过对大量数据的分析，企业可以全面了解供应商的绩效，从而作出更为明智的选择。这种数据驱动的决策过程，不仅降低了采购风险，还提升了供应链的稳定性。通过对供应商历史表现、交付能力和诚信度的评估，企业能够建立一个更为可靠的供应商网络，确保供应链的连续性和稳定性。

机器学习模型在市场需求预测中的应用，使供应链策略能够动态调整，以确保资源配置的灵活性与适应性。这些模型通过分析市场趋势和历史数据，帮助企业预测未来的市场需求变化。这种预测能力使企业能够提前调整生产计划和采购策略，以应对市场的不确定性。通过动态调整供应链策略，企业不仅能够降低库存成本，还能更好地满足客户需求，提升市场竞争力。机器学习的应用，标志着供应链管理向智能化、精准化方向迈进。

四、智能设备资产的财务管理

（一）设备资产评估

在现代制造行业中，设备资产评估是财务管理的核心环节之一。通过引入基于人工智能的设备资产评估模型，企业能够更精准地分析设备的使用效率、维护成本及残值。这种模型利用实时数据分析技术，不仅提高了评估结果的准确性，还为企业的财务决策奠定了坚实的基础。人工智能技术的应用使设备资产评估不再依赖传统的静态数据，而是通过动态的数据更新，实时反映设备的实际价值，从而为企业的资产管理提供了新的视角。

结合物联网技术，设备资产评估进一步实现了对设备运行状态的实时监控。通过传感器和数据采集设备，企业可以自动生成设备健康报告，帮助管理层及时识别设备存在的潜在问题。这种实时监控不仅提高了设备的安全性和可靠性，还降低了设备故障的风险，进而减少了维护成本。物联网技术的应用，使设备资产管理更加智能化、自动化，为企业的财务管理效益带来了显著的提升。

利用机器学习算法分析设备的历史性能数据，可以有效预测未来的维护需求和更换时机。这种预测能力使企业能够优化设备管理策略，避免不必要的设备更换和维护支出。机器学习算法通过对大量历史数据的分析，识别出设备性能的变化趋势，从而为企业的设备管理提供了科学依据。这种基于数据驱动的管理模式，不仅提高了设备利用率，还为企业节约了大量的运营成本。

建立设备资产评估的可视化平台，使管理层能够直观地了解设备价值变化，支持科学的财务决策。通过图形化的展示，管理者能够迅速地掌握设备的资产状况，并根据数据变化作出及时的调整。可视化平台的应用，不仅提高了信息的透明度，还增强了管理层对设备资产的掌控力。这种直观的展示方式，使复杂的数据分析结果更易于理解和应用，为企业的财务管理提供了强有力的支持。

（二）资产折旧管理

资产折旧管理在制造行业中具有重要意义，尤其随着智能化设备的普及，对折旧管理的要求也愈加复杂和精准。传统的折旧管理方法往往依赖固定的折旧年限和线性计算模式，这种方法无法准确地反映设备的实际使用情况和价值损耗。基于人工智能的资产折旧计算模型应运而生，通过实时数据分析设备的使用情况，自动生成准确的折旧费用。这种智能化的计算方式不仅提高了财务核算的效率，还有效地减少了人为计算误差，确保了财务数据的精确性。

机器学习算法在资产折旧管理中的应用，为设备使用寿命预测提供了新的可能性。通过对设备历史数据的分析，机器学习算法能够预测设备的使用寿命，并根据实际使用情况动态调整折旧策略。这种灵活的策略调整机制，确保了财务报表的准确性与及时性。与传统的固定折旧策略相比，基于人工智能的动态折旧策略能够更好地反映设备的实际价值损耗情况，为企业的财务管理提供了更为科学的依据。

资产折旧与物联网技术相结合，使对设备运行状态的监控更加精准和实时。这一技术的应用，不仅能够自动更新折旧数据，还大大减少了人工干预，提高了资产管理的透明度。通过物联网传感器，企业可以实时获取设备的运行状态数据，从而及时调整折旧费用。这种自动化的折旧数据更新方式，不仅提高了资产管理的效率，也为企业的财务决策提供了可靠的数据支持。

为了使管理层能够更直观地掌握各类资产的折旧进度和财务影响，建立可视化的资产折旧管理平台是必不可少的。该平台通过图形化的方式展示资产的折旧情况，使管理层能够快速地了解资产的使用状况和财务影响。这种可视化的工具，不仅支持更科学的决策制定，还能帮助企业更好地进行资产配置和预算管理。通过这样的平台，企业能够实现对资产折旧的全面监控和管理，进而提高整体的财务管理水平。

第三节　建筑行业中的智能化财务管理

一、建筑项目的智能成本估算与控制

（一）成本估算模型

在建筑行业中，成本估算一直是项目管理中的关键环节。传统的成本估算方法往往依赖经验和历史数据，虽然在一定程度上能够提供参考，但其准确性和灵活性常常受到限制。基于人工智能的建筑项目成本估算模型，通过分析历史项目数据和市场材料价格，能够提供更加精准的初步成本预测。人工智能技术通过大数据分析和模式识别，能够识别出影响成本的关键因素，并在此基础上进行科学的预测。这种方法不仅提高了成本预测的准确性，还为项目的预算管理提供了强有力的支持。

随着项目的推进，市场动态和项目进展情况会不断发生变化，这对成本控制提出了更高的要求。利用机器学习算法，实时更新成本估算模型，能够有效地应对这些变化。机器学习算法通过不断学习和更新数据，能够快速响应市场的变化，确保成本控制的灵活性与准确性。这样的动态调整能力，使建筑项目的财务管理能够更好地适应外部环境的变化，减少因市场波动带来的经济风险。

在成本估算中，全面性和科学性是不可或缺的要素。构建多维度成本估算框架，将设计、施工和材料等各项费用进行整合，是提升成本估算全面性与科学性的有效途径。对各个环节的费用进行系统的整合分析，能够更全面地掌握项目的整体成本结构，从而为项目的成本控制提供更科学的依据。这种多维度的分析框架，不仅能够提高估算的准确性，还能帮助项目管理者更好地进行成本分配和资源优化。

在现代建筑项目管理中，应用智能化工具实现成本估算的自动化，已经成为一种趋势。智能化工具通过自动化的数据处理和分析，能够显著减少人工干预，从而提高效率。这种自动化的过程，不仅降低了因人为错误导致的成本偏差，还能够解放人力资源，使其能够专注于更高层次的决策和管理工作。通过智能化工具的应用，建筑项目的成本估算和控制能够更加高效和精确，为项目的成功实施奠定坚实的基础。

（二）动态成本监控

动态成本监控在建筑项目管理中扮演着至关重要的角色。通过实时监控建筑项目的各项成本数据，包括人工、材料和设备费用，项目管理团队能够及时发现潜在的成本异常情况。这种实时监控不仅提高了项目管理的精确度，还为管理层提供了及时的财务信息，确保项目在预算范围内顺利推进。动态成本监控系统的核心在于其数据的实时性和准确性，能够有效降低项目超支风险。

在动态成本监控的过程中，智能算法的应用是不可或缺的。通过分析实时成本数据，智能算法可以自动识别成本超支的潜在原因，并提供决策支持。这种分析不再限于简单的数据汇总，而是通过复杂的算法模型，深入挖掘数据背后的趋势和模式，为项目管理者提供深刻的洞察力。这种智能化的分析能力使管理层能够在成本问题初露端倪时就采取纠正措施，从而避免重大财务损失。

为了使动态成本监控更具系统性和实用性，建立动态成本报告系统是必不可少的。该系统能够定期更新项目的成本状态，帮助管理层快速了解项目的财务健康状况。通过定期生成的详细报告，管理层可以掌握项目的最新财务动态，识别潜在的风险因素，并制定相应的应对策略。这种动态报告机制不仅提高了信息透明度，还增强了项目管理的前瞻性和决策的科学性。

集成化平台的应用是实现动态成本监控与施工进度同步的关键。通过将成本监控系统与施工进度进行关联分析，项目管理者可以确保成本控制与项目进度的无缝衔接。这种集成化的管理模式不仅优化了资源配置，还提高了项目的整体效率。通过对施工进度和成本数据的综合分析，管理层能够更好地协调各项资源，确保项目按计划推进，并避免因资源配置不当而导致成本浪费。

二、工程款支付的智能管理与监控

（一）支付流程自动化

支付流程自动化在建筑行业的财务管理中扮演着至关重要的角色。通过引入智能合约技术，企业能够确保支付条款的合规性和透明性。这种技术的应用减少了人为干预的可能性，从而降低了错误风险。智能合约通过预先设定的条件自动执行合同条款，确保在满足特定条件时自动进行支付。这样不仅提高了支付流程的效率，还增强了交易的安全性和可靠性，成为建筑行业财务管理的创新实践之一。

同时，利用人工智能算法实时评估供应商的信用状况，可以自动调整支付条件，以优化企业的现金流管理。传统的供应商信用评估依赖人工分析，往往耗时且容易受主观因素影响。通过人工智能技术，企业能够快速、准确地获取供应商的信用评分，并根据信用评分结果自动调整支付策略。这种动态调整不仅提高了资金使用的效率，还降低了企业的财务风险，为企业的稳健运营提供了保障。

集成化支付系统的应用，实现了与项目管理工具的无缝衔接，确保支付流程与项目进度的同步。这种集成化的系统设计，使财务管理与项目管理之间的信息流动更加顺畅，减少了信息滞后和沟通误差。在建筑项目中，支付进度与项目进度的紧密结合，能够有效防止因支付延迟导致的项目停滞，提高项目整体的执行效率和财务管理水平。

通过数据分析和机器学习技术，企业能够自动生成支付提醒和报告，帮助财务团队及时处理支付事务，降低逾期风险。传统的支付提醒和报告生成依赖人工操作，容易出现遗漏或延迟。借助人工智能技术，系统可以自动分析历史支付数据，预测未来支付需求，并在适当的时间生成提醒和报告。这种智能化的处理方式，不仅提高了财务团队的工作效率，还显著降低了支付逾期的风险，确保企业财务健康运行。

（二）资金流动监控

1. 建立实时资金流动监控系统

通过建立实时资金流动监控系统，企业可以利用数据分析技术及时识别资金短缺和过剩情况，从而优化现金流管理。这种监控系统不仅提高了财务管理的精确性，还能有效降低资金管理中的风险。通过实时监测，企业可以更好地应对市场波动，确保资金链的稳定性，避免因资金短缺导致的项目延误或停工。

2. 应用机器学习算法

应用机器学习算法对历史资金流动数据进行分析，可以帮助企业预测未来的资金需求。这种预测能力为企业制定合理的资金安排提供了科学依据，使资金使用更加高效。在建筑行业中，由于项目周期长、资金需求大，精确的资金预测能够帮助企业在资金筹措和使用上做到未雨绸缪，降低财务风险。机器学习算法的不断完善和进步，也使预测结果更加精准，为企业的战略决策提供了有力支持。

3. 与银行接口进行整合

将财务管理系统与银行接口进行整合，实现资金流动的自动化监控和报告，是提高资金管理透明度和效率的重要手段。通过这种整合，企业可以实现资金流动的自动化处理，减少人为操作带来的误差和延迟。同时，自动化报告功能能够实时提供资金流动的详细信息，帮助管理层快速掌握企业的财务状况。这种高效、透明的资金管理方式，不仅提高了企业的财务管理水平，还增强了企业在市场中的竞争力。

4. 应用可视化工具

可视化工具在资金流动监控中的应用，为管理层提供了直观的资金使用效率展示。通过图表、仪表盘等可视化工具，管理层可以快速理解复杂的资金流动情况，支持决策制定和风险控制。这种可视化工具可以将枯燥的财务数据转化为易于理解的信息，提高了管理层的决策效率和准确性。通过对资金流动的可视化分析，企业能够更好地识别潜在的财务风险，并及时采取措施进行应对，确保企业财务健康运行。

三、建筑项目风险的智能财务评估

（一）风险识别技术

在建筑行业中，风险识别技术的应用对于财务管理的智能化至关重要。基于人工智能的风险识别模型通过分析历史项目数据和实时市场信息，能够有效识别潜在的财务风险因素。这种方法不仅提高了风险预警的准确性，还为企业提供了更为全面的风险管理视角。通过对以往项目的深入分析，人工智能系统能够识别出隐藏在数据中的风险模式，从而为项目管理者提供预警信号，帮助他们及时采取措施，降低风险发生的可能性。

利用机器学习算法对项目进展中的异常数据进行监控，可以及时发现可能导致财务损失的风险。这种监控机制通过自动化数据分析，识别出与正常模式不符的异常情况，确保项目的财务安全。通过对异常数据的实时监控，企业可以更加迅速地响应潜在问题，减少因延误而导致的经济损失。这种智能化的风险监控手段为建筑项目的财务管理提供了强有力的技术支持。

结合大数据分析技术，评估项目相关方的信用状况也是风险识别技术的重要组成部分。通过对供应商和承包商的财务历史、市场信誉等数据的分析，企业可以识别出与之相关的财务风险。这种信用评估不仅限于现有的财务数据，还包括对市场动向和行业趋势的分析，从而为企业决策提供更为全面的依据。通过增强对项目相关方的风险管理能力，企业能够在合作过程中有效规避潜在的财务风险。

构建智能化风险识别平台，整合项目管理、财务和市场数据，实现多维度风险评估，是提升决策科学性和及时性的关键。智能化风险识别平台能够将不同来源的数据进行统一处理和分析，提供更为全面和准确的风险评估报告。通过这种集成化的风险管理系统，企业可以在决策过程中考虑更多的变量和因素，确保决策的科学性和有效性。这不仅提高了风险管理的效率，还增强了企业在复杂市场环境中的竞争力。

（二）风险评估模型

1. 应用大数据技术

随着建筑项目复杂性的增加，传统的风险评估方法已难以应对动态变化的市场环境和项目需求。基于大数据的风险评估模型通过实时分析项目的相关数据，动态评估财务风险的变化，确保决策的及时性与准确性。大数据技术的应用使企业能够在海量数据中挖掘有价值的信息，识别出潜在的风险因素，从而提前采取应对措施，降低项目失败的可能性。通过对历史数据的分析与预测，企业可以更好地掌握项目的风险状况，优化资源配置，提高项目的成功率。

2. 引入机器学习算法

机器学习算法的引入为风险评估提供了新的视角。利用机器学习算法分析项目进展中的异常数据，可以识别出潜在的财务风险因素，增强企业的风险预警能力。机器学习算法能够自动学习和识别数据中的模式，无须人为干预，从而在项目进展过程中实时检测异常情况。通过对异常数据的深入分析，企业可以迅速识别出可能导致财务风险的因素，并采取相应的措施进行调整。机器学习算法还可以帮助企业预测未来的风险趋势，为决策者提供科学的依据，提高财务管理的效率和准确性。

3. 构建多维度风险评估模型

构建多维度风险评估模型是实现全面风险管理的重要手段。通过整合市场、财务和项目管理数据，企业可以获得全面的风险分析视图，支持科学决策。多维度风险评估模型不仅关注财务数据，还包括市场动态、竞争对手行为、政策变化等因素，从而提供更为全面的风险评估。这种综合性的方法能够帮助企业更好地理解风险的来源和影响，制定更加有效的风险管理策略，确保项目的顺利进行。

4. 建立智能化风险评估平台

建立智能化风险评估平台是提升项目风险管理能力的关键。该平台可以实现对项目相关方信用状况的实时监控，及时识别与供应商和承包商相关的财务风险。通过对信用数据的实时分析，企业可以在项目初期就能识别潜在的信用风险，并采取相应的措施进行规避。智能化风险评估平台还可以提供自动化的风险报告和预警功能，使企业能够在风险发生前采取有效的应对措施，降低风险对项目的影响。这种主动的风险管理方式不仅提高了企业的风险管理水平，也为项目的成功奠定了坚实的基础。

四、智能工地的财务数据采集与分析

（一）数据采集技术

数据采集技术在智能工地的财务管理中扮演着至关重要的角色。随着建筑行业的不断发展，传统的数据采集方法逐渐显露出其局限性，难以满足现代化工地对数据实时性和准确性的要求。在此背景下，智能传感器技术的应用成了突破口。在建筑工地安装智能传感器，可以实时监测环境和设备状态，确保数据的准确性和及时性。智能传感器能够自动收集温度、湿度、设备运行状态等信息，并通过无线网络传输至数据中心，为财务决策提供可靠的基础数据支持。

物联网技术的整合进一步提升了建筑项目各个环节的数据互联互通能力。在智能工地中，物联网技术的应用使不同设备之间能够有效协同工作，实现数据的高效传输和处理。通过将物联网技术与建筑管理系统相结合，财务管理人员可以实时获取项目进度、资源消耗等关键信息，进而优化预算和成本控制策略。这种全面性与高效性的数据采集方式，不仅提高了数据的准确性，也为建筑企业的财务管理带来了革命性的变革。

无人机技术的使用在建筑工地的数据采集中同样发挥着重要作用。无人机可以在工地上空进行巡航，实时采集现场数据，并通过高分辨率摄像头进行影像记录。这种方式不仅提高了数据采集的效率，还能够在难以到达的区域进行监控，确保数据的全面性和准确性。无人机技术的应用还为工地安全管理提供了新的视角，能够及时发现潜在风险，保障项目施工安全。

移动设备的普及为现场数据的即时录入与共享提供了便利。通过专门开发的应用程序，工地工作人员可以随时随地录入和共享数据，极大地增强了数据采集的灵活性和便捷性。这种即时化的数据处理方式，使财务管理人员能够快速响应工地现场的动态变化，及时调整财务策略，确保项目的顺利进行。移动设备的使用，不仅提高了数据采集的效率，还促进了信息的透明化和协作的高效化。

（二）数据分析工具

在现代建筑行业中，数据分析工具的应用已经成为智能化财务管理的重要组成部分。数据分析工具不仅能够处理大量的财务数据，还能提供精准的分析和预测，帮助企业在激烈的市场竞争中保持领先地位。数据分析工具通过先进的算法和技术，提高了数据处理的效率和准确性，使财务管理更加高效和智能化。特别是在建筑行业数据密集型的领域，数据分析工具的应用能够显著提高财务管理的质量和效率。

数据分析工具的实时数据处理能力是其核心优势之一。建筑项目通常涉及大量的数据，包括项目预算、成本控制、合同管理等。传统的数据处理方法往往难以应对这些复杂的数据需求，而数据分析工具则能够快速地处理这些数据，提供即时的财务分析结果。通过实时的数据处理，企业可以及时了解项目的财务状况，迅速作出调整和决策，避免潜在的财务风险。这种实时处理能力不仅提高了数据分析的效率，也增强了财务管理的灵活性。

基于机器学习算法的预测分析功能是数据分析工具的一个重要特性。通过对历史数据的学习，数据分析工具能够提供更为精准的财务预测和趋势分析。在建筑行业中，财务预测对于项目的成功至关重要。机器学习算法能够识别数据中的模式和趋势，帮助企业预测未来的财务状况。这种预测分析功能不仅提高了财务决策的准确性，还能帮助企业在市场变化中保持敏捷和竞争力。

可视化数据分析工具的应用为管理层提供了直观的财务数据理解方式。复杂的财务数据往往难以通过传统的表格和报表呈现，而可视化工具则能够将这些数据转化为易于理解的图表和图形。通过可视化分析，管理层可以更直观地理解财务数据，从而作出更有效的决策。可视化工具不仅提高了数据分析的效率，还增强了财务报告的可读性和决策支持能力。

第四节　医疗行业中的智能化财务管理

一、医疗设备采购的智能财务决策

（一）采购需求智能分析

在医疗行业中，采购需求智能分析已经成为提高财务管理效率的重要手段。基于大数据分析的医疗设备需求预测模型，能够通过历史采购数据和使用频率，提供准确的采购需求估算。这一模型不仅考虑了过往的采购记录，还综合分析了设备使用的频率和当前库存状态，以此预测未来的需求。这种方法的应用，使医院在面对设备采购时，可以更为精准地把握需求，避免因过度采购导致的资源浪费。

智能化算法的引入，使医院能够实时分析病患数据和治疗需求，帮助管理者动态调整设备采购策略。这种实时分析能力，能够根据医院病患数量的变化和治疗项目的不同，及时调整设备的采购计划，从而确保资源的合理配置。通过这种方式，医院能够在设备采购上做到既不浪费资源，又能满足临床需求，提高整体运营效率。

通过机器学习技术，医院可以识别设备的使用模式，分析不同科室的设备需求差异，从而实现有针对性的采购决策。机器学习算法能够处理大量的历史数据，找出设备使用的规律和趋势，帮助医院在采购时更好地理解各个科室的具体需求。这种差异化的分析，使医院在采购设备时，能够根据不同科室的实际需要，作出更为精准的决策。

（二）供应商选择优化

在现代医疗设备采购中，供应商选择优化是确保采购流程高效且经济的重要环节。基于大数据分析的技术，可以对供应商的历史表现进行深入评估。具体而言，分析交货准时率、质量合格率等关键指标，能够帮助医疗机构识别出可靠的合作伙伴。这种数据驱动的方法不仅提高了供应商选择的准确性，还为医疗设备的稳定供应奠定了保障。

机器学习算法在评估供应商财务健康状况方面展现出巨大的潜力。通过分析供应商的财务报表和市场行为，医疗机构能够预测其长期合作的风险。这种预测能力可以有效避免因供应商财务问题导致的采购中断，从而保障医疗设备的持续供应。这一过程不仅提高了财务决策的质量，还为医疗行业的稳定运营奠定了坚实的基础。

构建智能化供应商评分系统是优化供应商选择的一关键举措。该系统通过综合评分机制，对供应商的交货能力、财务状况、市场声誉等多维度进行量化评估。借助这一工具，决策者可以快速地识别最优供应商，并作出明智的采购决策。供应商评分系统的应用，不仅提高了采购效率，还增强了医疗机构在供应商谈判中的话语权。

整合供应链信息并建立供应商协同平台，是提高采购决策效率和准确性的有效途径。通过这一平台，医疗机构与供应商可以实现实时沟通和信息共享，从而优化采购流程。这种协同机制不仅缩短了采购周期，还提高了供应链的整体效率，为医疗行业的智能化财务管理提供了有力支持。

（三）采购成本控制

1. 实时监控采购成本

利用智能化工具实时监控采购成本，能够自动识别成本异常情况，确保采购的透明度和合规性。这些工具通过对采购数据的实时分析，帮助财务管理人员迅速发现异常支出或潜在的合规风险，进而采取及时的措施进行调整。这种实时监控不仅提高了采购过程的透明度，还能有效防范财务损失，确保采购活动符合组织的财务政策和法规要求。

2. 优化采购策略

通过大数据分析优化采购策略是控制采购成本的重要手段。基于市场趋势和供应商报价，智能系统能够动态调整采购计划，从而降低采购风险。这种基于数据驱动的策略调整，使医疗机构能够在复杂多变的市场环境中灵活应对，优化采购组合，减少不确定性对采购预算的影响。大数据分析不仅提供了对市场变化的前瞻性洞察，还支持医疗机构在采购谈判中占据更有利的地位。

3. 采购成本预算系统智能化

建立智能化的采购成本预算系统是实现科学合理采购预算的重要步骤。通过结合历史数据和市场预测，智能系统能够制定更为精准的采购预算，提高资金使用效率。这样的预算系统不仅考虑过去的采购行为，还融入了对未来市场变化的预测，使预算编制更加全面和准确。这种智能化预算系统的应用，能够有效避免预算超支或资金浪费，确保机构在资源配置上的合理性和高效性。

4. 分析采购历史数据

应用机器学习算法对采购历史数据进行分析，可以识别影响采购成本的关键因素，从而制定有针对性的控制措施。通过对大量历史数据的深度学习，机器学习算法能够找出隐藏在数据中的模式和趋势，识别出那些对成本影响最大的因素。这种分析的结果为管理层提供了重要的决策支持，使其能够针对具体问题制定有效的成本控制策略，从而实现采购成本的最小化。

二、医疗服务成本的智能核算与分析

（一）成本数据采集与处理

在医疗行业中，成本数据采集与处理是智能化财务管理的基础。为了确保数据的实时性和准确性，利用智能传感器技术自动化采集医疗设备使用情况已成为一种趋势。这些传感器能够实时监控设备的运行状态和使用频率，从而生成精确的数据流，帮助财务管理人员进行更为精确的成本分析。智能传感器的应用也减少了人为干预的必要，降低了数据错误的风险，提高了数据的可靠性。

通过物联网技术的应用，不同医疗系统的数据得以整合，实现了跨部门的数据共享。这种整合不仅增强了数据采集的全面性，还打破了传统数据信息孤岛的局限性，使财务管理人员能够从多个维度分析成本数据。这种多维度的数据分析为医疗行业的成本控制提供了丰富的信息支持，使管理者能够更好地制定预算和控制开支。

机器学习算法在成本数据的分析中也发挥了重要作用。通过对采集到的数据进行深入分析，机器学习算法可以识别出成本构成与使用效率之间的关系。这种分析能够揭示出隐藏的成本驱动因素，为医疗机构提供了优化运营的依据。借助机器学习算法，财务管理人员可以预测未来的成本趋势，并制定相应的策略来应对潜在的财务挑战。

为了有效管理和分析医疗服务成本，建立集中化的数据管理平台是必不可少的。该平台能够整合各类财务与运营数据，提供一个全面的视图，便于快速处理和分析。这种集中化管理不仅提高了数据处理的效率，还增强了数据的安全性和一致性，使财务决策更加科学和精准。

（二）成本分析与优化

在现代医疗行业中，成本分析与优化是提高医院财务管理效率的关键环节。基于人工智能的成本分析工具，能够实时监控医疗服务的各项成本，并及时识别异常情况。这种实时监控能力为医院提供了更高的成本控制灵活性，使医院能够快速响应成本变化，避免不必要的资源浪费。同时，人工智能技术通过对海量数据的分析，帮助医院在复杂的财务环境中保持敏捷性和竞争力。这种技术的应用，不仅提高了医院的成本管理水平，还为医疗服务的可持续发展奠定了基础。

通过数据挖掘技术，医院可以深入分析医疗服务中的各类费用构成，识别出影响成本的关键因素。这些分析结果为医院提供了有针对性的优化建议，帮助其在资源配置上作出更科学的决策。数据挖掘技术的应用，使医院能够在有限的预算内，最大限度地提高医疗服务的质量和效率。这种基于数据的决策方式，促进了医院资源的合理配置，减少了不必要的支出，从而提升了整体运营效益。

构建动态成本分析模型是医院进行精准成本管理的重要手段。通过结合实时数据和历史趋势，这些模型能够预测未来成本变化，为医院在预算编制时提供更精准的规划依据。动态成本分析模型的应用，使医院能够提前识别潜在的成本压力，并采取有效措施进行缓解。这种前瞻性的财务管理方式，不仅增强了医院的预算管理能力，还提高了其在复杂市场环境中的应对能力。

利用机器学习算法，医院可以分析不同医疗服务项目的成本效率，识别出高成本低效益的服务环节。这种分析方法推动医院在服务流程上进行改进，减少资源浪费，提高服务质量。通过优化医疗服务的成本结构，医院能够在不影响服务质量的情况下，降低运营成本。这种基于机器学习的成本优化策略，为医院在竞争激烈的医疗市场中赢得了更多的发展机会。

三、医保报销的智能财务管理

（一）报销流程自动化

在现代医疗行业中，报销流程自动化是智能化财务管理的重要组成部分。应用智能合约技术，可以确保报销条款的合规性。这种技术不仅减少了人为干预，还降低了错误风险，提升了整体报销流程的可靠性。智能合约通过预先设定的规则和条件，自动执行报销相关的事务，确保每一步都符合既定的标准和流程，从而提高了效率和准确性。

利用人工智能算法实时评估医疗服务的费用合规性是报销流程自动化的一关键环节。通过人工智能算法，系统可以自动识别不符合报销条件的项目，避免不必要的费用支出。这种自动化评估机制不仅提升了财务管理的准确性，还减少了人工审核的负担，使财务管理人员能够将更多精力投入更具战略意义的任务中。这种机制还能够根据历史数据和趋势，优化报销策略，提升财务管理的整体效能。

整合各类医疗服务数据，实现报销流程与医疗服务记录的无缝衔接，是自动化报销流程的优势。通过这一整合，报销系统能够确保数据的一致性和透明度，从而减少信息不对称带来的风险。数据的无缝衔接不仅简化了信息流转过程，还提高了报销的响应速度，使患者和医疗机构都能更快速地获得报销结果。这种透明化的数据管理方式，为医患双方提供了更高的信任基础。

智能化工具的应用还体现在生成实时报销状态报告上。这些工具能够帮助财务管理人员及时跟踪报销进度，优化财务资源的分配。通过实时报告，财务管理人员可以迅速了解当前的报销状态，及时发现并解决可能出现的问题。这种即时反馈机制不仅提高了财务管理的效率，还为决策提供了更为准确的数据支持，使资源分配更加合理和有效。

（二）报销数据智能审核

在现代医疗行业中，报销数据智能审核的应用越来越广泛。基于机器学习算法的智能审核系统能够自动识别报销申请中的异常数据和潜在风险，这一技术的引入大大提高了审核的准确性和效率。传统的人工审核往往依赖审核人员的经验和判断，容易受到人为因素的影响，而智能审核系统则通过大量数据的训练，能够快速地识别出不符合常规的申请，确保审核过程更加客观和高效。自动化的审核流程，减少了人工审核的时间和人力成本，使医疗报销更加高效和可靠。

智能审核系统还具备实时分析医疗服务费用与医保政策匹配度的能力。这一功能确保了报销数据符合相关规定，减少了人为错误的发生。在复杂的医保政策环境下，人工审核往往难以全面考虑所有政策细节，而智能审核系统能够通过预设的规则和模型，快速判断申请是否符合政策要求。这种智能化的审核方式不仅提高了审核的精确性，还减少了因政策理解不当而导致的错误报销，保障了医保基金的合理使用。

自然语言处理技术的应用也为报销数据智能审核带来了新的突破。通过对报销申请中的文本信息进行自动解析，系统能够迅速提取关键信息，简化了审核流程。文本解析技术使系统能够理解报销申请中的复杂语言描述，从而提高信息提取的准确性。这不仅加快了审核速度，也减少了因信息遗漏或误读导致的审核错误，为申请人提供了更为便捷的服务体验。

通过数据挖掘技术分析历史报销数据，智能审核系统能够识别常见的违规模式，为后续审核提供参考和改进建议。历史数据的分析不仅帮助系统不断优化审核规则，还为政策制定者提供了重要的参考依据。通过对违规模式的深入分析，系统能够提前预警潜在风险，进一步提升报销审核的安全性和有效性。这种数据驱动的审核方式为医疗行业的财务管理带来了全新的视角和方法。

四、医疗供应链的财务智能优化

（一）供应链成本分析

供应链成本分析在医疗行业中具有重要的战略意义。利用大数据分析技术，可以实时监控医疗供应链中的各类成本。这种实时监控能力确保了企业能够及时识别成本异常情况，并迅速进行调整，避免因信息滞后导致的财务风险。大数据分析不仅限于成本的识别，还能够通过历史数据的积累和分析，帮助企业预测未来的成本趋势，为企业的财务决策提供科学依据。

应用机器学习算法对供应链成本进行预测是智能化财务管理的重要手段。通过分析不同供应商和运输方式的成本效益，企业能够优化采购决策，选择最具成本效益的供应链方案。这种预测能力不仅提高了企业的资源利用效率，还在一定程度上降低了供应链管理中的不确定性。此外，机器学习算法的自我学习能力使其在不断更新的数据环境中，能够持续优化预测模型，提高预测的准确性和可靠性。

整合财务管理与供应链管理系统，实现成本数据的实时共享与分析，是提高决策效率的关键。通过系统的整合，企业可以实现数据的无缝衔接，避免信息孤岛的出现。这种整合不仅提高了数据的可用性，还增强了数据分析的深度和广度，为企业的战略决策提供了更为全面的支持。实时共享的数据环境也促进了各部门之间的协同合作，提高了整体运营效率。

通过智能化工具识别和分析供应链中的关键成本驱动因素，可以为企业提供有针对性的成本控制建议。这些工具能够深入分析供应链中的各个环节，识别影响成本的关键因素，并提供优化建议。这种有针对性的分析和建议，不仅帮助企业实现了成本的有效控制，还促进了供应链管理的整体优化，提高了企业的市场竞争力。智能化工具的应用，使成本分析从传统的事后分析转变为主动的成本管理，推动了财务管理的创新发展。

（二）库存管理智能化

在现代医疗行业中，库存管理智能化已成为提高财务管理效率的重要手段。智能库存管理系统通过实时数据分析能力，能够迅速地识别库存水平和周转率，为财务决策提供有力支持。这种实时分析能力使财务管理人员能够更好地掌握库存动态，及时调整采购和库存策略，从而避免不必要的资金占用和浪费。通过对库存数据的深入分析，系统可以预测未来的库存需求，帮助企业合理安排资金流动，提高整体财务运营效率。

基于人工智能技术的库存预警机制在医疗行业的应用中，能够自动监测库存状态并及时通知相关人员，显著降低了缺货风险。这一机制通过对库存数据的智能分析，能够提前识别库存不足的情况，并发出预警信号，使相关人员能够在问题发生之前采取措施。这不仅提高了库存管理的主动性，也保证了医疗供应链的连续性和稳定性，避免因库存短缺导致的医疗服务中断。

智能算法在库存采购计划中的应用，极大地优化了库存管理流程。通过对历史数据和市场趋势的分析，智能算法可以制订出更加精准的采购计划，减少不必要的库存积压。这种优化不仅降低了库存持有成本，还提高了资金使用效率，使企业能够将更多的资源投入关键业务中。智能采购计划还能够根据市场变化灵活作出调整，保持企业在市场中的竞争力。

建立智能化库存管理平台，实现了跨部门的信息共享，提高了整体供应链的响应速度与效率。通过这一平台，企业的各个部门可以实时获取库存信息，协同工作，提高了决策的准确性和效率。这种信息共享机制不仅缩短了响应时间，也减少了信息孤岛现象，使供应链管理更加顺畅和高效。

（三）供应链风险控制

在现代医疗行业中，供应链的复杂性和不确定性使风险控制成为财务管理中的关键环节。人工智能技术的应用，为供应链风险控制带来了新的可能性。

首先，通过实时监测供应链各环节的关键指标，人工智能能够及时识别潜在风险。利用传感器和物联网设备，企业可以获取从原材料采购到产品交付的全过程数据。通过数据分析，企业能够预测可能出现的问题，如物流延迟或质量偏差，并采取预防措施。这种实时监测能力提高了供应链的响应速度，降低了因信息滞后导致的损失。

其次，建立基于大数据分析的供应链风险评估模型是一个重要的创新实践。该模型通过收集和分析大量供应商的财务数据和市场表现，帮助企业评估供应商的财务健康状况。通过对历史交易数据和当前市场动态的分析，企业能够识别潜在的供应商风险，如财务不稳定或市场份额下降。这种基于数据的评估方法，使企业能够在合作前进行充分的风险评估，降低合作风险，提高供应链的稳定性。

再次，通过智能化工具实现供应链信息的透明化，是提升风险管理能力的有效方法。人工智能技术能够整合供应链各环节的信息，使企业能够全面掌握供应链的运行状况。通过增强各环节之间的沟通与协作，企业能够更快速地应对突发情况，减少因信息不对称导致的决策失误。这种透明化管理不仅提高了供应链的效率，还增强了企业的整体风险管理能力。

最后，应用机器学习算法分析历史数据，是识别供应链中常见风险模式的有效方法。通过对大量历史数据的分析，机器学习算法能够发现规律和模式，帮助企业预测未来可能出现的风险。这些风险模式为企业制定有针对性的风险控制策略提供了依据。例如，企业可以根据识别的模式，调整库存策略或优化物流路径，以降低风险发生的概率。

第五节　教育行业中的智能化财务管理

一、教育机构财务管理的智能化需求分析

（一）需求分析方法

在现代教育行业中，财务管理的智能化需求日益迫切，需求分析方法的选择至关重要。需求分析通常从多个维度展开，包括定性分析和定量分析。定性分析通过访谈、问卷调查等方式，获取教育机构管理层和财务人员对智能化需求的主观期望和建议。定量分析则依赖数据挖掘和统计分析技术，评估现有财务数据和流程的效率。结合这两种方法，能够全面识别教育机构在财务管理中的痛点和瓶颈，进而为智能化解决方案的设计奠定

基础。

教育机构对财务管理智能化的具体需求主要集中在预算编制、成本控制和财务报告的实时更新等方面。预算编制的智能化能够帮助教育机构快速响应政策变化和市场需求，优化资源配置。成本控制则要求智能化系统能够实时监控各项开支，提供精准的成本分析和预测。财务报告的实时更新能够提高管理效率，使决策者能够基于最新数据作出准确判断。这些需求反映了教育机构在提高管理效率和决策准确性方面的迫切愿望。

分析教育机构的财务管理流程可以发现，许多传统流程存在效率低下的问题。例如，学生收费、奖学金管理和教职员工薪资发放等环节往往依赖手工操作，容易出现错误和延迟。通过引入智能化解决方案，这些流程可以实现自动化和精细化管理，从而提高工作效率和准确性。智能化解决方案还能够提供个性化服务，满足各类教育机构的特定需求。

（二）关键需求识别

教育机构在现代化转型过程中，智能化财务管理的需求愈发显著。实时监控财务数据是教育机构管理的核心需求之一。通过实时数据监控，教育机构能够及时掌握财务状况，快速调整预算和资源配置。这种灵活性不仅有助于提高财务管理的效率，还能在市场环境变化时作出迅速反应，确保财务决策的及时性和准确性。实时监控技术的应用，使财务管理不再局限于事后分析，而是能够实现动态调控，从而为教育机构的长远发展提供了坚实的保障。

智能化工具在简化学生收费和财务报表生成流程中扮演着重要角色。教育机构希望通过这些工具来提高资金流动的透明度和效率。传统的收费和报表生成流程往往烦琐且耗时，而智能化工具的应用能够大幅减少人工操作的错误率，并加快处理速度。这不仅提高了财务工作的效率，还提高了资金流向的透明度，使管理层能够更清晰地掌握财务状况，作出更为精准的决策。这种透明度的提高，也有助于增强师生对教育机构财务管理的信任感。

随着个性化服务的兴起，教育机构对个性化财务管理服务的需求日益增强。具体包括定制化的奖学金管理和教职员工薪资发放方案。智能化财务管理系统能够根据不同学生和教职工的需求，提供个性化的财务解决方案。这不仅满足了多样化的需求，也提高了管理的精细化程度。通过智能化系统，教育机构能够根据个体需求设计出更具针对性的财务方案，从而提高服务质量和员工满意度，进而增强教育机构的竞争力。

教育机构希望通过智能化财务管理系统实现跨部门数据共享，以促进各部门之间的协作与沟通。传统的财务管理系统往往存在信息孤岛现象，各部门之间的数据无法实现有效共享，导致沟通不畅和资源浪费。智能化系统的引入，能够打破这种信息壁垒，实现数据的无缝衔接和共享。这种协作机制的建立，不仅提高了工作效率，还促进了各部门之间的协同合作，为教育机构的整体运营提供了强有力的支持。智能化财务管理系统的应用，是教育行业适应现代化管理需求的必然趋势。

二、人工智能在教育财务预算中的应用

（一）预算编制自动化

预算编制自动化是教育行业财务管理智能化的重要组成部分。智能化工具在预算编制过程中，通过自动化的数据收集显著节省了人工时间，并提高了数据的准确性和实时性。传统的预算编制依赖手工收集和输入数据，这一过程不仅耗时且容易出现人为错误。借助人工智能技术，教育机构可以通过自动化系统快速地获取和整合多源数据，如历史财务记录、市场动态和学生入学数据等，从而实现更加高效和精准的预算编制。这种自动化系统不仅减轻了财务管理人员的负担，还为决策者提供了及时和可靠的信息支持。

智能预算预测模型的应用为教育机构财务预算编制提供了更为科学和合理的依据。基于历史数据和市场趋势，人工智能算法能够生成精确的预算预测，这些预测模型不仅考虑到历史数据的变化，还能够动态地适应市场环境的变化。通过机器学习技术，预测模型可以不断优化和提高其准确性，帮助教育机构在预算编制中作出更为明智的决策。这种智能化的预算预测能力，使教育机构可以更好地规划资源分配，确保资金的合理使用，进而支持教育目标的实现。

实时预算监控与调整机制的实现，使教育机构财务管理能够在预算执行过程中灵活应对各种变化。这种机制依赖人工智能技术的实时数据分析和反馈能力，能够在预算执行过程中及时发现偏差，并提出调整建议。这种灵活性不仅提高了预算执行的准确性，还增强了教育机构应对各种不确定性的能力。在快速变化的教育环境中，实时监控与调整机制能够确保资源的有效利用，避免浪费，并在必要时迅速调整预算策略以应对突发情况。

智能化财务预算编制的协同工作流程优化，促进了不同部门之间的信息共享与沟通，增强了预算编制的整体协调性。通过人工智能技术的应用，教育机构可以实现跨部门之间的数据共享和协同工作，打破信息孤岛现象，形成更加紧密的合作关系。这种优化的工作流程不仅提高了预算编制的效率，还确保了各部门在预算编制中的一致性和协调性，进而提高了整个教育机构的财务管理水平。通过这种协同优化，教育机构能够更好地实现其战略目标，并为学生提供更优质的教育服务。

（二）数据驱动的预算调整

数据驱动的预算调整在现代教育财务管理中扮演着至关重要的角色。通过利用先进的数据分析技术，教育机构可以在预算执行过程中实时监控资金的流向和使用情况。这种实时数据分析机制使财务管理人员能够迅速识别预算执行中的偏差，并及时采取纠正措施，以确保财务计划的有效实施。实时数据的获取和分析，不仅提高了预算管理的透明度，还为教育机构提供了更为精准的财务控制方法。

在数据驱动的预算调整中，机器学习算法的应用尤为突出。这种算法通过对海量历史数据的分析和学习，能够自动生成预算调整建议。这些建议不仅考虑了当前的财务状况，还结合了未来的市场趋势和机构发展规划，帮助管理层制订科学合理的调整方案。通过这种方式，教育机构能够在快速变化的环境中保持财务决策的前瞻性和准确性，确保资金的最佳配置和使用。

人工智能系统的引入为预算调整提供了多维度的决策支持。通过模拟不同的市场变化和运营场景，系统能够为管理层提供多种调整方案的预测结果。这种模拟分析不仅增强了预算调整的灵活性，也使决策过程更加透明和可控。教育机构可以基于这些模拟结果，选择最优的预算调整路径，以应对外部环境的变化和内部需求的调整，确保财务管理的稳健性。

三、智能化财务决策支持在教育行业的实现

（一）智能化决策支持系统设计

智能化决策支持系统在教育行业的设计中，必须整合多维度数据来源，以提供全面的分析视图。这种系统不仅需要涵盖传统的财务数据，还应包括运营和市场数据。通过整合这些数据，教育机构能够更全面地了解自身的财务健康状况和市场定位，进而作出科学的决策。多维度数据的整合使教育管理者能够从多个角度审视问题，识别潜在的机会和威胁，从而制订更具前瞻性的战略规划。

1. 提高实时数据处理能力

实时数据处理能力是智能化决策支持系统的核心特征之一。在现代教育行业中，财务和运营环境可能会迅速变化，因此，系统必须能够快速地

响应这些变化，为管理层提供最新的财务信息和分析结果。实时处理能力不仅提高了信息的时效性，还增强了管理层在关键时刻的决策能力。当市场条件或内部运营发生变化时，系统能够及时更新数据，确保决策者始终掌握最新的财务状况。

2. 应用机器学习算法

机器学习算法的应用为智能化决策支持系统提供了自动识别财务风险的能力。通过分析历史数据和当前趋势，系统可以识别潜在的财务风险，并提供相应的预警和应对建议。这一功能极大地增强了教育机构管理层的风险防范能力，使他们能够在风险发生之前采取适当的措施，降低潜在的损失。机器学习算法的不断进步也意味着这些系统将随着时间的推移变得更加智能和精准。

3. 支持可视化界面

可视化界面的支持是智能化决策支持系统设计中的一个关键要素。复杂的数据通过可视化呈现，能够帮助管理层更直观地理解财务状况和趋势。图表、仪表盘等可视化工具简化了数据的呈现，使非技术背景的管理人员也能够快速地获取有用的信息。这不仅提高了决策的效率和准确性，还促进了团队之间的沟通和协作，使教育机构能够在激烈的市场竞争中保持敏捷和高效。

（二）数据分析在决策中的应用

数据分析在决策中的应用是教育行业智能化财务管理的重要组成部分。通过数据分析，教育机构能够从海量的财务数据中提取有价值的信息，为决策提供科学依据。数据分析不仅可以揭示财务数据的潜在模式，还可以预测未来的财务趋势，帮助管理层制定更加合理的财务策略。现代教育机构面临着复杂的财务环境，借助先进的数据分析技术，能够有效提高财务管理的效率和准确性。数据分析不仅是对过去数据的总结，更是对未来决策的指导，能够为教育机构的长远发展提供战略支持。

利用数据挖掘技术分析教育机构的财务数据，可以识别潜在的财务问题和优化机会。这些技术通过对历史数据的深入挖掘，揭示出隐藏的财务风险和不合理的资源配置，帮助管理层进行科学的决策。教育机构往往面临资源有限的挑战，如何在有限的资源条件下实现最佳的财务效益，是管理层需要解决的关键问题。数据挖掘技术的应用，使教育机构能够在财务管理中更具前瞻性，提前识别问题并采取措施，优化资源配置，提高整体财务健康水平。

应用机器学习算法对学生收费和奖学金数据进行分析，可以帮助教育机构制定个性化的财务管理策略。通过对大量学生数据的分析，机器学习算法能够识别不同学生群体的收费模式和奖学金需求，从而为教育机构提供个性化的财务解决方案。这种个性化的策略不仅提高了资金的使用效率，也提高了学生对教育服务的满意度。教育机构可以根据分析结果，调整收费政策和奖学金分配方案，实现财务管理的精细化和个性化，确保资源的合理分配和使用。

通过实时数据分析，教育机构可以对各项财务指标进行动态监控，确保管理层能够及时调整预算和策略，以适应市场变化。实时数据分析为教育机构提供了财务状况的即时反馈，使管理层能够迅速地察觉到财务上的异常变化，并及时采取措施。这样的动态监控机制，使教育机构能够在快速变化的市场环境中保持财务的稳定性和灵活性。实时数据分析不仅提高了财务管理的响应速度，也增强了教育机构在市场中的竞争力。

四、教育行业成本控制的智能化方法

（一）成本监控技术

在现代教育行业中，成本监控技术的应用日益重要，特别是在资源有限的背景下，如何有效地控制成本成为教育机构管理者关注的重点。利用智能传感器技术实时监测教育机构的各项成本数据，确保数据采集的准确性和及时性，是实现智能化成本控制的第一步。智能传感器能够在校园内各个角落进行数据采集，不仅涵盖了基本的水电气等消耗数据，还可以监控设备使用频率、维护成本等更为详细的信息。这些数据通过无线网络传输到数据中心，进行实时分析和处理，使管理者能够及时掌握成本变化情况，及时作出反应。

物联网技术的引入进一步提升了成本监控的全面性。通过将不同部门的财务数据进行整合，物联网技术实现了跨部门的数据共享。这种整合不仅提高了数据的可用性，还消除了信息孤岛现象，确保每个部门都能获得及时、准确的财务信息。教育机构可以通过这种方式实现更精细化的成本控制，识别各个环节的成本节约空间，优化资源配置，提高整体运作效率。

应用机器学习算法分析历史成本数据，能够识别成本变化的趋势和异常情况，为决策提供依据。机器学习算法通过对大量历史数据进行训练，可以识别成本变化的规律，从而预测未来的成本趋势。这不仅有助于管理者制定合理的预算和规划，还能在成本异常波动时提供预警，帮助管理层提前采取措施，规避潜在的财务风险。

（二）成本优化策略

成本优化策略在教育行业的应用已经成为提升财务绩效的关键因素。

首先，通过智能算法优化教育机构的课程资源配置，可以确保各项课程的开设与学生需求相匹配。这种方法不仅有助于提高教育资源的利用效率，还能有效降低不必要的教学成本。智能算法能够快速分析大量数据，识别出学生的学习需求和趋势，从而指导课程设计和资源分配。这种数据驱动的决策方式，使教育机构能够在资源有限的情况下，最大限度地满足学生的学习需求，避免资源浪费。

其次，实施基于数据分析的预算控制策略是教育行业智能化财务管理的一重要方面。通过实时监控各部门的支出，教育机构能够及时识别超支情况并采取相应措施。这种实时监控不仅提高了财务透明度，还能有效防止资金浪费。数据分析工具可以帮助财务管理人员识别潜在的财务风险和机会，从而进行更为精准的预算分配。通过这种方式，教育机构能够在不增加额外成本的情况下，提高整体财务管理的效率和效果。

再次，利用机器学习技术分析不同项目的成本效益是优化资源投入的重要策略。机器学习算法能够处理复杂的财务数据，识别高成本低效益的项目。这一过程不仅有助于优化资源配置，还能提升整体财务绩效。通过对项目的详细分析，教育机构可以识别哪些项目需要更多的资源投入，哪些项目则需要进行调整或削减。这种基于数据的决策过程，使财务管理更加科学和高效，有助于实现教育资源的合理分配。

最后，建立智能化的采购管理系统是降低教育资源采购成本的有效方法。通过实时监控市场价格和供应商表现，教育机构可以优化采购流程，确保以最优价格获得所需资源。智能采购管理系统能够自动分析市场趋势，评估供应商的可靠性和价格竞争力，从而为采购决策提供支持。这种系统不仅提高了采购效率，还能有效地降低采购成本，确保教育机构在资源获取方面具有竞争优势。这种智能化的采购管理方法，正成为教育行业财务管理创新的重要组成部分。

五、教育财务审计与风险管理的智能化策略

（一）智能审计工具

智能审计工具是现代财务管理中不可或缺的创新技术之一。它通过先进的数据分析技术，实现对财务数据的实时监控，能够自动识别异常交易情况和潜在风险。这种实时性和准确性大大提高了审计的效率，使财务管

理人员能够及时发现和应对潜在问题。传统的审计方法通常依赖人工的周期性检查，而智能审计工具则可以在数据产生的瞬间进行分析和报警，从而在第一时间提供风险预警。这不仅减少了财务风险的滞后性，也为管理层提供了更为可靠的决策依据。

在智能审计工具中，机器学习算法的应用是其核心技术之一。通过这种算法，审计流程得以自动化，大大减少了人工干预的必要。这种自动化程度的提高，不仅提高了审计效率，还显著降低了审计成本。传统审计需要大量的人力资源进行数据整理和分析，而智能审计工具通过机器学习可以自动学习和适应新的数据模式，持续优化审计流程。这种自适应能力使审计工作更加灵活和高效，能够迅速响应财务管理中的各种变化。

智能审计工具还提供了强大的可视化报告功能，使审计结果更加直观和易于理解。通过图表、仪表盘等可视化工具，管理层可以快速掌握财务状况和潜在问题。这种可视化的呈现方式不仅提高了信息传递的效率，还帮助非专业人员更好地理解复杂的财务信息。管理层可以通过这些报告迅速作出决策，调整财务策略，以应对不断变化的市场环境和内部管理需求。

此外，智能审计工具通过集成区块链技术，确保了财务数据的安全性和不可篡改性。这种技术的应用增强了审计过程的透明度和信任度。区块链技术以其分布式账本的特性，能够有效防止数据的篡改和丢失，确保每一笔交易记录的真实性和完整性。这种安全保障对于教育行业的财务管理尤为重要，因为它涉及大量的资金流动和敏感信息。通过智能审计工具，教育财务管理能够在保护数据安全的同时，提高整体的管理水平和风险控制能力。

（二）风险管理系统集成

风险管理系统集成在现代教育行业的财务管理中扮演着至关重要的角色。通过将财务与运营数据进行集成，教育机构能够实现对财务风险的实时监控。这种集成不仅提高了数据的全面性和准确性，还使财务管理变得更加高效。系统集成能够自动汇集来自不同部门的数据，形成一个统一的财务视图，帮助管理人员更好地识别和理解潜在风险。实时监控系统的应用确保在数据异常或风险出现时，管理层能够迅速采取措施，防止问题的扩大。

智能算法的应用为风险管理带来了革命性的变化。通过利用先进的机器学习和数据分析技术，智能算法能够自动识别潜在的财务风险，并提供实时预警和应对措施。这种能力大大增强了企业的风险管理能力，使教育机构能够在风险出现之前采取预防措施，降低损失的可能性。智能算法还能够根据历史数据和当前市场环境，预测未来可能出现的风险，并为管理层提供科学的决策支持。这种前瞻性的风险管理策略，使教育机构在复杂多变的环境中，能够保持财务的稳健和安全。

构建可视化风险管理平台是实现智能化风险管理的重要步骤。可视化平台通过图形化的方式呈现财务风险状况，使管理层能够直观地了解当前的风险水平和趋势。这种直观的展示方式不仅提高了管理层的风险意识，还支持他们进行科学的决策和资源配置。通过可视化平台，管理层可以快速地识别高风险区域，并将资源集中在这些关键领域，以有效降低风险。可视化平台的应用，使财务管理从传统的静态报告转变为动态的风险监控，极大地提高了管理效率和决策的准确性。

与外部市场数据的连接是实现动态风险管理策略的关键。教育机构可以通过与外部市场数据的集成，及时获取市场变化的信息，并据此调整其风险管理策略。这种动态调整能力确保教育机构在快速变化的市场环境中，能够保持财务的安全和稳健。通过实时获取市场数据，教育机构能够更好地预测市场趋势，并根据这些趋势调整其财务策略，以应对可能出现的风险。动态风险管理策略的实施，使教育机构能够在不确定的环境中，保持竞争力和财务健康。

第六节　影视行业中的智能化财务管理

一、影视项目预算的智能化编制

（一）数据驱动的预算分析

数据驱动的预算分析在影视行业中发挥着关键作用。利用大数据分析技术，财务管理人员可以深入挖掘影视项目的历史预算数据，从中识别影响成本的主要驱动因素。这种分析不仅提高了预算编制的精准度，还为未来项目提供了更为可靠的参考依据。例如，通过对过往项目的预算偏差分析，可以确定哪些环节容易产生超支，并在新项目中预先规避这些风险。数据驱动的预算分析还能够通过对比不同项目的预算执行情况，找出成本控制的最佳实践，从而在新项目中加以应用。

应用机器学习算法进一步提高了预算编制的智能化水平。通过对市场趋势和观众偏好的分析，机器学习算法能够动态调整预算编制，以更好地适应市场需求的变化。例如，某些类型的影视作品在特定时期可能会受到观众的热捧，而另一些类型则可能表现平平。通过对这些趋势的预测，财务管理人员可以合理调整预算分配，确保资源的最优配置。机器学习算法还可以帮助识别潜在的市场风险，提前采取应对措施，从而提高项目的成功率。

建立实时预算监控系统是实现智能化财务管理的重要步骤。该系统能够在预算执行过程中提供更高的透明度和灵活性，确保各项支出在控制范围内进行。通过实时监控，管理层可以及时发现预算执行中的偏差，并迅速采取纠正措施，避免对项目造成更大的影响。实时监控系统还能够生成详细的财务报告，帮助管理层全面掌握项目进展情况，从而作出更为科学的决策。

（二）自动化预算调整机制

自动化预算调整机制在现代影视行业的财务管理中扮演着至关重要的角色。智能化系统通过对实时数据和预算执行情况的持续监控，能够自动识别预算偏差，并基于此生成调整建议。这一机制不仅增加了预算管理的灵活性，还加快了响应速度，使管理层能够在变化多端的市场环境中保持竞争优势。预算的自动化调整不再是依赖人工的烦琐计算和分析，而是通过智能系统的高效处理实现。

自动化预算调整机制还通过模拟不同的市场情景和业务变化，提供多种调整方案。这使管理层在面对不确定性时，能够获得更加科学的决策依据。不同的情景模拟为管理层提供了多维度的视角，使其能够从容应对市场波动和业务调整的挑战。通过智能化支持，影视项目的财务管理人员不仅提高了决策的精准度，也增强了对风险的预判能力。

系统集成的实时反馈机制进一步确保了预算调整的准确性和协调性。在预算执行过程中，各部门可以及时更新相关数据，系统会自动将这些更新纳入预算调整的考量范围。这种机制不仅提高了预算调整的效率，还增强了各部门之间的协调性，确保企业资源的合理配置和有效利用。实时反馈机制的运用，使预算管理更加动态和灵活。

利用机器学习算法，自动化预算调整机制能够分析历史数据与当前趋势，从而优化预算分配。这种分析能力不仅减少了资源浪费，还提高了预算的利用效率。通过对大量数据的深度学习和分析，系统能够识别潜在的预算优化机会，帮助影视企业在资源有限的情况下实现最佳的财务绩效。机器学习的引入，使预算调整机制不仅具有前瞻性，还具备自我优化的能力。

二、票房预测与收益分析的智能化方法

（一）基于人工智能的票房预测模型

在现代影视行业中，票房预测已成为制片方和发行方进行战略决策的重要依据。基于人工智能的票房预测模型通过分析大量数据，提供更为精准的预测结果。这些模型利用深度学习和神经网络技术，从历史票房数据中提取规律，预测未来影片的市场表现。这种方法不仅提高了预测的准确性，还减少了人为预测中的偏差，使电影公司能够更好地规划发行策略和资源配置。

观众行为数据是票房预测模型的重要组成部分。通过分析观众的历史观影习惯和偏好，人工智能可以提供更为精准的票房预测依据。这些数据包括观影频率、观看类型偏好、购票时间等。通过对这些数据的深度挖掘，预测模型能够识别潜在的观众群体和市场趋势，从而为电影发行提供强有力的支持。这种数据驱动的预测方法也有助于电影公司在影片制作阶段作出更为明智的决策。同时，社交媒体和网络评论数据为票房预测提供了新的视角。利用情感分析技术，模型可以评估影片的市场反响，进而优化票房预测。这些数据来源于社交媒体平台、影评网站等，反映了观众对影片的即时反馈。通过分析这些评论的情感倾向，电影公司可以更好地理解观众的需求和期望，及时调整宣传策略和上映计划，以最大限度地实现票房收益。这种方法不仅提高了预测的灵活性，也增强了对市场动态的响应能力。

机器学习算法在票房预测中扮演着关键角色。通过实时更新预测模型，机器学习法能够动态调整预测结果，以适应市场变化和竞争态势。这种动态调整机制使预测模型能够在面对突发事件或市场波动时，迅速作出反应，从而保持预测的准确性和稳定性。机器学习算法还可以通过不断学

习和优化，提升模型的预测能力，为电影公司提供更为可靠的决策支持。

整合多维度数据有助于构建综合票房预测模型，从而提高预测的准确性和可靠性。这些数据包括影片类型、上映时间、竞争影片等因素，通过对这些因素的综合分析，预测模型能够更全面地评估影片的市场潜力。这种多维度分析方法不仅增强了模型的预测能力，也为电影公司提供了更为全面的市场洞察，使票房预测不再是单一维度的分析，而是多种因素综合考量的结果。

（二）智能化收益分析工具的应用

智能化收益分析工具在现代影视行业中扮演着重要角色。它能够实时整合来自多个来源的数据，包括票房、观众反馈及市场动态。这种多维度的数据整合为管理层提供了一个全面的收益分析视图，使决策者能够在复杂多变的市场环境中保持信息的全面性和准确性。这种实时数据的整合能力，不仅提高了数据的利用效率，还减少了信息滞后的风险，使管理层能够在最短的时间内作出最优决策。

通过采用先进的机器学习算法，智能化收益分析工具能够识别出影响票房和收益的关键因素。这种能力帮助管理层在资源配置和市场策略上进行优化。例如，通过对观众偏好和市场趋势的分析，管理者能够更精准地进行市场定位和资源分配，从而提高电影的市场竞争力和收益潜力。这种算法驱动的分析能力，使企业在面对激烈市场竞争时，能够更具前瞻性地调整其经营策略。

智能化收益分析工具支持可视化收益报告的生成。这些报告通过直观的图表和数据展示各项收益指标的变化趋势，极大地增强了管理层对财务状况的理解与决策能力。通过可视化的方式，管理层可以更清晰地看到不同时间段内收益的变化，以及各项指标之间的关联性，从而在财务管理中做到心中有数，决策有据。

智能化收益分析工具还具备进行情景模拟的功能。它能够在不同的市场条件下评估企业的收益表现，这对于企业制订灵活的财务计划和应对策略至关重要。通过情景模拟，企业可以预见可能的市场变化，并提前制定相应的应对措施，从而在市场波动中保持财务的稳健性和灵活性。这种前瞻性的财务规划能力，使企业在面对不确定性时，能够更从容地应对各种挑战。

三、影视制作成本的智能化控制

（一）成本核算自动化

在现代影视行业中，成本核算的自动化已成为提高财务管理效率的关键手段。智能化系统通过实时数据采集，能自动记录影视制作过程中的各项成本，这不仅确保了数据的准确性和及时性，还减少了人为输入错误的可能性。通过这种方式，财务管理人员能够实时掌握项目的资金流动情况，快速响应预算超支等问题。实时的数据更新使管理层可以即时获取最新的财务状况，为项目的顺利推进奠定了坚实的基础。

智能化系统利用机器学习算法，对生产过程中的各类成本要素进行深入分析，自动生成详细的成本分析报告。这些报告不仅帮助管理层识别成本控制的关键环节，还能揭示潜在的成本节约机会。通过对历史数据的分析，系统能够预测未来可能出现的成本问题，并制订相应的解决方案。这种基于数据驱动的分析方法，使管理决策更加科学和精准，从而提高了整个项目的经济效益。

为了实现更高效的成本管理，构建集成化的成本核算平台是必不可少的。该平台将制作、财务和后期等多个模块的数据进行整合，实现了跨部门的信息共享与协同。这种整合不仅提高了数据的流动性，还减少了信息孤岛现象，从而提高了整体管理效率。通过这种方式，各部门可以在统一的平台上进行沟通和协作，确保信息的一致性和透明度，为项目的成功提供了有力的支持。

智能化工具在成本预测中发挥着重要作用。基于实时数据和市场变化，这些工具能够提供科学的成本控制建议，支持影视项目的预算编制与决策。通过对市场趋势的分析和未来成本的预测，管理层可以制订更加合理的预算方案，确保项目在预算范围内顺利进行。这种前瞻性的管理方式，不仅降低了项目的财务风险，还提高了整体的资金使用效率，为企业的长远发展奠定了基础。

（二）制作流程优化

影视制作流程的优化是实现成本控制和提高效率的关键环节。利用人工智能技术，影视制作可以在拍摄调度上实现显著的优化。通过智能化系统自动分析场景需求与资源分配，制片方可以确保拍摄流程的高效性与灵活性。人工智能技术的应用不仅减少了人为调度的复杂性，还有效缩短了拍摄周期，降低因资源浪费而产生的额外成本。

机器学习算法在影视制作中的应用，为识别和解决制作过程中的瓶颈提供了新的视角。通过对拍摄过程中的实时数据进行分析，制作团队可以及时识别潜在的问题，并迅速采取措施加以解决。这种动态响应能力提高了整体制作效率，使资源的利用更加合理，减少了因流程不畅而造成的延误和成本增加。

在后期制作阶段，构建智能化的管理系统至关重要。这种系统能够实现各部门之间的实时协同，优化后期制作流程。通过智能化手段，各部门可以在一个平台上共享信息，减少了信息传递的滞后性和误解，从而缩短项目完成时间。智能管理系统的应用不仅提高了后期制作的效率，还为项目的按时交付提供了保障。

数据分析工具的实时监控功能为影视制作成本的合理使用提供了强有力的支持。通过对制作成本的实时监控，项目管理团队可以及时调整资源配置，确保预算的合理使用。这种动态监控和调整机制使制作团队能够在预算范围内进行灵活的资源管理，避免了超支或资源浪费的情况，为影视项目的财务管理提供了新的解决方案。

（三）成本监控系统设计

在现代影视行业中，成本监控系统设计是实现智能化财务管理的关键环节。

首先，构建实时数据监控平台是首要任务，通过智能传感器和物联网技术，可以自动采集各类成本数据。这种技术的应用不仅提高了数据采集的准确性，还显著提升了数据传输的及时性，为管理层提供了一个可靠的成本数据基础。通过这样的系统，企业能够在第一时间了解各个项目的成本动向，从而在激烈的市场竞争中占据优势。

其次，设计一个多维度的成本分析仪表盘是一个重要步骤。通过整合不同部门的成本数据，这种仪表盘能够以可视化的方式展示复杂的数据关系，帮助管理层快速识别成本异常和发现优化机会。可视化工具的引入，使管理层能够更加直观地理解数据背后的意义，进而作出更为精准的决策。这种分析方法不仅提高了企业的成本控制能力，还为其提供了一个持续优化的路径。

再次，在成本监控系统中，基于机器学习的成本预测模型的实施同样不可或缺。通过对历史数据和市场趋势的分析，这些模型能够动态调整成本监控策略，从而提升预算控制的灵活性。机器学习算法的应用，使影视企业可以在面对市场变化时，迅速调整其财务策略，确保资源的最优配置。这种智能化的预测能力，为影视企业在不确定的市场环境中提供了可靠的决策支持。

最后，建立智能化的反馈机制是确保成本监控系统有效运作的重要保障。定期生成的成本监控报告，为管理层提供了及时的成本变化信息。这些报告不仅有助于管理层进行科学决策，还支持影视企业在资源配置上的合理化调整。通过这种反馈机制，影视企业能够形成一个闭环的成本管理体系，确保在每一个决策点上都有充分的数据支持，从而实现财务管理的智能化和高效化。

四、影视行业财务风险的智能化识别与管理

（一）风险识别技术

在现代影视行业中，风险识别技术的应用变得尤为重要。基于大数据分析的风险识别模型已经成为一种有效的工具，它通过实时监控项目进展和市场动态，自动识别潜在的财务风险因素。这种技术不仅提高了风险预警的准确性，还为财务管理人员提供了更加可靠的决策支持。通过对海量数据的分析，企业能够更早地发现风险信号，从而在风险尚未出现之前采取有效的防范措施，确保财务的稳定性和项目的成功。

机器学习算法在风险识别中的应用日益广泛。通过对历史财务数据的深度学习，机器学习能够提取影响财务稳定性的关键指标。这些指标为管理层提供了及时应对潜在风险的依据，使风险管理更加精准和高效。人工智能的介入使财务风险的识别不再仅仅依赖传统经验，而是建立在科学的数据分析基础上，从而大幅提高了风险管理的水平和效率。

情感分析技术同样在风险识别中发挥了重要作用。通过监测社交媒体平台和观众反馈，企业可以识别与影视项目相关的市场风险。这种技术帮助企业在早期阶段采取相应的应对策略，避免因市场变动而导致的财务损失。情感分析不仅关注数据本身，更关注数据背后的情感和态度，从而为企业提供了更为全面的风险分析视角。这种以人为本的技术手段为影视行业的财务管理带来了新的创新和突破。

为了实现全面的风险识别与分析，构建多维度的风险评估平台是必不可少的。该平台整合了项目管理、市场环境和财务状况的数据，提供了一个全方位的风险识别框架。这种整合式的分析方法提高了决策的科学性，

使企业能够更全面、更深入地理解和管理风险。通过这种多维度的分析，企业不仅能够识别当前的风险，还能预测未来可能出现的风险，从而在竞争激烈的影视行业中占据优势。

（二）风险监控系统

风险监控系统在影视行业的财务管理中扮演着至关重要的角色。建立实时监控系统是关键，通过先进的数据采集和分析技术，能够自动跟踪各种财务指标的变化。这种系统的核心在于其能够及时识别潜在的财务风险，从而为企业提供预警机制。这不仅提高了风险管理的效率，还为管理层提供了可靠的数据支持，使其能够在风险发生之前采取适当的应对措施。通过这种方式，企业可以在复杂多变的市场环境中保持竞争优势。

1. 应用机器学习算法

应用机器学习算法是提升风险识别准确性的有效手段。通过分析历史财务数据与市场动态，构建动态风险监控模型，可以更精准地捕捉潜在的风险信号。这些算法能够从大量数据中提取出有价值的信息，帮助企业更好地理解市场趋势和财务健康状况。通过不断地自我学习和优化，这些模型能够随着市场环境的变化而调整其风险评估策略，从而为企业提供更具前瞻性的风险管理方案。

2. 整合多维度数据源

整合多维度数据源是实现全面风险监控的基础。通过将财务、运营和市场信息进行有机整合，风险监控系统能够提供更为全面的风险画像。这种多维度的数据整合不仅提高了风险识别的全面性，还确保了管理层能够及时地掌握潜在风险的全貌。通过这种方式，企业可以在更大程度上降低风险发生的概率，并在风险发生时能够迅速采取有效的应对措施，从而保障企业的财务安全。

3. 设计可视化风险监控仪表盘

设计可视化风险监控仪表盘是支持管理层快速决策的重要工具。通过直观展示关键财务指标和风险评估结果，管理层可以更清晰地了解企业当前的财务状况和潜在风险。这种可视化的方式不仅提高了信息传递的效率，还增强了管理层的决策能力，使其能够在短时间内制定出有效的应对策略。通过这种方式，企业可以更加灵活地应对市场变化，保持其在激烈的市场竞争中优势地位。

（三）风险应对策略

1. 建立动态风险应对机制

在影视行业中，风险应对策略的制定和实施是确保企业财务稳健运营的关键。建立动态风险应对机制是其中的重要环节，这一机制依赖实时数据的获取和分析，能够使企业在面对市场变化时，快速调整财务策略。通过对市场动态的实时监控，企业可以预见可能的风险，并采取及时的措施进行应对。这种动态机制不仅提高了风险管理的灵活性，还增强了企业在复杂市场环境中的适应能力。

2. 实施多层次的风险评估框架

风险评估框架要求企业在进行风险评估时，不仅要考虑财务数据，还要综合市场和运营数据，以确保对潜在风险的全面识别和分析。多层次的评估能够帮助企业从不同角度审视风险，避免因单一数据来源导致的判断失误。这种综合评估方法为企业提供了更为全面的风险视图，使其能够制定更为精准和有效的风险应对策略。

3. 应用人工智能技术

人工智能技术在风险模拟和情景分析中的应用，为企业提供了新的风险管理工具。通过模拟不同情境下的财务风险，企业可以提前预见潜在问题，并制定相应的应对策略。这种前瞻性的分析能力，不仅提升了企业的风险预测能力，也为其提供了更为丰富的决策依据。借助人工智能的强大计算能力，企业能够在短时间内处理大量数据，从而快速识别风险并采取措施。

4. 加强跨部门协作

加强跨部门协作是提高整体风险管理效率的重要手段。财务、运营和市场团队之间的信息共享与沟通，是确保风险应对策略有效实施的基础。通过建立高效的信息交流机制，各部门能够及时共享数据和见解，形成合力，应对风险。这种协作不仅提高了企业内部的协调能力，也增强了其在面对外部不确定性时的应变能力，从而实现更为稳健的财务管理。

第八章 DeepSeek 在财务管理中的应用与创新

第一节 DeepSeek 的技术架构与核心能力

一、DeepSeek 的技术架构的组成与特点

（一）分布式计算与存储架构

分布式计算与存储架构是 DeepSeek 技术架构中的关键组成部分，能够显著提高财务数据处理的速度与效率。分布式计算架构通过将大型数据集分割成更小的部分，并在多个节点上并行处理，从而有效应对大规模数据集的挑战。这种架构不仅提升了数据处理的速度，还减少了单一故障点的影响，增强了系统的稳定性和可靠性。此外，DeepSeek 的存储架构采用分布式文件系统，确保数据的高可用性与容错能力。通过在多个位置存储数据副本，系统能够在某个节点出现故障时，仍然保持数据的完整性与可访问性。这种设计使 DeepSeek 可以灵活应对不断增长的财务数据需求，满足企业在数据存储和处理方面的高标准要求。

为了应对财务分析任务的复杂性和多样性，DeepSeek 的分布式计算架构支持并行处理，能够同时执行多个财务分析任务，显著提高工作效率。通过并行计算，DeepSeek 可以在短时间内完成对大量数据的分析与处理，

为决策提供及时的支持。这一特性在现代财务管理中尤为重要，因为企业需要快速响应市场变化，以保持竞争优势。值得注意的是，DeepSeek 的架构设计充分考虑了数据安全性问题。系统采用多层加密技术保护财务数据的机密性，确保在数据传输和存储过程中不被未经授权访问。这种安全措施不仅保护了企业的敏感信息，还增强了用户对系统的信任和依赖。

DeepSeek 通过节点的横向扩展，能够灵活应对不断增长的财务数据需求。横向扩展意味着可以通过增加更多的计算节点来提高系统的处理能力，而不需要对现有系统进行大规模的改动。这种扩展方式不仅节省了成本，还为企业提供了更大的灵活性和可扩展性。在财务管理中，数据量的增长是不可避免的，因此能够根据需求快速扩展系统架构显得尤为重要。此外，DeepSeek 的分布式架构还支持多租户环境，为不同的用户群体提供个性化的服务。这种多租户支持不仅提高了资源的利用效率，还为企业提供了更大的灵活性和可定制性，以满足不同客户的特定需求。

（二）深度学习与人工智能算法

深度学习算法以其强大的数据处理能力，尤其在财务数据预测中，能够通过分析大量的历史数据识别潜在的趋势和模式，从而显著提升财务预测的准确性。这种算法的应用不仅限于预测，还能够在复杂的财务环境中进行模式识别和异常检测，为企业提供更为精准的财务分析和决策支持。通过深度学习，企业可以更好地理解市场动态，调整财务策略，以应对不断变化的经济环境。

自然语言处理技术是 DeepSeek 在财务报告分析中的一大突破。该项技术能够自动提取财务报告中的关键信息，极大地提高信息处理效率。在传统的财务报告分析中，分析师需要花费大量时间对数据进行手动筛选和解读，而自然语言处理技术的引入则改变了这一现状。通过自动化的文本分析，财务管理人员可以迅速地获取所需的关键数据，减少人为错误，提高决策的及时性和准确性。这一技术的应用使财务报告分析从烦琐的手工操作转变为高效的自动化流程。

机器学习模型在风险评估中的应用为财务管理带来了新的可能性。通过分析大量的客户行为数据，机器学习模型能够识别潜在的财务风险，并优化决策过程。这种数据驱动的风险分析方法，不仅提高了风险识别的准确性，还增强了企业应对风险的能力。通过实时的数据分析，企业可以提前预警，采取相应措施，降低财务风险的影响。机器学习在风险评估中的应用，为企业的财务管理提供了强有力的技术支持。

智能决策支持系统结合深度学习技术，能够提供实时的数据分析与洞察，帮助财务管理人员作出更为科学的决策。通过对多维度数据的深度分析，智能决策支持系统能够快速识别财务管理中的关键问题，并提出可行的解决方案。这种高效的决策支持，不仅提高了财务管理的效率，还增强了企业的竞争力。智能决策支持系统的应用，使财务管理从经验决策向数据驱动决策转变，推动了财务管理的现代化进程。

（三）数据安全与隐私保护机制

在现代企业财务管理中，数据安全与隐私保护是至关重要的。DeepSeek 通过多层加密技术，为财务数据从传输到存储的各个环节提供了坚实的安全保障。这种多层加密技术不仅能防止未经授权的访问，还能确保数据在整个生命周期中的完整性和机密性。通过这种方式，DeepSeek 有效地消除了数据泄露的风险，为企业的财务管理提供了可靠的安全屏障。

身份验证和权限管理是 DeepSeek 数据安全策略的一个核心组成部分。通过严格的身份验证程序，DeepSeek 确保只有经过授权的用户才能访问敏感的财务信息。这种机制不仅增强了系统的安全性，还能根据用户角色分配不同的权限，确保财务数据的使用和管理符合企业的合规要求。这种精细化的权限管理体系，极大地提高了数据访问的安全性和灵活性。

数据脱敏技术是 DeepSeek 在保护个人隐私方面的重要措施之一。在处理和分析财务数据的过程中，DeepSeek 通过数据脱敏技术，有效地避免了敏感信息的泄露。这种技术通过对数据进行匿名化或伪装处理，使得即使数据被截获，也无法轻易地识别个人身份信息，从而最大限度地保护了用户的隐私。

为了确保财务数据的持久安全，DeepSeek 系统定期进行安全审计和漏洞评估。这种主动的安全管理策略，能够及时发现并修复潜在的安全隐患，防止安全事件的发生。通过定期的安全检查，DeepSeek 不仅能维护数据的安全性，还能不断优化系统的安全性能，为企业提供一个安全可靠的财务管理平台。

DeepSeek 建立了完善的数据备份和恢复机制，以应对可能的数据丢失或损坏事件。这一机制确保在发生意外时，系统能够迅速地恢复财务数据，维护业务的连续性。通过定期备份和有效的恢复策略，DeepSeek 为企业提供了一个稳定的财务管理环境，保障了企业在突发情况下能够安全运营。

二、DeepSeek 的数据处理与分析能力

（一）海量数据的实时处理能力

在现代企业财务管理中，实时处理海量数据的能力至关重要。DeepSeek 作为一款先进的财务管理工具，能够实时处理海量财务交易数据。这一能力确保了企业能够及时获取财务状况的最新信息，从而支持快速而准确的决策。通过这种实时数据处理，企业能够在瞬息万变的市场环境中保持竞争优势，及时调整财务策略以应对新的挑战。

DeepSeek 通过高效的数据流处理技术，实现了对实时数据的动态分析。该项技术不仅提升了财务监控的敏捷性，还使企业能够更迅速地识别财务异常情况和风险。通过动态分析，DeepSeek 能够为企业提供更为全面和细致的财务数据洞察，帮助企业在复杂的财务环境中作出明智的决策。

这种技术架构还支持多种数据格式和来源的处理，使财务管理更加灵活和高效。

实时数据处理能力是提升财务预测模型准确性的关键。DeepSeek 的系统能够基于最新的数据进行动态调整，使财务预测更加贴近实际。这种能力不仅提高了预测的准确性，还使企业能够更好地规划未来的财务活动。通过实时数据的支持，企业可以及时发现市场趋势和变化，从而制定更具前瞻性的财务策略，确保企业长期稳定发展。

为了实现海量数据的实时处理，DeepSeek 采用了先进的流式计算框架。该框架支持多源数据的并行处理，确保了财务数据处理的实时性与一致性。这一特性使企业能够有效整合来自不同渠道的数据，从而获得全面的财务视图。并行处理不仅提高了数据处理的速度，还减少了数据处理过程中的瓶颈，确保了财务信息的及时更新。

DeepSeek 通过智能算法优化数据处理流程，显著降低了数据处理的延迟。这种优化不仅增强了财务报告生成的及时性与可靠性，还使企业能够在更短时间内获取所需的财务信息。通过减少延迟，企业能够更快地对市场变化做出反应，优化财务决策流程，为企业带来更高的效率和竞争力。这种创新的处理能力使 DeepSeek 在财务管理领域中脱颖而出，成为企业财务管理的利器。

（二）多源数据的融合与清洗

多源数据的融合与清洗是现代财务管理中一项关键能力。DeepSeek 通过其智能算法，能够实现多源数据的自动融合，确保来自不同来源的财务数据可以无缝整合。这一过程不仅提高了数据的一致性，还使财务分析能够在更高的层次上进行。通过将不同来源的数据进行整合，DeepSeek 有效地消除了数据孤岛问题，为企业提供了一个统一的财务数据视图。这种能力在当前数据多样化的背景下显得尤为重要，因为它能够帮助企业在复杂的财务环境中作出准确的决策。

系统采用的数据清洗技术同样不容小觑。DeepSeek 能够自动识别和修正数据中的错误和不一致性，从而提升数据质量。这一过程确保了分析结果的可靠性，使企业在进行财务决策时能够依赖高质量的数据。数据清洗的自动化也大大减少了人工干预的需求，降低了人为错误的可能性。通过这种方式，DeepSeek 不仅提高了数据处理的效率，还增强了企业在市场中的竞争力。

DeepSeek 还支持对结构化和非结构化数据的融合。它能够整合来自财务系统、社交媒体平台及市场调研等多种数据源，提供全面的财务视图。这种多源数据的融合能力，使企业能够从更广泛的角度分析其财务状况，识别潜在的市场机会和风险。通过整合结构化与非结构化数据，DeepSeek 能够提供更为丰富和多维度的财务分析结果，为企业的战略规划提供有力支持。

在数据处理流程中，DeepSeek 通过高级数据映射技术，将不同格式的数据转化为统一格式。这一过程简化了数据处理流程，提高了分析效率。通过统一的数据格式，企业能够更迅速地进行数据分析和报告生成。这种技术的应用，不仅节省了时间和人力成本，还提高了企业对市场变化的反应速度，使其在激烈的市场竞争中保持领先地位。

此外，DeepSeek 利用数据标签和分类技术，自动对多源数据进行标识和分类。这种自动化的标识和分类能力，极大地增强了数据的可用性。通过对数据的精准分类，企业能够更好地进行后续的分析和决策支持。这一技术的应用，使企业能够在海量数据中快速定位关键信息，作出及时而准确的财务决策，为其业务发展提供强有力的支持。

（三）数据可视化与智能分析

数据可视化与智能分析在现代财务管理中扮演着至关重要的角色。DeepSeek 通过交互式仪表盘展示财务数据的实时动态，使管理者能够迅速地掌握企业的财务状况和关键指标。这种实时动态展示的能力不仅提高了信息的可获得性，还使决策过程更加高效和准确。交互式仪表盘的设计考虑了用户体验，使复杂的数据能够以直观的方式呈现，帮助管理者在信息洪流中保持清晰的视野。

系统利用数据可视化技术，将复杂的财务数据转化为易于理解的图表和图形，极大地增强了决策的直观性。通过这种转化，DeepSeek 为非技术背景的用户提供了强大的工具，使他们能够在不需要深入了解数据科学的情况下，仍然能够从数据中提取有价值的见解。这种可视化的方式使财务数据分析不仅限于专业分析师，而是扩展到更广泛的管理层和业务部门。

DeepSeek 支持自定义报表功能，用户可以根据需求灵活选择可视化元素，以满足不同财务分析的要求。这种灵活性是 DeepSeek 的一大优势，允许用户根据具体的业务需求和个人偏好调整报表的内容和形式。自定义报表功能不仅提升了用户的使用体验，也增强了系统的适应性，使其能够在复杂多变的商业环境中保持高效的适用性。

通过智能分析工具，DeepSeek 能够自动识别财务数据中的异常模式，提供预警信息，帮助企业及时应对潜在风险。这种自动化的异常检测功能使企业能够在问题出现之前就采取预防措施，从而降低风险和损失。智能分析工具的应用体现了 DeepSeek 在财务管理中的创新性，为企业的风险管理提供了强有力的支持。

DeepSeek 集成了自然语言生成技术，能够将数据分析结果自动转化为易读的财务报告，提高信息传递的效率与准确性。自然语言生成技术的应用，使复杂的分析结果能够以简单明了的方式呈现给决策者，缩短了从数据到决策的距离。这种技术不仅提高了报告的可读性，也确保了信息传递的准确性和及时性，为企业的战略决策提供了坚实的数据支持。

三、DeepSeek 的智能决策与预测能力

（一）基于机器学习的财务预测模型

基于机器学习的财务预测模型能够通过分析历史数据，进行趋势分析，从而识别潜在的财务波动和变化。通过这种方式，企业可以提前预见可能的财务风险，并采取相应的措施进行防范。财务预测模型的核心在于其能够处理大量复杂数据，通过数据挖掘和分析，揭示隐藏在数据背后的财务趋势。随着数据量的不断增加，机器学习模型可以更加准确地预测未来财务状况，为企业的战略决策奠定坚实的基础。

财务预测模型利用多种算法进行财务数据建模，以提升预测的准确性和可靠性。常用的算法包括回归分析和时间序列分析，这些方法能够捕捉数据中的规律和模式，从而提高预测的精准度。回归分析可以帮助识别变量之间的关系，而时间序列分析则可以捕捉数据的动态变化特征。通过结合多种算法，DeepSeek 的财务预测模型能够更加全面地理解财务数据的复杂性，进而提高预测的准确性。这种多种算法的结合使模型在应对不同财务情境时具有更高的适应性和灵活性。

通过特征工程，财务预测模型能够提取出影响财务结果的关键因素，从而优化预测效果。特征工程的过程包括对数据进行清理、选择和转换，以便模型能够更有效地学习和预测。在财务预测中，识别出关键的财务指标和外部因素是至关重要的。这些因素可能包括市场趋势、经济指标、公司内部运营数据等。通过对这些因素的深入分析，财务预测模型可以更准确地预测未来的财务表现，为企业提供更具前瞻性的财务策略。

机器学习模型具备自我学习的能力，能够随着新数据的加入不断调整和优化预测结果。这种自我学习的特性使财务预测模型能够保持其有效性和准确性，尤其在动态变化的市场环境中。随着时间的推移，财务预测模

型通过不断更新和迭代，能够适应新的市场条件和财务数据变化。这样一来，企业可以依赖财务预测模型提供的最新预测结果，及时调整财务策略，以应对市场变化和挑战。

财务预测模型能够集成外部经济指标和市场数据，为财务决策提供更全面的支持和参考。通过将外部数据整合到财务预测模型中，企业可以获得更广泛的市场视角和经济背景信息。这种集成能力使财务预测不仅局限于企业内部数据，而是扩展到更广泛的经济环境中。通过对外部因素的分析，企业能够更好地理解市场趋势和经济变化，从而制定更加有效的财务决策。这种全面的视角为企业在激烈的市场竞争中提供了重要的战略优势。

（二）风险识别与预警机制

在现代企业财务管理中，风险识别与预警机制是保障企业稳健运营的关键要素。DeepSeek 通过其先进的机器学习算法，能够有效地分析企业的历史财务数据，识别潜在的风险模式和异常行为。这种能力使企业能够在风险尚未全面显现之前，以便及早获得预警信号，从而为管理者提供充足的时间和信息来制定应对策略。DeepSeek 的风险识别不仅限于传统的财务数据分析，还通过实时监控关键财务指标，自动生成预警信号。这一机制帮助管理者在纷繁复杂的财务环境中，及时采取措施应对潜在的财务风险，避免可能的损失。

DeepSeek 的创新在于其对外部数据源的集成能力。系统不仅依赖内部财务数据，还结合市场波动、经济指标等外部数据进行综合分析。这种多维度的数据整合能力，使 DeepSeek 能够更全面地识别可能的风险因素，提升风险管理的前瞻性和准确性。通过建立复杂的风险评分模型，DeepSeek 可以量化不同财务活动的风险程度，为财务决策的优化提供科学依据。这种量化分析工具，使管理者在决策过程中能够更加理性和客观地评估风险与收益的平衡。

在信息化时代，自然语言处理技术的应用也为风险管理带来了新的视角。DeepSeek 利用这一技术，能够自动分析财务报告中的文本数据，识别潜在的风险警示信息。这种自动化的文本分析能力，不仅提高了风险管理的效率，还减少了人为分析的误差。通过对大量财务文档的快速处理，DeepSeek 帮助企业在信息爆炸的时代中，迅速地捕捉到关键信息，优化风险管理流程。这样的技术创新，彰显了 DeepSeek 在财务管理领域的前瞻性和实用性，为企业的可持续发展提供了坚实的技术支持。

（三）自动化决策支持系统

DeepSeek 的自动化决策支持系统在现代企业财务管理中扮演着关键角色。该系统能够实时分析海量财务数据，提供基于数据驱动的决策建议，帮助管理者快速响应市场变化。通过整合先进的数据分析技术，DeepSeek 不仅提高了决策的效率，还增强了决策的科学性和可靠性。在瞬息万变的市场背景下，企业需要依赖准确的数据分析来制定战略，而 DeepSeek 正是通过其强大的数据处理能力，为企业提供了强有力的支持。

DeepSeek 的自动化决策支持系统集成了多种机器学习算法，能够自动生成财务报告和分析结果。这种自动化的特性大大减少了人工干预，使财务管理人员可以将更多精力投入战略规划和创新活动中。通过机器学习算法的不断优化，系统能够从历史数据中学习，逐步提高分析的准确性和决策的有效性。这种能力不仅提高了财务报告的生成速度，还确保了报告内容的精确性，为企业提供了及时的决策依据。

DeepSeek 的自动化决策支持系统还具备智能学习能力，能够根据历史决策结果不断优化决策模型。这种动态优化的过程，使系统能够适应不断变化的市场环境和企业需求，从而提升决策的准确性。通过不断的学习和调整，系统能够预测未来的市场趋势，为企业提供前瞻性的决策支持。这种智能学习能力使 DeepSeek 在财务管理领域具有显著的竞争优势。

DeepSeek 的自动化决策支持系统的一个显著特点是支持自定义决策规

则，用户可以根据企业的特定需求设置决策参数，从而实现个性化的决策支持。这种灵活性使企业能够根据自身的业务特点和战略目标，制订最适合的财务决策方案。通过自定义规则，企业可以更好地控制财务风险，优化资源配置，从而实现财务目标的最大化。

四、DeepSeek 的自动化与智能化能力

（一）财务流程的自动化处理

在现代企业财务管理中，自动化处理已成为提高效率的关键手段。DeepSeek 通过其先进的自动化工具，实现了财务数据的实时录入，从而减少了人工干预。这一技术革新不仅提高了数据录入的准确性，还显著提高了工作效率。传统的手动数据输入往往容易导致错误，而自动化系统则能够通过预设的规则和算法，确保每一条数据的准确性。此外，实时录入功能使财务信息能够在第一时间被记录和分析，为企业的财务管理提供了及时的数据支持。

DeepSeek 的系统还具备自动生成财务凭证的能力，这一功能确保了凭证的合规性与一致性。在传统的财务操作中，财务凭证的生成和审核是一个烦琐且耗时的过程，容易出现人为错误。而 DeepSeek 通过自动化技术，根据预设的规则和财务标准，能够自动生成符合要求的财务凭证。这不仅简化了财务审核流程，也大大减少了审核过程中可能出现的错误，提高了整个流程的效率和准确性。

DeepSeek 集成了自动化报表生成工具，能够定期生成财务报表，为管理层提供快速获取财务概览的途径。在现代企业管理中，财务报表是决策的重要依据，及时、准确的财务报表能够帮助管理层更好地理解企业的财务状况。DeepSeek 的自动化报表工具能够根据设定的时间节点，自动汇总和分析财务数据，生成详细的报表。这种自动化处理方式不仅节省了大量

的人力资源，还确保了报表的及时性和准确性。

通过智能化的工作流管理，DeepSeek 能够自动化处理财务审批流程，加快决策速度与透明度。传统的审批流程通常涉及多个部门和人员，流程复杂且耗时。而 DeepSeek 通过智能化的工作流管理系统，能够自动识别和处理审批请求，减少了人为干预和审批周期。这种智能化的处理方式不仅提高了决策的效率，还增强了流程的透明度，使每一个审批步骤都可以被追溯和监控。

DeepSeek 的自动化系统支持财务数据的智能分类与归档，提高了数据管理的效率和可追溯性。在现代企业财务管理中，数据的分类和归档是一个重要环节。DeepSeek 通过智能算法，能够自动识别和分类不同类型的财务数据，并按照预设的规则进行归档。这种智能化的处理方式不仅提高了数据管理的效率，还增强了数据的可追溯性，使企业在需要时能够快速定位和获取所需的财务信息。

（二）智能报表生成与分析

智能报表生成与分析是 DeepSeek 在财务管理领域的重要创新之一。DeepSeek 能够根据实时数据自动生成财务报表，确保管理层获取最新的财务信息以支持决策。这一功能的实现依赖 DeepSeek 强大的数据处理和分析能力，通过自动化流程减少了人工操作的干预，提高了财务报告的合规性和准确性。系统不仅能够快速响应数据的变化，还能在数据更新的同时，立即生成相应的报表，确保管理层始终掌握企业的最新财务动态。

DeepSeek 的系统支持多种报表格式的自定义生成，用户可以根据具体需求选择合适的展示方式，满足不同的分析需求。这种灵活性使财务报表的生成不再局限于传统的固定格式，用户可以根据不同的业务场景和决策需求，定制化地展示财务信息。这不仅提高了报表的实用性，也为企业的财务分析提供了多样化的视角，帮助管理层在复杂多变的市场环境中作出更为精准的决策。

通过集成智能分析工具，DeepSeek 能自动识别财务数据中的关键趋势和异常情况，提供深入的分析洞察。这一能力使 DeepSeek 在海量数据中快速定位问题成为可能，从而为企业的战略调整提供了有力的支持。智能分析工具的应用，帮助企业在数据中发现潜在的机会和风险，提前做好应对准备，提高了企业的财务管理水平和市场竞争力。

DeepSeek 实现了报表生成的自动化，减少了人工操作的错误，提高了财务报告的合规性和准确性。自动化的流程不仅降低了人力成本，还减少了人为因素带来的差错风险，确保财务数据的可靠性和一致性。通过自动化技术的应用，企业可以将更多的人力资源投入更具战略意义的活动中，优化资源配置，提高整体运营效率。

（三）人机交互与智能客服

DeepSeek 通过自然语言处理技术实现了人机交互，用户可以用自然语言与系统进行沟通。这一功能使用户能够轻松地获取财务数据和分析结果，无须具备专业的技术背景。通过这种方式，DeepSeek 不仅降低了用户的学习门槛，还提高了系统的可用性和便捷性。自然语言处理技术的应用使沟通更加直观和高效，用户体验得到了显著提升。

DeepSeek 系统集成了智能客服功能，能够自动回答常见的财务问题。这一功能不仅提高了用户咨询的响应速度，还提高了整体效率。智能客服通过不断学习和更新知识库，可以快速提供准确的答案，减少用户的等待时间。这样的设计不仅提升了用户的满意度，也减轻了人工客服的负担，使人力资源能够被更有效地利用。智能客服的高效响应能力在一定程度上改变了传统财务咨询的模式，推动了财务管理的智能化进程。

DeepSeek 提供个性化的用户界面，根据用户的需求和使用习惯，调整交互方式和信息展示。这种个性化的设计使用户在使用系统时能够有更好的体验。通过分析用户的行为和偏好，系统能够自动优化界面布局和功能设置，使得操作更加符合用户的习惯。个性化界面的应用不仅提升了用户的满意度，也提高了工作效率，使财务管理工作更加流畅和高效。

系统还支持语音识别技术，用户可以通过语音指令进行财务查询和操作。这一功能的引入简化了操作流程，使用户能够在无须手动输入的情况下完成复杂的财务操作。语音识别技术的应用不仅提高了操作的便捷性，也为用户提供了新的交互方式，拓宽了人机交互的可能性。通过语音指令进行操作，用户可以在多任务环境中更加高效地管理财务工作。

DeepSeek 的智能客服系统能够记录用户的反馈和问题，持续优化服务质量和系统响应能力。通过对用户反馈的分析，系统能够不断自我改进，提高服务水平。这种持续优化的机制不仅提高了用户的满意度，也增强了系统的竞争力。通过不断学习和适应用户的需求，DeepSeek 的智能客服系统能够为用户提供更加精准和高效的服务，推动财务管理的智能化和自动化发展。

五、DeepSeek 的可扩展性与兼容性

（一）模块化设计与灵活扩展

DeepSeek 在财务管理中的应用得益于其模块化设计与灵活扩展的架构，显著提升了系统的灵活性和维护性。通过采用模块化架构设计，DeepSeek 允许各个功能模块独立开发和更新。这种设计不仅减少了系统升级的复杂性，还使系统能够快速适应不断变化的市场需求。企业可以根据自身的具体需求选择和集成不同的功能模块，从而实现高度个性化的财务管理解决方案。这一特性在当前快速变化的商业环境中尤为重要，因为它使企业能够在不影响系统整体稳定性的前提下，灵活调整其财务管理策略。

DeepSeek 的模块化设计还支持与第三方工具和系统的无缝衔接，增强了系统的兼容性和互操作性。这种兼容性使企业能够将 DeepSeek 与现有的 IT 基础设施轻松集成，最大限度地利用已有资源，避免重复投资。模块化

设计的一个显著优势在于其能够迅速响应市场变化。DeepSeek 通过及时推出新功能或更新现有模块，确保技术始终处于行业前沿。这种快速响应能力使企业在面对市场竞争时，能够保持技术优势，并及时调整其财务管理策略以应对新的挑战。

通过模块化架构，DeepSeek 不仅能够满足当前的业务需求，还为企业未来的发展提供了灵活的扩展路径。企业可以根据业务规模和发展阶段，灵活扩展系统功能，确保投资的高效利用和资源的优化配置。这种灵活性对于企业的长期发展至关重要，因为它意味着企业可以在不需要进行大规模系统重构的情况下，逐步增加新的功能模块，以支持业务的增长和转型。总之，DeepSeek 的模块化设计与灵活扩展能力使其成为财务管理领域中一个强大的工具，为企业提供了创新和高效的解决方案。

（二）与现有财务系统的无缝衔接

DeepSeek 在与现有财务系统的无缝衔接方面展现出卓越的能力。其通过 API 接口实现与现有系统的快速集成，确保数据流畅传输，减少手动输入的错误。这种集成方式不仅提高了数据的传输效率，还降低了因人为操作而导致的误差风险，从而提高了整体财务管理的准确性和效率。API 接口的使用，使 DeepSeek 能够轻松嵌入企业现有的 IT 架构中，无须对现有系统进行大规模改动，便于企业平稳过渡到新系统中。

系统支持多种数据格式的导入与导出，进一步增强了其与传统财务软件的数据交互能力。用户可以根据不同的需求，自由选择适合的数据格式进行操作，极大地方便了数据的交换与共享。这种灵活性不仅提升了用户的操作便利性，也为企业在财务数据管理过程中提供了更大的自由度。通过对多种格式的支持，DeepSeek 能够适应不同企业的财务管理需求，成为其财务管理体系中的重要组成部分。

DeepSeek 提供的灵活插件机制，允许企业根据自身需求定制与现有财务系统的连接方案，增强系统的适应性。这种机制使企业能够根据自身的业务特点和流程，选择最适合的集成方式，从而实现系统的最佳性能。插件机制的引入，不仅提高了系统的灵活性，也为企业在面对不断变化的市场环境时，提供了更为强大的应对能力。企业可以根据实际需求，灵活调整系统功能，保持财务管理的高效运作。

通过实时数据同步功能，DeepSeek 确保财务数据在多个系统之间保持一致性，提升整体数据的可靠性。实时同步功能使企业能够及时掌握财务数据的变化，快速作出决策，避免因数据延迟而导致决策失误。这一功能的实现，依赖 DeepSeek 强大的数据处理能力和高效的算法支持，确保数据在传输和处理过程中保持高度一致，保障企业财务数据的完整性和准确性。

DeepSeek 的兼容性设计使其能够与不同版本的财务软件无缝衔接，减少系统升级或更换带来的额外成本和时间消耗。企业在选择财务管理系统时，往往面临版本升级带来的挑战，而 DeepSeek 的设计有效解决了这一问题。其兼容性不仅体现在对不同版本的支持上，还包括对不同厂商软件的适应能力。这种设计思路，为企业在进行系统升级时，提供了更为经济和高效的解决方案，减少了因系统不兼容带来的困扰。

（三）跨平台与跨行业的应用能力

DeepSeek 在跨平台与跨行业的应用能力上表现出色，能够支持多种平台的部署，包括云端和本地服务器。这种灵活性使其能够满足不同企业的 IT 基础设施需求，无论是大型企业还是中小型公司，均可根据自身的资源和战略选择最合适的部署方式。通过支持云端部署，企业可以享受更高的计算能力和存储空间，降低硬件投入成本，而本地服务器的支持则为那些对数据安全和隐私有更高要求的企业提供了可靠的选择。

DeepSeek 的系统设计确保其能够适配不同的操作系统，如 Windows、Linux 和 macOS。这种多操作系统的兼容性保证了用户在多种环境下的灵活使用，无须为操作系统的限制而烦恼。无论是使用传统的 Windows 系统，还是需要高稳定性和安全性的 Linux 环境，抑或是在 macOS 上进行财务管理，DeepSeek 都能提供无缝的支持。这种适应性不仅提升了用户体验，也降低了企业在系统迁移和整合时的成本。

DeepSeek 的跨行业应用能力同样值得称道。其设计的初衷即为制造、零售、金融等多个行业提供定制化的财务解决方案。通过对各行业特定需求的深入分析，DeepSeek 能够提供精准的财务管理工具，帮助企业优化财务流程，提高运营效率。无论是制造业的成本控制、零售业的库存管理，还是金融业的风险评估，DeepSeek 都能根据行业特性提供相应的解决方案，助力企业在各自领域中取得更大的成功。

通过开放的 API 接口，DeepSeek 能够与其他行业特定软件进行集成，进一步增强系统的功能性与适应性。这种开放性设计使 DeepSeek 不仅是一个独立的财务管理工具，更是一个可以与企业现有系统无缝衔接的综合平台。企业可以根据自身需求，选择将 DeepSeek 与 ERP、CRM 等系统集成，形成一体化的管理体系，提高信息流通效率，减少数据孤岛现象，为决策提供更全面的数据支持。

第二节　DeepSeek 在财务管理中的具体应用

一、基于 DeepSeek 的财务数据智能化处理

（一）自动化账务处理与对账

自动化账务处理与对账在现代企业财务管理中扮演着至关重要的角色。DeepSeek 通过先进的自动化工具，实现了账务数据的实时录入，显著减少了人工干预。这种方式不仅提升了数据录入的准确性，还大幅提高了效率，使财务部门能够更专注于战略性分析和决策。系统的自动化能力还体现在会计凭证的生成上。DeepSeek 能够自动生成符合合规性和一致性要

求的会计凭证，从而简化了财务审核流程，减轻了人工审核的负担。这种自动化生成不仅提高了效率，也降低了人为错误的发生概率，确保了财务数据的可靠性。

DeepSeek 集成的智能对账功能，利用先进的算法自动比对交易记录，快速识别和处理账务差异。这一功能大大提高了对账效率，减少了人工对账所需的时间和精力。系统能够自动识别账务中的异常交易情况，通过分析历史账务数据，应用机器学习算法来提升风险管理能力。这种智能化的对账和异常情况识别功能，使企业能够更迅速地应对财务风险，确保财务数据的准确性和安全性。此外，DeepSeek 还支持多种账务处理流程的自定义设置，以满足不同企业的特定需求。这种灵活性增强了系统的适应能力，使其能够在不同的业务环境中发挥最大效用。

通过 DeepSeek 的自动化账务处理与对账功能，企业不仅能够提高账务处理的效率，还能显著提高财务管理的整体水平。系统的灵活性和智能化特性，使其能够适应不断变化的商业环境，为企业提供了强大的财务数据支持。借助 DeepSeek，企业能够在复杂的财务管理中保持竞争优势，实现更高效、更精准的财务运作。这种智能化的财务管理方式，不仅提高了企业的运营效率，还为企业未来的财务管理创新奠定了坚实的基础。

（二）智能发票识别与管理

智能发票识别与管理在现代企业财务管理中发挥着至关重要的作用。DeepSeek 通过先进的光学字符识别（OCR）技术，实现了发票信息的自动识别，这大大减少了人工录入过程中可能出现的错误，提高了发票处理的准确性和效率。传统的发票处理方式往往依赖大量的人工操作，不仅耗时费力，而且容易出现误差。DeepSeek 的应用则通过自动化技术，显著提高了财务管理的效率和精准性，为企业节省了大量的人力和时间成本。

DeepSeek 系统具备自动识别不同类型发票的能力。这一功能显著提升了发票管理的组织性与便捷性，确保了财务数据的整合性。在企业日常运营中，各类发票种类繁多，手动分类不仅烦琐，而且容易出现遗漏和错误。通过 DeepSeek 的智能分类功能，企业能够快速且准确地将发票进行归类，方便后续的查找与管理，从而增强了财务数据的整体性和一致性。

DeepSeek 还支持发票数据的实时校验功能，能够及时识别和处理发票中的异常信息，进一步增强了企业的财务合规性。财务合规性是企业运营中的重要环节，任何异常发票信息都可能引发财务风险。通过实时校验，DeepSeek 能够在发票进入系统的第一时间发现问题，并向相关人员发出警报，确保企业能在最短时间内采取措施，降低财务风险。

通过智能分析，DeepSeek 不仅能够追踪发票的处理状态，还提供了实时的发票跟踪与管理功能，提高了财务透明度。在现代企业管理中，透明度是确保各项财务活动合规和高效的重要因素。DeepSeek 的实时跟踪功能让企业管理层能够随时掌握发票的处理进度和状态，确保每一笔交易透明可控。

（三）财务报表的自动生成

在现代企业财务管理中，财务报表的自动生成已成为提高效率和准确性的关键。DeepSeek 通过其先进的技术能力，能够根据实时数据自动生成各类财务报表，包括资产负债表、利润表和现金流量表。这种自动化能力确保管理层能够及时获取最新的财务信息，支持企业在快速变化的市场环境中作出及时决策。DeepSeek 的系统不仅能生成标准化的报表，还支持用户自定义报表模板。这一功能允许企业根据不同的业务需求和分析目标，灵活选择展示的财务指标和数据格式，从而满足多样化的财务分析需求。

DeepSeek 通过实现报表生成过程的自动化，极大地减少了人工干预。这不仅提高了财务报告的合规性和准确性，还显著降低了人为错误的风险。传统的财务报表生成往往需要大量的人力投入，且容易出现数据录入错误或格式不一致的问题。通过 DeepSeek 的智能化处理，企业能够确保财务数据的一致性和完整性，从而提高财务报告的质量和可信度。自动化的流程也节约了财务管理人员的时间，使其能够专注于更具战略意义的分析和决策支持工作。

通过集成智能分析工具，DeepSeek 在财务报表中自动识别关键趋势和异常情况。这种能力提供了深入的财务洞察，帮助管理者作出更明智的决策。在竞争激烈的商业环境中，快速识别财务异常情况和趋势变化是企业保持竞争优势的关键。DeepSeek 的智能分析工具能够实时监测财务数据，识别潜在的风险和机会，帮助企业提前采取措施。此外，系统具备强大的数据可视化功能，将复杂的财务数据转化为直观易懂的图表。这种可视化能力帮助管理层快速理解企业的财务状况和运营表现，从而作出更具前瞻性的战略决策。

二、基于 DeepSeek 的财务分析与决策支持

（一）财务数据的多维度分析

在现代企业财务管理中，DeepSeek 的多维度分析功能为企业提供了全新的视角。通过对财务数据进行多维度分析，DeepSeek 支持从不同角度进行数据切片，如时间、部门、项目等，帮助管理者全面了解企业的财务状况。此功能不仅有助于识别财务数据中的潜在关联性和模式，还能为企业的决策提供深层次的洞察。通过系统的分析，管理者能够获取更为全面和准确的财务信息，进而制定更具前瞻性的财务策略。

DeepSeek 利用先进的数据挖掘技术，能够识别出财务数据中隐藏的复杂模式和关联性。这种技术的应用使财务管理者可以更深入地理解财务数据的内在联系，发现传统分析方法无法识别的趋势和异常。通过这种方式，企业能够更好地预测财务风险，优化资源配置，提高整体财务管理的效率。DeepSeek 的实时数据分析能力确保了企业的决策始终基于最新的信息，从而提高了财务决策的准确性和及时性。

实时数据分析是 DeepSeek 的一大优势。通过对数据的实时更新和分析，DeepSeek 能够在数据发生变化的瞬间更新分析结果，确保管理者所依赖的数据始终是最新的。这种实时性对于快速变化的市场环境尤为重要，因为它允许企业根据最新的财务数据迅速调整策略，保持竞争力。同时，DeepSeek 提供的可视化工具将复杂的财务数据转化为直观的图表和仪表盘，使管理者能够更容易地理解和分析数据，从而作出更明智的决策。

DeepSeek 的多维度分析功能还结合了机器学习算法，能够自动识别关键财务指标的变化趋势。这一功能为企业提供了预警和建议，帮助管理者提前识别潜在的财务问题并采取相应措施。通过这种方式，DeepSeek 不仅提升了财务决策的科学性，还增强了企业的风险管理能力。在未来，随着技术的不断发展，DeepSeek 在财务管理中的应用将会更加广泛和深入，推动企业实现更高效的财务管理和更稳健的财务决策。

（二）预算编制与执行监控

DeepSeek 系统通过支持基于实时数据的预算编制，显著提升了预算制定过程的准确性与及时性。在市场环境日益复杂多变的背景下，企业需要快速响应市场变化，DeepSeek 通过实时数据分析，帮助企业在预算编制阶段即能预见市场动向，从而制订出更具前瞻性的预算方案。系统不仅提高了预算编制的效率，还确保了预算的科学性和可操作性，使企业在财务管理中占据主动地位。

DeepSeek 系统通过智能分析历史财务数据，识别预算编制中的关键驱动因素，优化预算目标的设定。通过对大量财务数据的深度挖掘，系统能够自动识别出影响预算准确性的关键因素，并据此调整预算目标。此种方式不仅提高了预算的科学性，也使预算编制更加贴合企业实际需求。系统的智能分析能力使预算目标设定不再依赖经验，而是基于数据驱动的科学决策，极大地增强了预算编制的合理性和可行性。

在预算执行阶段，DeepSeek 提供的动态预算监控功能尤为重要。通过实时跟踪预算执行情况，系统能够及时发现预算执行中的偏差并进行调整。这种灵活的预算管理方式使企业能够在发现问题时迅速采取纠正措施，避免因预算偏差导致的资源浪费和财务风险。动态监控不仅提高了预算管理的灵活性，也增强了企业在财务管理中的适应能力，使企业能够更好地应对外部环境的变化。

DeepSeek 系统集成了多维度分析工具，支持从不同维度对预算执行情况进行深入分析。无论是从部门、项目还是其他维度，系统都能提供详尽的数据分析报告，帮助企业管理者全面了解预算执行的具体情况。通过多维度分析，企业能够更合理地分配资源，确保各部门和项目的预算使用符合公司整体战略目标。这种深入的分析能力为企业的财务管理提供了强有力的支持。

（三）投资决策与风险评估

在现代企业财务管理中，投资决策与风险评估是至关重要的环节。DeepSeek 通过其先进的机器学习算法，为企业提供了强大的工具进行投资项目的收益预测。这种预测能力使企业能够更准确地评估潜在投资的财务回报率，从而优化投资决策。通过对历史数据和市场趋势的深入分析，DeepSeek 不仅可以预测未来的收益，还能识别影响投资结果的关键因素，这为企业决策者提供了更为科学的依据。

DeepSeek 系统通过实时市场数据分析，能够识别投资机会和风险，为企业提供决策支持。这种实时分析能力增强了投资的科学性和有效性，使企业能够在快速变化的市场环境中保持竞争优势。通过敏锐捕捉市场动态，DeepSeek 帮助企业及时调整投资策略，以应对市场变化，为企业的持续发展提供了有力保障。

DeepSeek 还具备集成外部经济指标与行业数据的能力，能够对投资环境进行综合评估。这种综合评估帮助企业管理层制定更加精准的投资策略。通过对宏观经济指标、行业趋势以及竞争对手动态的全面分析，Deep-

Seek 为企业提供了全方位的投资环境洞察，帮助企业在复杂的市场环境中作出更为明智的投资决策。

在风险评估方面，DeepSeek 基于深度学习模型，能够识别投资项目中的潜在风险因素，并提前发出预警。这种风险预警机制有效地降低了企业的投资风险，为企业的资金安全提供了保障。通过对历史风险事件的学习和分析，DeepSeek 能够预测可能的风险情境，并建议相应的风险缓解策略。

三、基于 DeepSeek 的成本控制与优化

（一）成本数据的实时监控

在现代企业财务管理中，成本控制与优化是至关重要的环节。DeepSeek 的实时监控系统以其卓越的技术能力，能够持续追踪各项成本数据，确保企业即时获得最新的成本信息，从而支持企业快速作出决策。通过对成本数据的实时监控，企业管理者可以在第一时间掌握成本变化情况，避免因信息滞后导致的决策失误。DeepSeek 的实时监控系统不仅提供了及时性，还通过智能算法的支持，自动识别成本的异常波动，及时发出预警。这一功能帮助管理者迅速采取相应的措施来控制成本，避免不必要的支出和浪费，提高企业的成本效益。

DeepSeek 的优势在于其可以整合多维度的数据来源，提供全面的成本分析视图。管理者通过这些视图，能够从不同角度深入审视企业的成本结构，识别潜在的优化空间。这种多维度的数据分析能力，使资源配置的优化更加科学和合理，进而提高企业整体的运营效率。系统不仅关注当前的成本数据，还支持基于实时数据的成本预算调整。通过这一功能，企业能够确保预算与实际支出始终保持一致，增强预算管理的灵活性和准确性。这种动态调整预算的能力，使企业能够更好地应对市场变化和内部运营的

需求。

DeepSeek 通过其强大的可视化工具，将复杂的成本数据转化为易于理解的图表。这些图表帮助管理者快速识别成本趋势和关键驱动因素，使复杂的数据分析变得直观和易于操作。通过这种方式，管理者不仅能够更好地理解企业的成本状况，还能够在此基础上制定更为精准的成本控制策略。DeepSeek 的可视化工具不仅提升了数据的可读性，也为管理者提供了一个有效的沟通工具，使财务数据的分析结果能够更好地传达给企业的各个层级，促进企业内部的信息共享和协同合作。

（二）成本动因分析与优化建议

DeepSeek 在成本管理中的应用通过深入分析成本数据的变化趋势，识别主要的成本动因，从而为管理者提供有针对性的优化建议。系统采用先进的机器学习算法，能够有效挖掘出成本构成中的关键因素。这一过程帮助企业深入理解各项成本的影响来源，从而优化资源配置，实现更高效的成本管理。通过对数据的全面分析，企业可以更好地掌握成本动因，制定切实可行的优化策略，以提升整体财务绩效。

DeepSeek 通过实时监控和分析，能够识别各部门或项目的成本效率。这种动态的分析能力使企业可以及时发现并纠正成本管理中的不足，提出具体的改进方案以降低不必要的开支。这不仅提升了企业的成本控制能力，也增强了其在市场中的竞争力。DeepSeek 的实时分析功能确保了企业能够在成本管理方面保持敏捷性，迅速应对市场变化带来的挑战。

DeepSeek 还支持基于历史数据的成本预测，帮助企业制定合理的成本控制策略。通过对历史数据的深度分析，系统能够预测未来的成本趋势，为企业的预算编制提供科学依据。这种前瞻性的分析能力确保了预算的有效执行，避免了资源的浪费。企业可以通过准确的成本预测，制订更具前瞻性的财务计划，从而在市场竞争中占据优势。

（三）资源利用效率的提高

资源利用效率的提高是现代企业追求的核心目标之一。在这一过程中，DeepSeek 通过其强大的实时数据监控功能，帮助企业及时识别资源利用的低效环节。这一功能使管理者能够快速发现问题，并进行有针对性的改进，从而避免资源浪费和不必要的成本增加。实时数据监控不仅提高了企业对资源使用情况的透明度，还为管理者决策提供了可靠的数据支持，使资源管理更加精准和高效。

DeepSeek 系统利用先进的机器学习算法，深入分析资源使用模式，提供优化建议。这些建议不仅基于历史数据的分析，还结合当前的市场环境和企业的具体需求，以提高资源配置的效率。通过这种方式，企业能够更好地调整其资源分配策略，确保在不同的业务场景中都能实现资源的最佳利用。这种智能化的分析能力，使企业在资源管理上变得更加主动和前瞻。

DeepSeek 的多维度分析能力是其在资源利用效率提中的一大优势。企业可以从多个角度审视资源利用情况，包括时间、地点、用途等多个维度。这种多维度的分析方法，确保了资源的合理分配和使用，避免了资源的过度集中或分散。通过对资源使用的全面审视，企业能够更好地理解其资源策略的效果，并在必要时进行及时调整，以适应不断变化的市场需求和业务环境。

通过智能化的资源调度功能，DeepSeek 能够动态调整资源配置，以适应业务需求的变化。这种灵活的资源调度能力，使企业能够在需求波动的情况下，快速调整其资源分配策略，避免资源的闲置和短缺。这不仅提升了资源利用的灵活性，也提高了企业对市场变化的响应速度，使企业能够在激烈的市场竞争中保持优势。

四、基于 DeepSeek 的税务管理与合规性

（一）智能税务申报与缴纳

DeepSeek 在智能税务申报与缴纳方面展现了显著的优势。通过其先进的智能算法，DeepSeek 能够自动生成税务申报表，确保申报数据的准确性与合规性。这一过程不仅减少了人工操作带来的错误风险，还大幅提升了申报效率。税务申报的准确性是企业合规管理的核心，DeepSeek 通过精确的数据处理能力，帮助企业在复杂的税务环境中保持合规。此外，DeepSeek 系统能够实时监控税务法规的变化，自动更新相关税务计算规则，确保企业始终遵循最新的税务合规要求。这种实时更新功能使企业能够快速响应政策变化，避免因政策更新而导致的税务合规风险。

在税务管理的过程中，DeepSeek 的智能算法扮演着关键角色。通过自动生成税务申报表，DeepSeek 不仅确保了数据的准确性，还大大降低了因人工操作导致的错误风险。传统的税务申报往往需要大量人工输入和校对，容易出现数据错误，而 DeepSeek 的自动化功能则有效地避免了这些问题。其智能算法能够根据企业的财务数据自动生成符合税务法规要求的申报表，确保每一项数据的准确性与合规性。这种技术的应用，不仅提高了税务申报的效率，还为企业节省了大量的人力资源，降低了运营成本。

DeepSeek 的系统设计使其能够实时监控税务法规的变化，并自动更新相关的税务计算规则。这一功能对于企业来说至关重要，因为税务法规的频繁变化可能导致企业在不知不觉中违反合规要求。DeepSeek 通过实时更新功能，确保企业的税务计算始终基于最新的法规标准，避免了因政策变化而产生的合规风险。企业管理者可以依赖 DeepSeek 提供的最新法规信息，及时调整税务策略，确保企业的运营始终处于合规状态。这种动态适应能力使 DeepSeek 成为企业税务管理的得力助手。

在税务管理中，识别和规避风险是企业管理者关注的重点。DeepSeek通过集成智能分析工具，能够有效地识别潜在的税务风险，并提供预警信息。这些工具通过对大量历史数据和当前财务状况的分析，帮助企业发现可能存在的税务问题。管理者可以根据这些预警信息，及时调整企业的税务策略，以降低风险。这种预见性风险管理能力，使企业能够在复杂的税务环境中游刃有余，确保税务管理的稳健性和合规性。

数据的可视化是 DeepSeek 的一大亮点，通过将复杂的税务数据转化为易于理解的图表，管理者能够快速地掌握企业的税务状况和关键指标。税务管理涉及大量复杂的数据分析，传统的文本和数字形式难以直观呈现，而 DeepSeek 的数据可视化功能则将这些复杂信息转化为清晰的图表，使管理者能够一目了然地了解企业的税务健康状况。这种直观的展示方式，不仅提高了信息传递的效率，也为管理者的决策提供了强有力的支持。

在税务申报过程中，信息的完整性和准确性至关重要。DeepSeek 支持多种税务数据的自动汇总与分类，极大地提高了税务管理的效率。通过自动化的汇总与分类功能，DeepSeek 确保企业在申报过程中不会遗漏任何相关信息。这种全面的数据处理能力，帮助企业在烦琐的税务申报中保持高效运作。企业管理者可以依赖 DeepSeek 提供的完整税务信息，确保申报的每一个环节都符合合规要求，避免因信息遗漏而导致的合规风险。

（二）税务风险识别与预警

税务风险识别与预警在现代企业管理中扮演着至关重要的角色。DeepSeek 通过其强大的机器学习算法，能够高效分析企业的历史税务数据，从而自动识别潜在的税务风险模式。这一功能极大地帮助企业在早期阶段就能察觉到可能存在的税务问题，避免了因延迟反应而导致的严重后果。通过对海量数据的深度学习，DeepSeek 不仅能发现显而易见的风险，还能揭示隐藏在数据背后的复杂风险模式，为企业提供可靠的风险预警。

在税务管理中，合规性是企业必须严格遵循的原则。DeepSeek 系统通过实时监测企业的税务合规情况，利用先进的数据分析技术，能够迅速地识别可能的违规行为。这种监测不仅降低了企业的税务风险，还为企业提供了及时的纠正措施，确保企业始终处于法律法规的框架内。DeepSeek 的实时监控功能使企业能够在税务申报和缴纳过程中避免遗漏或错误，从而有效地维护企业的财务健康。

DeepSeek 的优势在于其能够集成外部数据源，结合市场和行业动态，提供全面的税务风险评估。这种整合不仅使企业的税务管理更加全面，还支持企业制定相应的应对策略。通过对外部数据的分析，DeepSeek 能够帮助企业了解行业的最新动态和趋势，从而在税务管理中占据主动地位，为企业的长远发展奠定坚实的基础。

自然语言处理技术是 DeepSeek 在税务管理中应用的一个重要方面。通过分析财务报告中的税务相关信息，DeepSeek 能够自动识别潜在的风险提示。这一技术不仅提高了税务管理的效率，还使企业能够迅速反应，采取必要的措施来规避风险。DeepSeek 为企业提供了一个智能化的税务管理平台，使企业能够在复杂的税务环境中保持竞争优势。

实时的税务指标监控是 DeepSeek 为企业提供的重要功能。通过这一功能，企业能够及时了解自身的税务状况，确保在税务申报和缴纳过程中不出现任何遗漏或错误。这种实时监控不仅提高了企业的税务管理水平，还为企业的决策提供了重要的参考依据。DeepSeek 通过提供全面、准确的税务信息，帮助企业在复杂多变的税务环境中实现合规与创新的双重目标。

（三）税务合规性检查与报告

税务合规性检查与报告在企业管理中扮演着至关重要的角色。DeepSeek 通过其先进的自动化工具，能够定期进行税务合规性检查，确保企业始终遵循最新的税务法规和政策要求。这种自动化的检查机制不仅提高了效率，还减少了人为错误的可能性。通过定期的检查，企业能够及时发现潜在的合规性问题，避免因忽视法规更新而导致的法律风险。DeepSeek 的工具通过高效的算法分析，能够迅速地识别企业的税务合规状态，确保管理层能够在第一时间获取准确的信息。

系统的实时报告功能是 DeepSeek 的一大亮点。它能够生成详细的税务合规性报告，提供企业当前合规状态的清晰图景，并指出潜在的风险点。这种实时报告的能力使管理层可以及时调整税务策略，以应对不断变化的外部环境。通过这种方式，企业不仅能够保持合规，还能在税务规划上获得更大的灵活性。DeepSeek 的报告系统不仅注重信息的准确性，还通过智能化的分析提供深度洞察，帮助企业在复杂的税务环境中保持竞争优势。

DeepSeek 的智能分析模块是实现税务合规的重要组成部分。该模块能够自动识别和分析企业的税务数据，确保所有信息的准确性和一致性。通过对大量数据的智能分析，系统能够自动识别出潜在的合规性问题，并提供可操作的建议。这种分析能力不仅提高了合规检查的效率，还减少了企业在税务管理中的不确定性。智能分析模块的引入，使企业能够在合规性管理中更加主动，而不是被动地应对问题。

系统支持多维度的税务合规性审查，结合内部和外部数据源，对企业的税务风险状况进行全面评估。这种多维度的审查方式，能够帮助企业识别出隐藏的风险，并制定相应的风险管理策略。通过整合多种数据源，DeepSeek 能够提供更全面的合规性视角，使企业在制定税务策略时能够考虑到更多的因素。多维度的审查不仅提高了合规性的准确性，还增强了企业在税务管理中的决策能力。

DeepSeek 利用自然语言处理技术，自动生成税务合规性报告，这大大提高了报告的可读性和信息传递的效率。自然语言处理技术的应用，使税务报告不仅在专业性上保持高水准，同时也更加易于理解。这种技术的应用，确保了报告能够被更广泛的受众所接受，从而提高了信息传递的效果。通过这种方式，企业能够更有效地进行内部沟通，并在税务合规管理中获得更大的优势。

五、基于 DeepSeek 的资金管理与流动性优化

（一）现金流预测与管理

在现代企业财务管理中，现金流预测与管理是至关重要的环节。DeepSeek 通过其先进的机器学习算法，能够对企业的历史现金流数据进行深度分析，从而提供精准的现金流预测。这一功能帮助企业提前识别可能出现的资金短缺风险，使其能够在问题发生之前采取措施进行调整。通过这种方式，企业不仅可以维持正常的运营，还能在市场环境变化时保持竞争优势。

DeepSeek 系统具备实时监控能力，能够对企业的各项现金流入与流出进行持续跟踪，并生成动态现金流报表。这种实时性确保了企业在面对市场变化时能够及时调整其财务策略，从而最大限度地降低财务风险。动态现金流报表的生成使管理层可以在第一时间掌握企业的资金状况，迅速作出决策，确保企业的财务健康。

DeepSeek 通过将外部市场数据与企业内部财务信息相结合，提供了全面的现金流分析。这种综合分析能力使企业能够制订更加科学的资金管理计划，从而在复杂的市场环境中保持灵活性。通过这种方式，企业不仅能对当前的财务状况有清晰的了解，还能在制定未来的资金策略时，拥有更为坚实的数据基础。

为了帮助管理者更好地理解复杂的现金流数据，DeepSeek 提供了强大的可视化工具。这些工具能够将复杂的数据转化为易于理解的图表，使管理者能够快速地掌握企业的流动性状况。通过这种直观的展示方式，管理层可以在短时间内作出有效决策，提高企业的资金使用效率。

（二）资金调度与优化建议

在现代企业财务管理中，资金调度是确保企业运转和发展的核心环

节。DeepSeek 通过实时监控资金流动情况，能够自动识别资金使用效率低下的环节，并提供有针对性的优化建议。这种实时监控能力使企业能够提升资金调度的灵活性和效益。DeepSeek 通过对资金流动的全面掌握，能够在资金使用效率低下的环节提出具体改进措施，确保企业的资金能够在最需要的地方得到最有效的利用。这种智能化的资金调度方式，不仅提高了企业的资金使用效率，也为企业的财务健康提供了有力保障。

DeepSeek 的优势还在于其强大的数据分析能力。系统利用机器学习算法，深入分析企业历史资金调度数据，预测未来资金需求。这种预测能力帮助企业制订合理的资金分配计划，确保资金的合理利用。通过对历史数据的分析，DeepSeek 能够识别资金调度中的模式和趋势，从而为企业制订更为精准的资金调度方案。这种基于数据驱动的资金管理策略，不仅提高了企业的资金利用效率，也为企业的长远发展提供了战略支持。

DeepSeek 集成外部市场信息，结合内部财务状况，提供多种资金调度方案。这种多维度的信息整合能力，使企业能够在不同市场环境下作出快速反应。通过将外部市场动态与内部财务数据相结合，DeepSeek 能够为企业提供多种选择，以应对不同的市场挑战。这种灵活的资金调度方案，不仅提升了企业的应变能力，也为企业在激烈的市场竞争中赢得更多的机会。

为了提高管理者的决策效率，DeepSeek 通过可视化工具，将资金流动情况转化为直观的图表。这些图表能够帮助管理者快速识别资金调度中的潜在问题，从而作出更为准确的决策。通过将复杂的数据转化为简单易懂的图形，DeepSeek 不仅提升了信息传递的效率，也增强了管理者对资金流动的掌控能力。这种直观的可视化呈现方式，为企业的财务决策提供了强有力的支持。

（三）融资决策与债务管理

在现代企业财务管理中，融资决策与债务管理是至关重要的环节。

DeepSeek 通过其强大的数据分析工具，能够有效评估融资项目的潜在收益与风险，从而帮助企业制定科学的融资策略。利用先进的数据处理能力，DeepSeek 可以综合分析大量的财务数据，识别潜在的投资机会和风险因素，并提供可行的建议。这种基于数据驱动的决策方式，能够显著提高企业融资决策的准确性和效率，确保企业在复杂多变的市场环境中获得竞争优势。

DeepSeek 系统利用机器学习算法，能够预测市场融资环境的变化，并提供实时的市场动态分析。这种预测能力使企业能够及时调整融资策略，以应对市场的不确定性。通过对市场数据的深度挖掘和智能分析，DeepSeek 为企业提供了丰富的决策支持信息，帮助企业在融资过程中作出更为灵活和明智的选择。这种实时的市场分析能力，不仅提高了企业的融资决策效率，也降低了因市场波动带来的财务风险。

DeepSeek 还集成了多种融资渠道的信息，帮助企业快速比较不同融资方案的成本与收益，以优化融资结构。通过对不同融资选项的综合评估，企业可以选择最适合自身发展需求的融资方案，降低融资成本，提高资金使用效率。DeepSeek 提供的多渠道信息整合能力，使企业在选择融资方式时更具灵活性和针对性，有助于企业在激烈的市场竞争中保持财务健康。

在债务管理方面，DeepSeek 通过智能化的债务管理工具，能够实时监控企业的债务水平，并提供预警信息。这种实时监控能力，使企业能够及时发现和应对潜在的财务风险，避免因债务问题导致的资金链断裂。DeepSeek 的预警系统，通过对债务数据的持续分析，为企业提供了有效的风险管理手段，确保企业在复杂的财务环境中始终保持稳健的财务状况。

第九章　致财务人——用行动铸就企业价值

在如今瞬息万变的商业环境中，财务管理人员作为企业经济命脉的守护者，扮演着至关重要的角色。无论身处哪个行业，财务管理人员都须具备高度的专业素养、敏锐的洞察力和不懈的努力精神。作为与资金、数据、风险日夜相伴的财务工作者，我们既是企业经营的“脉搏监测仪”，也是价值创造的“隐形建筑师”。无论身处制造工厂的成本核算室，还是建筑行业的财务共享中心，每个财务人都在用专业构筑商业世界的信任基石。本书以作者20年财务实践为经，以跨行业观察为纬，试图为同行勾勒出一条可持续的成长路径。以下是对所有行业财务管理人员的一些忠告，旨在帮助大家在职业生涯中不断成长，为公司创造更大价值。

一、面对困难的态度：坚韧不拔，勇于挑战

在财务工作中，遇到困难和挑战是在所难免的。可能是复杂的财务报表分析，可能是紧张的资金筹措，也可能是严格的税务审查。面对这些困难，财务管理人员首先要保持冷静，不被问题表面的复杂性吓倒。要坚信，每一个问题都有其解决之道，关键在于我们是否愿意去寻找、去尝试。

当遇到难题时，不妨将其视为一次学习和成长的机会。不要逃避，要勇敢地迎难而上。通过深入研究、请教同事或专业人士，我们往往能够找

到解决问题的关键所在。记住，每一次克服困难，都是对自己能力的一次提升，也是对自己信心的一次增强。

二、积极主动：把握机会，创造价值

财务管理人员不能仅仅满足于日常的账务处理、报表编制等基础工作。要时刻保持积极主动，去发现、去创造更多的价值。在日常工作中，要善于观察和分析企业的财务状况，及时发现潜在的风险和问题。通过提出合理的建议和解决方案，帮助企业优化资金结构、降低成本、提高盈利能力。同时，还要密切关注行业动态和政策变化，及时调整企业的财务策略，以适应不断变化的市场环境。

财务管理人员还要学会跨部门沟通与合作。与其他部门建立良好的关系，了解他们的需求和困难，为他们提供财务方面的支持和帮助。这样一来，不仅能够提升财务部门在企业中的地位和影响力，还能够为企业创造更多的协同效应和价值。

三、正能量励志：保持乐观，积极面对

财务工作往往伴随着压力和挑战。但无论面对何种困境，财务管理人员都要保持乐观的心态，积极面对生活中的每一天。要学会调整自己的心态，将压力转化为前进的动力。当遇到挫折时，不妨换个角度去看待问题，也许会有意想不到的收获。同时，还要善于从工作中寻找乐趣和成就感，让自己在忙碌的工作中保持轻松和愉悦。

财务管理人员还要时刻保持对工作的热情和热爱。只有真正热爱自己的工作，才能够全身心地投入其中，才能够不断追求卓越和完美。要记住，只有当我们用心去感受工作中的每一个细节时，才能够发现其中的美好和价值。

四、不断努力学习：提升业务，紧跟时代

在知识爆炸的时代，财务管理人员必须不断地学习新知识、新技能，以适应不断变化的市场需求。要关注行业动态和政策变化，及时了解最新的财务法规、会计准则和税收政策。通过参加培训、阅读专业书籍和文章等方式，不断提升自己的专业素养和业务能力。同时，还要学会运用现代科技手段来提高工作效率和质量。例如，利用财务软件、大数据分析等工具来优化财务处理流程、提高报表分析的准确性和及时性。

除专业知识的学习外，财务管理人员还要注重提升自己的综合素质，包括沟通能力、团队协作能力、领导能力等方面。这些能力的提升将有助于我们在职场中更好地发挥自己的作用和价值。

五、为企业做好服务：忠诚敬业，共创辉煌

作为财务管理人员，我们的最终目标是为企业创造更多的价值。因此，在工作中要始终保持忠诚敬业的精神，将企业的利益放在首位。要时刻关注企业的财务状况和经营成果，为企业提供准确、及时的财务信息和分析报告。参与企业的战略规划和决策制定过程，为企业的发展提供有力的财务支持和保障。还要积极参与企业的风险管理活动，帮助企业识别和应对潜在的风险和挑战。在与同事和合作伙伴的交往中，要始终保持诚信和友善的态度。通过建立良好的人际关系和沟通渠道，为企业营造和谐、稳定的发展环境。只有当我们真正将企业的利益放在心上时，才能够为企业的发展贡献自己的力量和智慧。

结语：让数字闪耀人文之光

财务工作的终极意义，不在于做出多么精妙的报表，而在于通过数据

传递商业本真，通过规则守护市场信心，通过专业促进资源优化。当我们在月末结账的深夜里核对最后一个小数点时，在预算审议会上据理力争每项投入产出比时，在审计询证时坚守每份证据链的完整时——这些看似平凡的瞬间，实则是财务人对商业文明的无声守护。

愿每位同仁都能做到：

——在数字的严谨中培养智慧

——在利益的纷扰中修炼心性

——在时代的浪潮中书写价值

这既是一份职业，更是一场永不停息的修行。

参考文献

[1]李克红．人工智能视阈下财务管理研究[M]．北京：首都经济贸易大学出版社,2021.

[2]戴昕．智能化财务在企业的应用研究[M]．长春：吉林大学出版社,2024.

[3]赵丽,陈熙婷．智能时代的财务管理及其信息化建设[M]．汕头：汕头大学出版社,2023.

[4]周游,李鑫．人工智能在财务领域应用研究[M]．北京：中国商业出版社,2021.

[5]邱涵,张丽,李晨光．智能时代财务会计管理转型研究[M]．延吉：延边大学出版社,2022.

[6]王雁滨,苏巧,陈晓丽．财务管理智能化与内部审计[M]．汕头：汕头大学出版社,2021.

[7]刘赛,刘小海．智能时代财务管理转型研究[M]．长春：吉林人民出版社,2020.

[8]韩军喜,吴复晓,赫丛喜．智能化财务管理与经济发展[M]．长春：吉林人民出版社,2021.

[9]徐侪胤,潘宗英,张锐．智能时代财务管理转型研究[M]．北京：中国商业出版社,2023.

[10]张书玲,肖顺松,冯燕梁,等．现代财务管理与审计[M]．天津：天津科学技术出版社,2021.

[11]张荣静,卫强. 智能化时代下的智能财务建设研究[M]. 延吉:延边大学出版社,2023.

[12]赵颖,郑望,白云霞. 现代会计与财务管理的多维探索[M]. 长春:吉林人民出版社,2022.

[13]董艳丽. 新时代背景下的财务管理研究[M]. 长春:吉林人民出版社,2019.

[14]丁艳琼,谭可心,涂霜霜. 人工智能时代管理会计的发展与探索[M]. 北京:中国书籍出版社,2024.

[15]曲柏龙,王晓莺,冯云香. 信息化时代财务工作现状与发展[M]. 长春:吉林人民出版社,2021.